ARRODILLADOS

sobre sus

Promesas

ARRODILLADOS

sobre sus

Promesas

JIM W. GOLL

BUENOS AIRES - MIAMI - SAN JOSÉ - SANTIAGO

www.editorialpeniel.com

Arrodillados sobre sus promesas
Jim W. Goll

Publicado por Editorial Peniel
Boedo 25 C1206AAA Buenos Aires - Argentina
Tel/Fax: 4981-6178 / 6034
e-mail: penielar@peniel.com

www.editorialpeniel.com

Diseño de cubierta e interior: arte@peniel.com

A menos que se indique lo contrario, las citas bíblicas son tomadas de la versión
Reina Valera 1960.

Impreso en Colombia
Printed in Colombia

Goll, Jim
Arrodillados sobre sus promesas. – 1a ed. – Buenos Aires : Peniel, 2006
ISBN 987-557-087-7
1. Vida Cristiana-Oración. I. Handley, Karin, trad. II. Título CDD 248.34
272 p. ; 21x14 cm.

"¡Qué excelente recurso!" Es este un llamado a la oración que comprende lo profético; un llamado a la intercesión que entiende la importancia de Israel; un llamado a la súplica que comprende al Espíritu. Jim Goll es uno de los pocos líderes en el Cuerpo de hoy que puede escribir un libro como este, con tal pasión, fundamento bíblico y equilibrio. Lo recomiendo especialmente."

DR. MICHAEL L. BROWN, PRESIDENTE, BROWNSVILLE (FLA). REVIVAL SCHOOL OF MINISTRY.

"Personalmente puedo dar testimonio sobre la gracia intercesora de la vida de Jim Goll y de su pasión por Jesús, porque he caminado con Jim durante los últimos quince años. *Arrodillados sobre sus promesas* agregará municiones necesarias al arsenal de la oración para inspirar oración efectiva y ferviente desde el corazón."

MIKE BICKLE, DIRECTOR DE MINISTERIO, FRIENDS OF THE BRIDEGROOM; PASTOR PRINCIPAL, METRO CHRISTIAN FELLOWSHIP OF KANSAS CITY.

"¡Jim Goll lo ha hecho otra vez!" Pocos pueden como Jim unir el concepto y la aplicación. Lea este libro, y sentirá que le llega al corazón."

JACK TAYLOR, PRESIDENTE, DIMENSION MINISTRIES.

"Jim Goll es un hombre que Dios ha usado para darle a mi vida dirección y definición profética. Jim vive para Dios. Ha sido utilizado para traerme sanación y aliento, a mí personalmente y a la iglesia que lidero en Iowa."

FRANCIS FRANGIPANE, RIVER OF LIFE MINISTRIES.

"En este intensivo estudio de la Biblia, Jim Goll revela una cantidad de modos en que la gente oró, recibiendo respuesta. Si un método fallaba para obtener la respuesta deseada, Dios los guiaba hacia un nuevo nivel, utilizando otra perspectiva. Aprenda de los poderosos héroes de la fe –que Goll nos presenta– tanto de la Biblia como de la historia. Esa gente que conmovía a Dios para que obrara grandes milagros. Este libro podrá revolucionar su vida, y de seguro lo hará, en tanto descubra y utilice usted los medios que Dios provee para responder a sus oraciones. Si es usted ministro, maestro, líder, padre… dé a conocer esta excitante revelación de orar oraciones que funcionan. Es un libro que hacía falta y llega en el momento justo, porque Dios busca y sin duda se pregunta dónde están los intercesores (ver Isaías 59:16). Es hora de que los transformadores del mundo se levanten hoy, cuando las naciones avanzan en aguas inciertas. ¡Dios tiene la respuesta!"

FREDA LINDSAY, PRESIDENTE DE LA JUNTA EMÉRITA, CHRIST FOR THE NATIONS, INC.

"Si el Señor eternamente llamó a su casa 'la casa de oración', debe haber todavía dimensiones de la oración que no hemos descubierto. Quien pudiera mostrarnos tal revelación profunda y profética, necesitaría ser un buscador humilde, un trabajador incansable, un luchador persistente. No conozco a nadie mejor para guiarnos en este viaje, que Jim Goll."

DR. CHÉ AHN, PASTOR PRINCIPAL, HARVEST ROCK CHURCH, PASADENA.

"No solo tiene Jim Goll un excelente ministerio profético y de oración, sino que, además, tiene la capacidad de enseñar y equipar con excelencia al Cuerpo de Cristo."

JOHN ARNOTT, PASTOR PRINCIPAL, TORONTO AIRPORT CHRISTIAN FELLOWSHIP.

"Tengo una prescripción médica para cada creyente que necesite vitalidad en su vida de oración: ¡Devore este libro! Para quienes desean interceder por su familia, sus amigos y la nación, Jim Goll ofrece un plano de acción en el reino del Espíritu. Pone en sus manos el plan de batalla de Dios para la victoria. Jim no solo nos da entendimiento de la teología de intercesión, sino que también muestra cómo se aplican los principios en nuestra vida cotidiana. Recuerdo bien el testimonio de sanación de la esterilidad que describe tan vívidamente este libro, porque fue usado por el Señor como herramienta de misericordia en las manos del Maestro. Como resultado, no solo tienen los Goll cuatro hijos hoy, sino que Jim y Michal Ann han entrado en la profundidad de la oración, y pueden impartir estas verdades en las vidas de los creyentes. Aliento a todos los creyentes de todas las iglesias a permitir que el Espíritu Santo entreteja las grandes verdades contenidas en *Arrodillados sobre sus promesas* en la trama de sus vidas."

MAHESH CHAVDA, FUNDADOR Y PASTOR PRINCIPAL, ALL NATIONS CHURCH, CHARLOTTE, NORTH CAROLINA.

"Recomiendo especialmente este libro de mi amigo Jim Goll. Es un trabajo excelente, refrescante, diferente a todo lo demás sobre el tema. Jim habla del tipo de intercesión bíblicamente informada que transformó la época de Wesley, que encendió las praderas de Cain Ridge y que, como en Gales y Zambia, dio forma al curso de las naciones. Si es cierto, como dijo Jonathan Edwards, que 'cuando Dios decide darle reavivamiento a su pueblo, envía la oración', entonces este libro es una señal de esperanza y una nueva revelación de los caminos de Dios."

STEPHEN MANSFIELD, PASTOR PRINCIPAL, BELMONT CHURCH, NASHVILLE.

$\mathcal{D}$edico este libro a mi casi perfecta esposa Michal Ann Goll, madre de nuestros cuatro, grandiosos y milagrosos hijos. Eres mi mejor amiga y compañera de equipo, quien más me ha apoyado en la vida. ¡Eres un ejemplo de carácter y dones reunidos en una combinación única! ¡Gracias por pelear por nuestros hijos! Te amo y te necesito.

Contenido

Palabras preliminares

Por Cyndy Jacobs

Esta mañana desperté temprano y me dirigí a mi habitación de oración. Hay un pequeño y viejo sillón en un rincón de la habitación que es mi "reclinatorio". Cada día, cuando estoy en casa me gusta despertar temprano y encontrarme con Dios en ese tranquilo lugar. Algunos días, como esta mañana, me envuelvo en una frazada, porque hace mucho frío. Hay nieve allí fuera en mi ciudad, Colorado Springs, en Colorado, EE.UU.

Desde ese rincón viajé por el mundo orando, haciendo exactamente lo que describe Jim Goll en este libro. Sin embargo, sí que no viajo sola. En todo el mundo hay voces que se unen a la mía, en distintos idiomas; es la armonía de los hijos de Dios que claman a Él en intercesión.

Este movimiento de oración ha crecido durante las décadas de 1980 y 1990. Aunque muchas iglesias no tenían habitaciones y ministerios de oración cuando comenzamos a enseñar sobre la intercesión, hoy hay muchas que sí lo tienen. Es por esto que este libro, *Arrodillados sobre sus promesas*, es tan estratégico en su importancia. Trata sobre la intercesión profética, de orar la voluntad de Dios en la Tierra.

Aunque algunos libros como el mío, *Possessing the Gates of the Enemy* [Conquistemos las puertas del enemigo], tocan este tema, ninguno lo cubre tan bien como este. Jim Goll tiene un extraordinario talento para escribir sobre la intercesión y la intercesión profética, con humor, integridad y profundo entendimiento. Abre profundos senderos de entendimiento, que otros solo han señalado superficialmente.

El Cuerpo de Cristo necesita de este libro. Es un próximo paso en el trabajo y formación de un grupo profético de intercesores que pelean como novias guerreras. Querrá leer una y otra vez cada capítulo, porque con cada lectura recibirá nuevo entendimiento.

Lo invito a iniciar el viaje hacia el reino de la intercesión, con mi amigo Jim Goll, a que recorra lugares que nunca ha visto antes. Abra el libro y beba sus revelaciones a grandes tragos. Se acercará a Dios con nuevo aliento, nuevos desafíos y aires renovados.

Cindy Jacobs, cofundadora
Generals of Intercession
Colorado Springs, Colorado, EE.UU.
Diciembre de 1998.

Agradecimientos

Me parece haber estado trabajando en este libro durante años. Cada vez que uno trabaja en algo durante algún tiempo tiene mucho que agradecer y a muchas personas. Así sucede con esta obra.

Primero quiero dar a conocer los dos principales tutores de intercesión que el Señor ha puesto en mi vida. Gracias a Dick Simmons, de Men for Nations [Hombres para las naciones], por su incansable clamor por misericordia, que he vivido de primera mano. Gracias, Dick. Has impactado en mi vida de manera inconmensurable. También quiero agradecer a mi querido Mike Bickle, con quien tuve la bendición de servir en Kansas City durante años. ¡Qué ejemplo ha sido para mí, de recordarle a Dios su Palabra, y de hacer de la oración algo central en medio de tantas cosas buenas para hacer! ¡Bendiciones, Dick y Mike!

También quiero agradecer a otras personas que me han brindado sus conocimientos didácticos para poder llenar mis brechas, gente como Avner Boskey, de Final Frontiers [Fronteras Finales] y Pat Gastineau de Word of Love Ministries [Ministerio Palabras de Amor]. Le debo mucho también al ministerio de enseñanza de Derek Prince, de quien he aprendido más a lo largo de los años que de cualquier otro maestro en el Cuerpo de Cristo.

Quiero agradecer también a mis compañeros de oración, Richard Glickstein y David Fitzpatrick. Gracias por caminar conmigo. ¡Que haya muchas más excursiones del Espíritu Santo! Gracias también a Bob y Terry Baily, que encabezan nuestro Escudo de Oración, y a Sue Kellough, que actúa como centinela, que mantiene los ojos abiertos por nosotros. ¡Dios te bendiga!

Quiero decirle gracias al personal actual y pasado de Ministry to the Nations [Ministerio a las naciones], que me han ayudado en este viaje. ¡Han sido una gran bendición!

Por último quiero agradecer a Jane Campbell, editora de Chosen Books, por ver en mí un diamante en bruto, y por querer ser mis tutores en escritura creativa. ¡Muchas gracias!

PARTE 1

Cultivemos un
corazón de oración

CAPÍTULO 1

De rodillas

"¡Es un varón!", declaró el doctor cuando nació nuestro primer hijo. Era el Día del Perdón, 4 de octubre de 1983, y estábamos en el Hospital Johnson Country Memorial de Warrensburg, Missouri, EE.UU. Comenzaba un tiempo de nuevos comienzos con la llegada al mundo de Justin Wayne y sus cuatro kilos y medio.

Parecía como si mi esposa y yo hubiéramos esperado una eternidad para tal evento de bendición. Sangre, sudor y lágrimas. Eso era lo que nos había costado durante nuestros primeros años de matrimonio. Pero luego, al séptimo año las circunstancias de esterilidad en el reino de lo natural se convirtieron en circunstancias de lo fructífero, cuando se abrió el vientre de Michal Ann.

Verá, hizo falta un milagro. No podíamos tener hijos.

¿Qué tiene que ver nuestro testimonio personal de sanación de la esterilidad con un libro titulado *Arrodillados sobre sus promesas*? ¡Absolutamente todo! Porque la verdadera historia de nuestra sanación sobrenatural pinta un cuadro gráfico de los modos de Dios, al reunir los dones reveladores del Espíritu Santo, el reino de lo profético y la oración de intercesión. Nuestras circunstancias nos gritaban a la cara: ¡*Imposible*! Pero con Dios, *todo* es posible.

Así que recuerde esta imagen instantánea de nuestro testimonio personal, y yo llenaré todo lo que falta en el siguiente capítulo "Dando a luz a una promesa: nuestro viaje personal". Antes, sin embargo, permítame contarle parte de mis comienzos en este camino, el por qué escribí este libro y qué puede esperar usted mientras devora el menú de cuatro platos que servimos a la mesa.

PUNTO DE PARTIDA

¡Todos empezamos por algo! Yo inicié el camino cristiano cantando las canciones de la Iglesia. Antes siquiera de entrar en la escuela primaria ya estaba cantando himnos de mi himnario Cokesbury, a voz en cuello.

Crecí en una comunidad rural de Midwest, donde probablemente contaban también a los gatos y perros para llegar al total de doscientos cincuenta y nueve habitantes. Me criaron en la iglesia y siento como si hubiera pasado toda mi vida allí. Ayudaba que papá era tesorero de la junta, que mamá era presidente de la Sociedad Femenina de Servicio Cristiano, y que ambos limpiaban el edificio, cortaban el césped y hacían muchas otras tareas. Pasábamos tanto tiempo allí que yo era un ratón de iglesia, parte del decorado... casi.

En mis años de crecimiento en Missouri hice todo lo que los niños hacen en la iglesia: aviones de papel con los boletines, intentaba escuchar eso que llamaban sermones mientras veía cómo los más ancianos se dormían, ¡y me preguntaba cómo esa cabeza podía mantenerse sobre un cuello tan delgado, con lo mucho que se bamboleaba! También me gustaba cantar los himnos de la iglesia. Hoy llevo una sudadera que dice: *los hombres de verdad cantan a voz en cuello*. Así soy yo. ¡Creo que aprendí a cantar antes que a caminar! Al mirar hacia atrás, a la Iglesia Metodista de Coswill, siento gratitud. En esos años fundamentales, se echó cemento de buen cimiento en mí.

Desde entonces he aprendido que muchos de los grandes himnos del pasado contienen maravillosos depósitos de rica historia de la iglesia, y de entendimiento de la doctrina. Sin embargo, hay un himno que yo cambiaría un poquito si pudiera hacerlo. ¡Prepárese! Es "Parado sobre las promesas":

Parado, parado,
parado sobre las promesas de Dios mi Salvador;
parado, parado,
estoy parado sobre las promesas de Dios.[1]

Claro que sé que son palabras bíblicas. Después de todo, el apóstol Pedro escribió que Dios *"nos ha dado preciosas y grandísimas promesas"* (2 Pedro 1:4). Y Pablo, el amado apóstol, escribió: *"Por tanto,
tomad toda la armadura de Dios, para que podáis resistir en el día malo [de peligro], y habiendo acabado todo [lo que la crisis exige], estar firmes [en su lugar]. Estad, pues, firmes..."* (Efesios 6:13-14). Se nos llama a estar firmes y a no ceder ni un centímetro al diablo.

Sí, claro que me gusta mucho ese himno y lo he cantado muchas
veces con todo mi corazón. También, como a usted, me han enseñado que debo tomar toda la armadura de Dios. Pero antes de que me
haga callar, permítame decirle que yo le haría un ajuste "quiropráctic-
co" al maravilloso himno:

Arrodillado, arrodillado,
arrodillado en las promesas de Dios mi Salvador;
arrodillado, arrodillado,
estoy arrodillado sobre las promesas de Dios.

¡Ah! Creo que sigue allí, conmigo, ¿verdad? De hecho, espero que
para cuando haya terminado de leer el libro, esté cantando conmigo.

Ahora, le diré algunos secretos de este libro, de antemano.

GENERALIDADES DEL LIBRO

¿Otro libro sobre la oración? ¿Por qué? ¿No hay ya muchos ma-
nuales, antiguos y nuevos? Bien, como verá mientras lee y avanza, este no es solo otro libro sobre la oración. Porque habla de la fusión entre los ministerios de sacerdocio y de profecía, unidos en el punto de
la oración. En realidad no conozco que exista ningún libro sobre este tema.

En esta primera sección, "Cultivemos un corazón de oración", ponemos la mirada en la importancia de arrodillarnos ante nuestro Padre. "¡Un momento! –dirá usted– ¿un corazón para la oración? ¿Qué
es eso?" Cada uno de nosotros, creyentes del Nuevo Testamento y en

el Señor Jesucristo, somos llamados a formar parte del *"real sacerdocio"* (1 Pedro 2:9), sacerdotes de nuestro Señor. Es nuestro derecho de nacimiento, la razón por la que hemos nacido de nuevo. En el Antiguo Testamento el sacerdote representaba al pueblo ante Dios, en tanto el profeta representaba a Dios ante el pueblo. Como sacerdotes del Nuevo Testamento somos llamados a ofrecer libremente los sacrificios de alabanza, oración, adoración e intercesión ante nuestro glorioso Señor. La descripción de nuestra tarea nos bendice con el más alto de los privilegios: ministrar al Rey del universo.

Esta no es, sin embargo, una tarea ceremonial que cumplimos para decir luego: "Ya lo hice, ya cumplí, y hasta tengo la sudadera". Es la oración del corazón lo que el Señor responde. En este primer capítulo veremos cómo la adoración *precede* a la petición, y cómo podemos convertirnos en centinelas que adoran. Estudiaremos entonces las cuatro definiciones bíblicas de la intercesión, y enfrentaremos el reto de avanzar hacia este llamado a ser guerreros intercesores.

En el segundo capítulo veremos cómo el Señor Jesús, que es *"el mismo ayer, y hoy, y por los siglos"* (Hebreos 13:8), cambió el pronunciamiento de esterilidad, dándonos a Michal Ann y a mí la posibilidad de producir cuatro excelentes flechas para nuestro carcaj. En el capítulo 3 procederemos hacia la pregunta "¿Qué es lo que mueve la mano de Dios?" Aquí observamos en especial una vez más que es el corazón de la oración lo que se oye en lo alto. También veremos el lugar olvidado de la oración en lágrimas (¿Quiere que le cuente más, o que guarde el secreto hasta entonces?) Y cerramos nuestra primera sección estudiando formas intensas de oración de las Escrituras y de la historia de la Iglesia, a menudo llamadas *labor*.

El segundo eje o sección es "Cultivemos un corazón para lo profético", y de allí surge la pregunta: "¿Qué es la oración profética?" Dejaré este pensamiento resonando en su corazón y su mente por ahora, y lo invito a continuar.

El material poco usual de esta segunda sección se inicia con un llamado de clarín: "Se busca: una generación de profetas", y se apoya en el sexto y principal capítulo: "La tarea de la intercesión profética". Desde allí efectúo un llamado con cuerno, como los pastores:

"Llamado a todos los centinelas", y desarrollo nuestro entendimiento de los hombres y mujeres que montan guardia sobre las murallas de nuestras ciudades, iglesias y naciones. Luego investigamos el tema de "Recordémosle a Dios su Palabra", con un apéndice que se corresponde, al final del libro, lleno de cientos de versículos bíblicos que lo ayudarán en su tarea de orar las Escrituras. Finalmente, reunimos todos estos conceptos –la oración de intercesión, el reino de lo profético y las Escrituras– con una revisión histórica de la fundación de la nación de Israel y diversas historias del Espíritu Santo, que le abrirán el apetito. En el Apéndice 2 he preparado una guía de pasajes de las Escrituras que lo ayudarán a orar sobre el importante tema de reunir y restaurar al pueblo judío en su tierra, con Escrituras para orar por su salvación.

Finalmente, damos la vuelta a la esquina para llegar a la sección final: "Aplicaciones para sacerdotes proféticos". ¿Qué son los sacerdotes proféticos? ¡No es una nueva secta! Son simplemente creyentes en Jesús con la gracia de los dones de revelación del Espíritu Santo en sus vidas –una palabra de sabiduría, una palabra de conocimiento, el discernimiento de espíritus y el don de la profecía– que responden a estos dones orando de vuelta a Dios su Palabra. Aquí tomamos coraje de la vida de Amós y su tenaz, valiente intercesión que cambió el juicio de Dios en su época. También le presento poderosas ilustraciones de intervención en situaciones de crisis de mi propia vida, y lo invito a hacer aquello para lo que usted fue creado: ayudar a escribir la historia por medio de la oración de las promesas de Dios, marcando una diferencia por Cristo.

En el capítulo 11 "Sabiduría para intercesores", hay material que podría salvar su vida de los peligros y obstáculos que a menudo parecen pegar a los intercesores en las primeras filas. Y en el capítulo final cierro nuestro peregrinaje juntos, contándole sobre un asombroso encuentro que tuve en mayo de 1989. El Señor busca "cancerberos de su presencia".

Antes de cerrar la última página del libro, asegúrese de mirar el Glosario, con definiciones sencillas de palabras que utilizo en el libro, para mayor claridad. Como cada uno de nosotros tiene una historia, experiencia y comprensión diferentes, espero que esto le ayude a entender estos términos, para que leamos la misma cosa.

¿POR QUÉ "ARRODILLADOS"?

Creo que alguien me preguntó: "¿Por qué ese título? ¿No estás llevando la idea demasiado lejos, arrodillados en lugar de parados? ¿Cuál es la gran cuestión?" Veamos esto por un momento.

No creo que busque el pelo al huevo. Considere esto conmigo durante un momento. Arrodillarse es imagen de dependencia. Arrodillarse es postura de humildad y quebranto. Arrodillarse es señal de reverencia y honor. Arrodillarse es el acto de adoración que precede a la petición.

El líder de oración Dick Eastman dijo en su primer libro, *No Easy Road* [No es un camino fácil] que "quienes aprenden a arrodillarse en humildad y debilidad pronto sentirán el poder sobrenatural de Dios. El hombre de oración es hombre de poder". Eastman luego cita unas hermosas líneas de Richard Chenevix Trench, con un mensaje simple:

Nos arrodillamos, y todo alrededor de nosotros parece
estar más abajo;
nos ponemos de pie, y todo, lo distante y lo cercano,
se acerca delineado bajo el Sol, claro y con fuerza.
Nos arrodillamos, ¡qué débiles! Y nos ponemos de pie
¡tan llenos de poder!²

Arrodillarse es la expresión externa de un trabajo interno de gracia. De hecho, antes de que Pablo nos hable en Efesios 6:13-14 sobre el valor de estar firmes, nos enmarca en el privilegio de arrodillarnos: "*Por esta causa [ver la grandeza de este plan por el que somos construidos juntos en Cristo] doblo mis rodillas ante el Padre de nuestro Señor Jesucristo*" (Efesios 3:14). ¿No es grandioso? Ahora, no estoy intentando imponer otra rutina ritual que deba usted obedecer. Simplemente pongo la lupa en un tema del corazón que cada uno de nosotros necesita ver. Algunos hoy aprendemos que debemos pararnos y disparar al diablo antes de que se nos enseñe a arrodillarnos ante nuestro padre. ¡Si revertimos el orden quizá tengamos mucha mejor puntería!

Tengo una pregunta sencilla: ¿Cuál es la posición más común para el parto, en todo el mundo? Le daré una pista: ¡no es acostada boca arriba! Y es más, aún en Norteamérica, los hospitales están aprendiendo a ser inteligentes: se usan sillas de parto en ciertos lugares, para utilizar la fuerza de gravedad. La posición más común es agacharse, o arrodillarse, digamos. Arrodillarse es la postura para dar a luz.

Tarde o temprano todos nos arrodillaremos. Filipenses 2:9-10 lo describe gráficamente:

> *Por lo cual [porque Él se inclinó tan abajo], Dios también le exaltó hasta lo sumo, y le dio un nombre que es sobre todo nombre, para que en [ante] el nombre de Jesús se doble [deba doblarse] toda rodilla de los que están en los cielos, y en la tierra, y debajo de la tierra.*

Si todos, al final de los tiempos, terminaremos en la misma posición de todos modos, ¡bien podremos aprender a hacerlo más temprano que tarde!

LA ACCIÓN DE ADORAR

¿Qué es la auténtica adoración? ¿Cómo se ve? La adoración es una acción de entregarnos a Dios de todo corazón, con todo nuestro ser: espíritu, alma y cuerpo. Hay doce palabras en hebreo y griego en la Biblia, que se traducen como *adoración*. Las cuatro palabras hebreas, y en especial la primaria, *shachah*, significan "deprimir, postrar –en homenaje a la realeza o a Dios– hacer reverencia, inclinarse, caer –de bruces– buscar en humildad, obedecer, dar reverencia, hacer inclinar, adorar".[3] En griego, una de las palabras para adoración es *proskuneo*, que significa besar –como el perro lame la mano de su amo– postrarse rindiendo homenaje; hacer reverencia, adorar.[4]

La primera mención de la palabra *adoración* se encuentra en Génesis 22, luego de que el Señor le indica a Abraham que ofrezca en sacrificio a su hijo Isaac ante Él en el Monte Moriah. Abraham se levantó temprano a la mañana siguiente, ensilló su burro y salió en obediencia para presentar a su hijo ante Dios. Luego de viajar durante tres días los ojos de Abraham se posaron en el sitio del sacrificio.

> *Entonces dijo Abraham a sus siervos: Esperad aquí con el asno, y yo y el muchacho iremos hasta allí y <u>adoraremos</u>, y volveremos a vosotros.*
> Génesis 22:5 (palabra resaltada por el autor)

Conectamos la adoración con la música y a veces creemos que son sinónimos. Pero aquí no se menciona la música. Los únicos instrumentos incluidos son la madera, el fuego y un cuchillo, y no creo que Abraham pensara en tocar la flauta. Todo lo ofrecía en sacrificio, obediencia y fe. Esta es la adoración en su expresión más acabada: la vida, postrada ante Dios. Adorar es hincar la rodilla.

En todas las Escrituras las expresiones de adoración y oración se ven enfatizadas continuamente (ver 2 Crónicas 7:14; Ezequiel 22:30; Juan 4:23; 1 Timoteo 2:1, 8). Tanto la oración como la expresión de adoración se mencionan como elementos integrales en la Iglesia temprana (ver Hechos 13:1-3; 16:25; Filipenses 4:4-6; 1 Timoteo 2:1-2, 8; 2 Timoteo 1:3-4; Filemón 1:4-6). Consideremos brevemente tres relatos del Nuevo Testamento sobre cómo se acercaba la gente al Maestro. Encontramos enseguida una tendencia: la adoración precede a la petición.

Primero, en Mateo 8:2-3, se nos cuenta sobre el leproso que Jesús limpió:

> Y he aquí vino un leproso y se postró ante él, diciendo: Señor, si quieres, puedes limpiarme. Jesús extendió la mano y le tocó, diciendo: Quiero; sé limpio. Y al instante su lepra desapareció.

Antes de que el hombre trajera su petición en medio de una gran desesperación, se postró ante el Señor. ¡No es de extrañar que la virtud sanadora de Dios surgiera tan rápidamente!

En otra asombrosa demostración de la misericordia de Dios, volvemos a ver la postración antes de la petición. No creo que fuera solo cuestión de protocolo étnico o cultural. Estoy convencido de que el poder de la resurrección procedió en respuesta a la fe, la humildad y la adoración sincera:

> Mientras él les decía estas cosas, vino un hombre principal y se postró ante él, diciendo: Mi hija acaba de morir; mas ven y pon tu mano sobre ella, y vivirá. Y se levantó Jesús, y le siguió con sus discípulos. Al entrar Jesús en la casa del principal, viendo a los que tocaban flautas, y la gente que hacía alboroto, les dijo: Apartaos, porque la niña no está muerta, sino duerme. Y se burlaban de él. Pero cuando la

gente había sido echada fuera, entró, y tomó de la mano a
la niña, y ella se levantó (Mateo 9:18-19, 23-25).

El tercer ejemplo viene de la mujer sirofenicia con la hija cruelmente demonizada. La mujer vino con persistencia, gritando y clamando: *"¡Señor, Hijo de David, ten misericordia de mí!"* (Mateo 15:22). El Señor no le respondió, para ponerla a prueba y ver cuán desesperada estaba de verdad. Pero ella continuó con su urgencia y no se conformaba con un "no" por respuesta:

> *Entonces ella vino y se postró ante él, diciendo: ¡Señor, so-*
> *córreme! (...) Entonces respondiendo Jesús, dijo: Oh mujer,*
> *grande es tu fe; hágase contigo como quieres. Y su hija fue*
> *sanada desde aquella hora* (vv. 25-28).

¡Oh, si hoy tuviéramos resultados como esos! ¿Lo notó? Vea una vez más. La versión Reina Valera Antigua traduce el versículo 25 como sigue: *"Entonces ella vino, y le adoró, diciendo: Señor socórreme"*. Sí, consiguió lo que buscaba. Pero también, primero se llegó en adoración.

¿Es que Jesús merece menos que eso?

CUATRO DEFINICIONES BÍBLICAS DE LA TAREA DE INTERCESIÓN

Antes de que sigamos avanzando veamos nuestro basamento sobre lo que significa ser intercesor. Muchos maestros de la oración dan crédito a S. D. Gordon por la siguiente afirmación: "Lo más grande que alguien puede hacer por Dios y los hombres es orar. Uno puede hacer más que orar, después de haber orado. Pero no se puede hacer otra cosa que orar, antes de haber orado". ¿No es asombroso? La intercesión es el derecho a moldear y hacer historia, y cada uno de nosotros tiene su turno de llegar a este lugar, como parte de nuestro llamado a ser sacerdotes ante el Señor.

Para construir el cimiento de manera adecuada veamos cuatro principales pasajes de las Escrituras, dos del libro de Isaías, y dos de Ezequiel. Al hacerlo buscaremos cuatro definiciones pero superpuestas, de la tarea del sacerdocio de intercesión.

1. SER SECRETARIO DE DIOS

¿Quiere un buen empleo? Tengo uno para usted. Dios siempre necesita de buenos secretarios. Hay muchísimo trabajo que espera justamente por usted. Aquí está nuestra primera definición bíblica sobre
la tarea del sacerdocio de intercesión.

> *Sobre tus muros, oh Jerusalén, he puesto guardas; todo el*
> *día y toda la noche no callarán jamás. Los que os acordáis*
> *de Jehová, no reposéis, ni le deis tregua, hasta que resta-*
> *blezca a Jerusalén, y la ponga por alabanza en la tierra*
> (Isaías 62:6-7).

El intercesor es quien le recuerda al Señor las promesas y tareas
aún no cumplidas. ¿Cuál es la tarea de un buen secretario? El secretario es el asistente que lleva cuenta de las citas y tareas en la agenda
de su jefe. Este asistente capaz define la agenda, le recuerda a su jefe
sobre sus citas y prepara el material necesario para que la tarea pueda cumplirse adecuadamente.

El intercesor, como el secretario, hace el mismo tipo de trabajo. La
persona de oración busca en la agenda divina, la Biblia, y encuentra
las promesas, compromisos y citas aún no cumplidas. Luego de ubi-
car estas tareas, le recordamos a nuestro Jefe, el Señor de huestes, que
es hora de que Él cumpla su Palabra. Funciona más o menos así:

"Señor, en tu agenda dice que derramarás tu Espíritu sobre toda
carne. Tu Palabra dice que traerás un diluvio de tu presencia sobre
los ancianos, los jóvenes, los hombres, las mujeres, los que viven en
naciones libres y aún entre quienes están en naciones supuestamen-
te cerradas. Ahora, apelo a ti. Ha llegado la hora. Según tu divina
agenda, es hora de que tengas misericordia de tu pueblo. Te pido,
Señor, que recuerdes tus santos compromisos con la humanidad, y
que actúes".

Me explayaré más sobre este tema vital en el capítulo 8: "Recordémosle a Dios su Palabra".

2. TOMAR LA CAUSA DE LA JUSTICIA

Para una segunda mirada a la fascinante descripción de tareas de
los sacerdotes intercesores, volvamos a Isaías:

*Y la verdad fue detenida, y el que se apartó del mal fue
puesto en prisión; y lo vio Jehová, y desagradó a sus ojos,
porque pereció el derecho.* **Y vio que no había hombre, y se
maravilló que no hubiera quien se interpusiese; y lo salvó
su brazo, y le afirmó su misma justicia** (Isaías 59:15-16).

La segunda definición de la gran tarea del sacerdote intercesor destaca otro principio clave. *Justicia* es la palabra clave para entender este versículo. Una definición breve y definida basada en este pasaje de las Escrituras será: *un intercesor es el que toma la causa de la justicia ante Dios en representación de otro.*

En esta posición de sacerdocio estamos en la brecha ante el Señor, en representación de otros que tienen necesidad o que sufren, y clamamos a Él, el Juez de todo. Tomemos a los no nacidos, por ejemplo. Se dice que el lugar más peligroso para vivir en estos días es el vientre de la madre, ¡porque estadísticamente no hay ubicación más vulnerable!

Debemos interceder, pararnos en la brecha en representación de quienes están solos, elevando nuestras voces por quienes tienen necesidad de intervención santa: "Padre, te rogamos por los no nacidos [o los perdidos, los solos, los que no tienen hogar, los que sufren a consecuencia de la guerra, de la enfermedad, o de Satán] y los traemos ante tu santa presencia. Amoroso Padre, recuérdalos y muéstrales tu misericordia".

Un intercesor es quien toma la causa de justicia ante el Dios todopoderoso, en representación de otro, que está en necesidad o desesperación. No permitamos que la evaluación de Dios sobre nuestros días sea la misma que para la época de Isaías. Podemos cambiar las cosas. Tomemos nuestro lugar. ¡No permitamos que nuestro amoroso Dios Padre se asombre y maraville porque somos un puñado de cuerpos patéticos, débiles, tibios, casi comatosos! Que el hombre nuevo, con celo, llamado Cuerpo de Cristo se levante y clame al Señor. Tomemos nuestro lugar, real sacerdocio. ¡Vayamos ante el rostro de Dios!

3. CONSTRUIR LA MURALLA

Ahora, seremos albañiles. No hablo de unirnos a un gremio ni a una falsa organización que intenta sustituir a la Iglesia viva de Jesucristo.

Estoy hablando de poner ladrillo sobre ladrillo de protección alrededor de nuestras familias, iglesias y ciudades. Veamos en Ezequiel lo que estamos llamados a hacer:

> *Como zorras en los desiertos fueron tus profetas, oh Israel.*
> *No habéis subido a las brechas [agujero en la pared], ni*
> *habéis edificado un muro [cerco] alrededor de la casa de*
> *Israel, para que resista firme en la batalla en el día de Je-*
> *hová* (13:4-5).

De este pasaje de las Escrituras obtengo otro vistazo del propósito rector del intercesor. En este pasaje el Señor nos llama a estar firmes (recuerde que solo tenemos la fuerza de estar firmes una vez que nos hemos arrodillado). *El intercesor es quien forma el cerco, quien construye la muralla de protección en tiempo de batalla.*

Este es, después de todo, el día de la batalla. Satanás es *"como león rugiente, [que] anda alrededor buscando a quien devorar"* (1 Pedro 5:8). ¡Los espíritus de las tinieblas *nos quieren a nosotros* en su plato en la próxima comida! Así que aquí Ezequiel da un grito de exhortación en contra de los profetas de su época. No hacían su trabajo, lo cual quería decir que el enemigo sí podía hacer el suyo. Los intercesores proféticos han de construir las murallas de protección para impedir que el enemigo entre, y así permitir que Israel –y la Iglesia– puedan estar firmes de pie ese día.

Parte de nuestro problema es que no hemos tenido centinelas o guardas sobre las murallas, que vieran la estrategia del diablo para defendernos contra su juego. Satanás y sus seguidores han tenido rienda suelta para hacer lo que les plazca en muchas ciudades. No hay centinelas, no hay protección.

Lo triste es que el enemigo ha estado tan inmiscuido en nuestras vidas, que nuestro nivel de discernimiento se ha debilitado, y muchos llamamos "rectitud" a las apariencias, en tanto lo licencioso o la negociación con lo demoníaco es para nosotros "libertad bíblica". Necesitamos no solo centinelas sobre las murallas para ahuyentar al enemigo, sino también una limpieza profunda del Cuerpo de Cristo, porque el enemigo está adentro.

¡Alabado sea el Señor!, sin embargo, porque todo está cambiando. Hagamos un llamado a la restauración de los parámetros de Dios.

"Señor ¡construye la muralla!" es el grito que se oye en nuestros días. Hemos de ser como Nehemías y Esdras: defendamos la rectitud y reconstruyamos las murallas de protección alrededor de nuestras ciudades. Esta es una actividad de intercesión. Por medio de esta acción nos paramos con firmeza en contra de los poderes de las tinieblas, y los reprendemos para que dejen los lugares donde han entrado con sus artimañas.

4. ESTAR EN LA BRECHA

Hasta ahora hemos visto que nuestro llamado al sumo sacerdocio de intercesión implica ser secretarios de Dios –para recordarle a Él su Palabra– tomar la causa de la justicia –en audiencia con el Juez– y construir las murallas –para que el enemigo no entre–. Pero si este es el caso, ¿qué significa *estar en la brecha*? ¿No es esto lo mismo que construir la muralla?

Echemos un vistazo a Ezequiel para encontrar la respuesta:

> *Y busqué entre ellos hombre que hiciese vallado y que se pusiese en la brecha delante de mí, a favor de la tierra, para que yo no la destruyese; y no lo hallé. Por tanto, derramé sobre ellos mi ira; con el ardor de mi ira los consumí; hice volver el camino de ellos sobre su propia cabeza, dice Jehová el Señor* (Ezequiel 22:30-31).

Observe con detenimiento nuestra cuarta y última definición del privilegio del guerrero sacerdotal de oración, porque de lo contrario pasará por alto su impacto. En la definición previa vimos que somos llamados a construir una muralla para mantener fuera al enemigo. La mayoría de nosotros comprendemos este ángulo muy bien. Pero si vemos este versículo de la vida de Ezequiel bajo la lupa, observaremos que no es solo otro relato de la misma cosa. El guerrero de oración tiene otra tarea: la de evitar la ira de Dios.

Hemos de tomar nuestra posición entre Dios y su pueblo, y entre Dios y el mundo. El pueblo de oración está llamado a construir una muralla, sí, pero esta vez es entre nosotros y Él.

Se nos da la buena nueva, sin embargo Dios espera que alguien lo convenza de no derramar su ira. Asombroso, ¿verdad? ¿Quién sabe? Quizá nuestro incienso –ver Éxodo 30:34-36; Salmo 141:2;

Apocalipsis 5:8; 8:3-5– de santa argumentación hará que el juicio debido se posponga y evite. Nuestras oraciones pueden utilizarse para aminorar, evitar o retrasar el recto juicio de Dios. Podemos ser accionistas en el reloj de Dios, y comprar temporadas de misericordia.

Desde aquí derivamos nuestra cuarta definición del llamado a ser intercesores: el intercesor es quien está en la brecha entre los rectos juicios de Dios que han de venir y la necesidad de misericordia, en representación de las personas.

Somos llamados a pararnos en la brecha en diferentes épocas por motivos distintos. Debemos estar involucrados con coherencia, recordarle a Dios su Palabra; ser sus secretarios en la Tierra. Algunos tienen el mandato específico de llevar las cargas de otros y argumentar el caso de justicia en representación de los débiles e indefensos. El llamado del clarín también viene para llamarnos a construir las murallas el día de la batalla, para mantener fuera al enemigo. Sin embargo, se nos invita también a una lucha con Dios mismo. El Todopoderoso busca un pueblo que mantenga a raya su juicio, que se ponga en la brecha entre su recto juicio –que ha de venir– y la necesidad de misericordia de los pueblos y personas.

VIGILANTES DE ADORACIÓN

El Espíritu Santo busca intercesores que adoren y adoradores que intercedan. Estas dos "gracias" se fusionan en la vestidura sin costuras del real sacerdocio. Debemos aprender ambos aspectos para poder ser victoriosos.

En enero de 1998 fui bendecido con la posibilidad de participar en un tur de oración en Israel, junto a Don Finto y su ministerio Caleb Company, en cuya junta sirvo. Don es ex pastor principal de la Iglesia Belmont, una iglesia de tres mil quinientos miembros, basada en células, en el corazón de Nashville, donde actualmente tenemos la base de nuestro ministerio. El equipo de liderazgo de Caleb Company fue a Israel para orar y reunirse con los líderes mesiánicos de la iglesia local que está surgiendo allí. Como hace la mayoría, visitamos sitios históricos y nos detuvimos para orar en diferentes lugares.

Uno de los lugares donde estuvimos con nuestro tur de oración fue el arroyo junto al manantial de Harod, donde el Señor reunió a los treinta y dos mil guerreros reunidos por Gedeón y eligió a solo trescientos para pelear contra los madianitas (ver Jueces 7:2-8). Sentía yo gran excitación, porque la vida de Gedeón es una de mis porciones favoritas en la Biblia. Siento una relación con él y con su necesidad de verse como lo veía Dios, un "valiente guerrero" (Jueces 6:12). Como Gedeón, muchas veces he sentido que mi cabeza daba vueltas y me preguntaba a quién le hablaba el Señor cuando me llamaba –como lo llama a usted– a ser uno de sus valientes guerreros.

Fuimos ocho los que reconstruimos la selección de los hombres de Gedeón. Nos arrodillamos junto al arroyo –usamos solo una rodilla– y bebimos agua como lo hacen los perros. ¡Fue algo increíble!

¿Qué buscaba el Señor ese día cuando eligió a los trescientos soldados para que pelearan contra su formidable enemigo? Buscaba centinelas, vigilantes adoradores. Instruyó a Gedeón para que aceptara solo a aquellos que bebieran agua *"como lame el perro"* (Jueces 7:5). ¿Alguna vez ha observado a un perro cuando come o lame el agua para beber? Con un ojo mira la comida, o el agua, y con el otro cuida que nadie se acerque. Nueve mil setecientos hombres entre los que quedaban se arrodillaron para beber. Lo único que podían ver era su propio reflejo en el agua. Pero hubo trescientos soldados que hincaron solo una rodilla, símbolo de reconocimiento y adoración a su rey. Lamían el agua en el hueco de su mano, en tanto observaban qué sucedía a su alrededor: la imagen profética de vigilantes adoradores.

Hoy el Señor busca lo mismo. Busca a quienes hincan una rodilla en tanto observan y oran, que reconozcan que Dios es la fortaleza en sus vidas. Son vigilantes intercesores que se arrodillan sobre las promesas de protección contra el ataque enemigo.

ARRODILLADO, ARRODILLADO...

En tiempos de alabanza y adoración colectiva mi esposa y yo solemos avanzar cantando lo que llamamos "cántico profético del Señor" –ver Sofonías 3:17; Hebreos 2:12–. Ambos tenemos una larga historia personal de ministerio por y para el Señor con cánticos, y siempre ha sido una de las cosas que más nos deleitan como matrimonio. Por momentos nos lanzamos sin saber hacia dónde vamos, confiando en que el viento de Dios y el Espíritu Santo nos dirijan en cuanto a las palabras, la melodía y el resultado final. A veces cantamos lo que desborda de nuestro corazón. Y en otras ocasiones tomamos un pasaje de las Escrituras y lo relatamos en forma de canto. Muchas de estas canciones son en realidad oraciones, con melodías espontáneas; peticionamos al Señor por la cosecha del reavivamiento y el derramamiento de su prometido Espíritu Santo.

Una tarde, cuando Michal Ann y yo estábamos frente a una congregación durante una conferencia, fui catapultado a una visión espiritual y comencé a poner palabras a la visión que recibía, una visión del ejército de Dios de los últimos tiempos que avanzaba. Estos guerreros marchaban al unísono. Vi las tropas sobre una colina, con resolución en sus corazones. Eran vasijas rotas en manos del Señor. El Espíritu Santo parecía indicar que eran "guerreros de terciopelo", o "el ejército de terciopelo". Como el Espíritu de oración estaba sobre ellos, tomaban territorio en el gran nombre del Señor.

Michal Ann se unió a mí, cantando y por turnos formamos una bella canción que describía cómo este ejército invadía el campo enemigo. Avanzaban más despacio de lo que esperaban, ¡pero siempre seguían adelante! En la visión, verá usted, se acercaban marchando de rodillas.

Sí, estamos arrodillados sobre las promesas de Dios nuestro Salvador; ¡arrodillados sobre sus promesas!

El ejército de Dios de los últimos tiempos tendrá una característica sobresaliente. Su fuerza no está en ellos mismos. Toda su fuerza está en Él. Sí, somos la esposa que pelea, el ejército adorador de Dios. El Señor busca guerreros que dependan de Él. Sus ojos barren la Tierra para marcar a quienes lloran por sus "Jerusalenes", para encontrar a quienes sepan cómo adorarlo en Espíritu y en verdad. Punto.

Deténgase ahora mismo, cuando esta aventura recién comienza. Únase a mí en pedirle que se deleite en su vida:

Que tus ojos se posen aquí, Señor. Que ahora mismo se vuelva tu mirada hacia tu pequeño sirviente, y úngeme para formar parte de tu ejército de terciopelo. Me enrolo, sigo tu llamado en mi vida. Soy voluntario para ser sacerdote que ministra en tu santo nombre. Quiero ver que se cumplan tus propósitos, que tu Reino venga a mi comunidad, a mi estado y a mi nación. Otórgame el Espíritu de oración y súplica, y haz de mí uno de tus guerreros adoradores. En nombre de Jesús, amén.

De esto trata este libro. Es una imagen de cada uno de nosotros: primero como individuos en humildad ante nuestro Padre, y luego colectivamente como esposa de Cristo, marchando, avanzando, arrodillados sobre las promesas de Dios. Las lecciones que contiene este libro provienen de las trincheras de la experiencia de vida. La historia de la sanación de esterilidad mía y de Michal Ann que relato en el siguiente capítulo, representa una parábola profética del deseo de Jesús de sanar a su esposa y hacerla fructífera.

El breve relato del testimonio de nuestra familia tiene como propósito construir un puente de historia con usted. Michal Ann y yo hemos aprendido con esfuerzo del alma cómo es el corazón de un Padre que ama, y el poder de la intercesión profética y de compasión.

No es solo un libro de texto de teología, entonces, lleno de ideas sobre cómo se supone que deben resultar las cosas. Está lleno de lecciones de las Escrituras, de la historia de la Iglesia y aventuras contemporáneas de personas reales de hoy, que viven con Dios. Primero viene lo natural, y luego lo espiritual (ver 1 Corintios 15:46). Así ha sido en mi vida. Que el Señor imparta verdad e inspiración a su vida, en tanto pondera usted el tesoro que Él nos ha dado.

¡Que comience el viaje!

APLICACIONES PRÁCTICAS, ¡HAGÁMOSLO REALIDAD!

- En sus momentos de silencio ante el Señor incorpore la adoración antes de proceder a las oraciones de petición.
- Intente ponerse de rodillas en dependencia, humildad, quebranto y adoración ante el Señor.
- En su grupo de oración pídale al Señor que eche los principios fundamentales como cimiento de las cuatro tareas específicas de un intercesor:

    Recordarle a Dios su Palabra.

    Tomar la causa de justicia ante Dios en representación de otro.

    Construir las murallas para mantener al enemigo afuera.

    Demorar la ira de Dios.

- Aliente el cántico profético espontáneo del Señor en su vida personal, en su grupo o iglesia.

- Únase a mí en pedirle al Señor que nos unja para ser sus guerreros de terciopelo, los que avanzan en unidad y que quiebran, de rodillas, con resolución en sus corazones para tomar territorio para el Rey.

LECTURA RECOMENDADA

Love on Its Knees [Amor de rodillas], por Dick Eastman (Chosen, 1989). No disponible en español.

Prayer: Finding the Heart's True Home, [Oración: encontrando el verdadero hogar del corazón], por Richard J. Foster (HarperSanFrancisco, 1992). No disponible en español.

CAPÍTULO 2

Dando a luz a una promesa:

nuestro viaje personal

¡La vida tiene tantas vueltas, tantísimas cosas que no conocemos! Lo que nos ayuda a avanzar es la respuesta adecuada a las circunstancias que se presentan. Quizá tenga usted un sueño que vino de Dios. Sabe con seguridad que no lo inventó ni eligió el objetivo usted mismo, pero su cumplimiento parece escaparse como agua entre sus dedos. ¿Le suena conocido? ¡Tome coraje! Tenemos que ceder al poder del quebranto y luego volver a levantarnos para seguir peleando. Recuerde: primero debemos arrodillarnos ante nuestro Padre, para luego tener las fuerzas de pararnos frente al enemigo.

Esto es parte de lo que mi esposa y yo aprendimos. Al leer nuestra historia en este capítulo –¡un viaje en la historia, con el Expreso de la Familia Goll!– quizá haya porciones del camino que le ayuden a seguir peleando para ver hecho realidad su sueño.

¿QUIÉN ENCENDIÓ LAS LUCES?

Crecí en un hogar metodista en la alejada localidad de Cowgill, Missouri. Me brindaron e inculcaron el amor por Dios y por la Iglesia. Mis padres, Wayne y Amanda, estaban ya orgullosos de sus dos hijas, Sandra y Barbara, y querían un hijo varón. Fue una tragedia que mi madre perdiera un bebé varón durante su embarazo. Pero, como me contaron, clamó al Señor y dijo: "Si tú me das otro hijo lo dedicaré al servicio de Cristo". Nací exactamente un año más tarde: el 3 de julio de 1952.

No recuerdo un día en que Jesús no haya sido mi mejor Amigo. A veces digo con humor: "Cuando nací, salí del vientre de mi madre, saludé con la mano y dije '¡Aleluya!'" Sé que suena extraño, pero Jesús es todo lo que he conocido, desde siempre.

Al crecer en un entorno rural me encantaba salir a caminar por las vías del ferrocarril, cantando con todo el corazón y hablando con Dios, que estaba en algún lugar allí arriba, en las nubes. Solo quería conocerlo y servirlo.

Me dieron tres oraciones en mi juventud, que solía orar, de la inspiración de lecciones de la escuela dominical, supongo. Comenzaba pidiéndole al Señor que me diera sabiduría más allá de mis años, como Salomón. Luego le pedía que reuniera a sus consejeros como José, ante los Faraones de nuestros días, como lo hizo en el pasado. Mi última oración era que Dios me diera un corazón de pureza, para que pudiera caminar con Él todos mis días. ¡Estas grandiosas oraciones solo pueden haber venido del cielo! Sigo orándolas hoy.

En la escuela primaria y la secundaria me dedicaba a estudiar, cantar, participaba del Club 4-H y de actividades de la iglesia. Quizá me respetaba, pero en realidad nunca encajé en la escena pop de la revolucionaria generación de los años 60. Después de la secundaria, mientras estudiaba en la Universidad de Central Missouri, asistí a Explo '72 en Dallas, auspiciada por Campus Crusade for Christ [Cruzada Estudiantil para Cristo]. En la última noche Billy Graham habló en el Cotton Bowl; se refirió al compromiso. Y yo, junto a otros miles, me puse de pie para declarar que me presentaba como voluntario para el servicio cristiano de tiempo completo. Esa noche fue una de las que más marcaron mi vida. Iba por Dios ¡y nada más!

Es entonces que conocí al Pueblo de Jesús de manera poderosa. Un impacto cultural para un chico metodista venido del campo. Pero tenían algo que me atraía. A nivel puramente humano a veces me sentía un tanto incierto, y hasta los rechazaba. Pero mi ser interior sentía intriga. Quería más de Dios. Quería lo que fuera que ellos tenían.

Mi pequeña pantalla cristiana en blanco y negro cambió de manera significativa –hoy llamamos a esto un giro de paradigma–. La vida pasó de ser en blanco y negro a pintarse de colores cuando me llenó el Espíritu Santo en el otoño de 1972, y ¡luz, cámara, acción! Las cosas cambiaron y también yo cambié. Hoy mis hijos dirían "¿quién encendió las luces?" Dios las encendió. Este chico delgado se había encendido como fuego y crecía para Jesús como una hierba silvestre. Todo lo que quería era ir a reuniones de oración, leer mi Biblia y hacer que otros se sumergieran en el Espíritu como lo hacía yo. Pertenecía ahora al Pueblo de Jesús. Finalmente había encontrado dónde pertenecer. Y amaba cada minuto de lo que vivía.

Una pequeña banda de cristianos encendidos recibió permiso para usar una casa de fraternidad vacía, justo en medio del *campus*. Este lugar abandonado se convirtió en un lugar caliente, transformado por fervientes creyentes, para llegar a ser la "Casa de Jesús". Todo se veía nuevo. ¡La vida era una aventura!

LA TRAMA SE ENGROSA

¿Chicas? Claro, por supuesto, mantenía los ojos abiertos. Pero mi mirada se enfocaba principalmente en Aquel que había muerto por mí, que había resucitado de entre los muertos. Jesús era la pasión de mi vida.

Por gracia de Dios me gradué de la CMSU en 1974, con un grado en trabajo social. Fui a trabajar durante el verano en el Hospital Johnson County Memorial, como asistente de enfermero. Allí conocí a Ann Willard.

Era una muchacha bella, alegre y amable que acababa de graduarse de la Escuela Secundaria Warrensburg esa primavera. Las enfermeras intentaban juntarnos, pero yo no pensaba en eso. Después de todo, ¡solo era una chica de dieciocho años, y yo tenía ya un título universitario! Y, además, ella salía con un joven del seminario que estudiaba para ser pastor. Pero sí pasábamos juntos nuestros momentos de descanso en el trabajo, estudiábamos la Biblia, orábamos y teníamos grandes conversaciones. Mientras pasaba el verano ella me enseñó a hacer las camas del hospital, y yo le hablaba constantemente sobre el poder del Espíritu Santo.

Cuando terminó el verano cada uno siguió su camino. Ella entró en la universidad y yo entré de lleno en el ministerio del *campus* de tiempo completo, además de otras aventuras con mi mejor amigo, el Espíritu Santo.

Era septiembre de 1974. No volví a ver a Ann –como la llamaba entonces– durante casi un año. Luego, una mañana de domingo del mes de mayo siguiente, salí a caminar como tanto me gustaba, hablando con el Señor. Recuerdo muy bien esa conversación.

Dije en voz alta, para mí y para Dios: "Bien ¿quién será para mí?"

Me sorprendió oír una respuesta: *Ann Willard.* Sonó claro, como si hubiera alguien junto a mí, hablándome.

–¿Quién?

–Ann Willard –llegó la respuesta por segunda vez.

No esperaba ese tipo de respuesta. Volví a preguntar:

–¿Quién?

–Ann Willard.

Entonces, me puse serio de veras:

Bueno, lo último que supe es que estaba prácticamente comprometida con un joven que estudiaba para ser pastor metodista. Entonces, ¿quién?

Ann Willard. Y no solo eso, sino que se comprometerán para septiembre y se casarán el próximo 15 de mayo.

Aunque no había anticipado este tipo de respuesta, las palabras hicieron eco en mí y las acepté como verdad. Y, además, ¡me gustaba lo que había oído!

Luego de unos meses intenté encontrar a Ann telefónicamente. No sabía su número y oré una de esas oraciones tipo "Espíritu Santo, guíame". Claro, encontré al Willard correcto –había solo cuatro– y la invité para que me acompañara a un evento cristiano que habría en el *campus* de la universidad. Aceptó. Fue el comienzo de cosas que cambiaron nuestras vidas para siempre.

Sí, la palabra que llegó esa mañana de primavera era la voz del Señor. Nos comprometimos en septiembre y nos casamos el siguiente 15 de mayo; era el año 1976.

PROMESA EN LA NOCHE

Al cumplirse el primer año de nuestro matrimonio Ann se graduó en la CMSU, en desarrollo infantil. Yo ya trabajaba tiempo completo en el ministerio cristiano como ministro del *campus* en la universidad. Era hora de que pensáramos en formar una familia. No imaginábamos las dificultades que tendríamos.

Si hay una mujer que conozco, diseñada y destinada para ser madre, era mi esposa. No tenía objetivos extraordinarios para su vida. Solo quería amar al Señor su Dios con todo su corazón, toda su mente, toda su alma y todas sus fuerzas, y un día ser madre según Dios lo deseara, y pasar este legado a sus hijos.

Ann había crecido en una granja rural de Missouri, a unos veintidós kilómetros del pueblo más cercano. Le gustaba mucho ese entonces, aún cuando sus tres hermanos mayores fueran varones. Le enseñaron el temor del Señor a temprana edad, sus abuelos y padres y un querido viejo santo que ella llamaba Sr. Tyler, con mucho cariño. Su familia y la iglesia metodista de la localidad –dieciocho cuando asistían todos– sirvieron bien a su vida. Su mejor amiga era su Biblia, y amaba pasar horas con esta querida compañera.

Sin embargo, ¡qué paradoja la de nuestras vidas como matrimonio joven! Lo único que ella quería con tanto afán, ser mamá, parecía estar fuera de nuestro alcance.

Hicimos todo lo que sabíamos que había que hacer. Año a año, el mismo resultado: nada. Consultamos médicos, tomamos clases de planificación familiar natural y recibimos oración de los espirituales Quién es Quién de la década de 1970. Asistimos a tantas reuniones en las que estaba presente el poder del Espíritu Santo, que ya sentíamos algo de vergüenza. Nos ministraban, pero siempre terminaba todo igual: sin cambio aparente.

Pasamos tribulaciones y pruebas de paciencia durante esos primeros años. Aún así, seguimos en nuestro viaje por la concreción de nuestro deseo, aún con la sentencia de esterilidad ya pronunciada sobre nosotros. La desesperación crecía mes a mes en nuestros corazones y nuestras almas. Ann y yo investigábamos todas las opciones: planificación familiar natural, exámenes médicos, cirugía exploratoria, adopción y todo lo demás que pueda usted imaginar.

Una noche en la primavera de 1980, en nuestra pequeña casa al este de Warrensburg, Missouri, tuve uno de esos sueños cortos, del tipo que uno recuerda al despertar. Era sencillo. El Espíritu Santo me habló con claridad y me dijo: *Tendrás un hijo y se llamará Justin.*

Cuando Ann despertó por la mañana le conté el sueño. Como habíamos buscado tener hijos durante varios años, fue una noticia que recibimos con alegría. Dios decía que tendríamos un hijo y hasta me daba su nombre. ¿Qué podría ser mejor que esto? ¡Muy bien! Creíamos en la buena noticia.

Sé que puede parecer inusual que no cuestionara yo el mensaje de ese sueño. Pero sentía total seguridad de que venía de Dios. Un espíritu de fe y de paz parecía haber venido sobre Ann y sobre mí. De hecho, a través de la revelación que vino con este simple sueño, sentíamos nuevas fuerzas para la batalla. De seguro ¡tendríamos un hijo! Después de todo, llevábamos promesas de sanación y fructificación de la Palabra escrita de Dios, promesas como Deuteronomio 28:2, 4, 11; Salmo 103:3; Isaías 53:4 y 1 Pedro 2:24. Teníamos gente orando en todo el país por nosotros. Y ahora teníamos Palabra pronunciada y reveladora. Una soga de tres cuerdas. ¡Qué combinación!

Sin embargo, la situación no cambió inmediatamente, a pesar de este sueño del cielo, y empezamos a analizarlo. Al ponderar la Palabra que me había sido dada –*tendrás un hijo y se llamará Justin*– nos dimos cuenta de que no nos decía *el modo* en que tendríamos este hijo. Queríamos responder con humildad a la promesa, al tiempo de estar firmes y creerle a Dios. Ahora teníamos una rara mezcla de fe e incertidumbre sobre qué hacer. Las cosas aún no habían cambiado en nuestro mundo. De hecho ¡las circunstancias parecían gritarnos en las narices! ¿Podía ser que nos llegara este hijo en adopción? No descartábamos nada en ese momento. Queríamos hijos propios, pero sabíamos que debíamos estar abiertos a lo que Dios quisiera para el cumplimiento de este sueño.

Ese verano de 1980 ya estábamos anotados para una entrevista con una agencia de adopción de la iglesia de St. Louis. Sin embargo, las cosas dieron un giro peculiar.

Hicimos el viaje de cuatro horas en auto, un día caluroso y húmedo de julio, y estábamos sentados en la sala de espera de la agencia, con unas ocho parejas más. Ann y yo miramos a nuestro alrededor y luego nos miramos, preguntándonos qué hacer. Cada una de estas parejas también quería un hijo, como lo queríamos nosotros. Aparentemente no podían cumplir su sueño, igual que nosotros. Nos llamaron primero. Era hora de nuestra entrevista. En lugar de entrar, preguntamos si podíamos tomarnos unos minutos para caminar por el centro de St. Louis. Necesitábamos conversar una vez más sobre el tema, ese día de tanto calor.

Después de una conversación de corazón a corazón, y de incertidumbre interna, decidimos ceder nuestro derecho a tener un hijo por adopción para que otra pareja que lo mereciera y quisiera darle su amor, pudiera cumplir su sueño. Después de todo, se nos había dado esperanza y sabíamos en Quién confiábamos: no en un sueño, sino en el Dios del sueño. Así que en lugar de anotarnos, volvimos a la oficina y les dijimos a los directores que no creíamos que debíamos seguir con los trámites de adopción.

Volvimos a casa, otra vez cuatro horas de viaje, y la paz de Dios estaba con nosotros.

ANTES DE QUE LA LUZ SE CONVIERTA EN OSCURIDAD

¿Ha notado que en la creación, antes de la luz había oscuridad? ¿De qué otro modo podríamos saber cuándo amanecía? Bien, el camino para Ann y para mí oscureció aún más. Estábamos por pasar por lo que los cristianos de la antigüedad llamaban "la oscura noche del alma". La situación no había cambiado ni un ápice. Aunque seguíamos creyendo en el mensaje del sueño, ya estábamos sintiendo el cansancio de esta montaña rusa.

Había pasado un año. Era ahora el verano de 1981. Aunque habíamos cerrado la puerta a la adopción, seguíamos buscando por medio del entendimiento, la oración y la medicina, qué camino quería Dios para nosotros. Nos sometimos a una larga serie de exámenes médicos para determinar cuáles eran los obstáculos. Cuando más avanzábamos, tanto más se complicaban las cosas. Cuando Ann pasó por una laparoscopía y otros exámenes más, nuestro especialista en infertilidad –una eminencia de su profesión en ese momento– encontró algo que no había visto antes en ninguna de sus pacientes. No solo halló que los ciclos normales de mi esposa duraban entre seis semanas y seis meses, sino que había algo más que el cirujano había encontrado por primera vez. La cavidad uterina de Ann era entre cinco a seis veces más grande que lo normal, y su tapizado interior no podía sustentar vida. Había, además, otras complicaciones, todas agregaban más evidencia a la realidad de que no sería posible tener hijos.

Aún puedo verlo salir de la sala de operaciones, diciéndome que no podía resolver el problema con cirugía, ni de ningún otro modo. Ya no podía hacer más. ¿Cuál era la conclusión? Que no había más alternativas. De hecho, la medicina no tenía respuestas para nosotros. La situación era en verdad oscura. Obstáculos, complicaciones y no más opciones. Necesitaríamos un milagro.

Bien, al menos ahora sabíamos todo: teníamos información detallada de órganos que no tenían la forma adecuada, que no funcionaban como debían ¡y que no podían funcionar como debían! Aún así, convertimos el diagnóstico detallado en oración persistente: "Dios, tú nos diste tu santa palabra. Nos diste un sueño. Creemos que el pueblo de oración está de acuerdo con nosotros. No podemos hacer esto por nosotros mismos. Dependemos totalmente de ti para que suceda. Cumple el sueño que tú nos diste. Danos un milagro, ¡en el grandioso nombre de Jesús!" Luego pronunciábamos las promesas de sanación de las Escrituras con una declaración de fe y mandamiento de vida sobre nuestros cuerpos. Peleamos la buena pelea de la fe, como Pablo le indicó a Timoteo (1 Timoteo 1:18-19), utilizamos la palabra de Dios como arma de guerra –hablaremos más sobre este tipo de batalla en el capítulo 8–.

A medida que pasaban los meses aprendimos muchas y valiosas lecciones en el aula "Oración 101" del Señor. Y en todas estas tribulaciones seguimos confiando en Aquel que sostenía nuestra mano. Con determinación, quebranto y total dependencia de Dios persistimos en la oración: clamábamos al Señor para que interviniera.

La batalla era cada vez más dura. El cuerpo de Ann sufría temblores, como si rechazara la vida que pudiera formarse en él. Los días se convirtieron en semanas, y luego en meses, y no había cambio. Fue duro y difícil. A veces, todos los "porqués" parecían bombardear nuestras mentes.

Una noche de otoño de 1981, cuando el cuerpo de Ann estaba con convulsiones, ya no lo soporté más. Oré por ella, pero nada cambió. Frustrado, salí de la casa y comencé a caminar para aclarar mi mente y tener una larga charla con el que está allí arriba.

Mientras estaba yo fuera, el Espíritu Santo estaba con Ann. Ella me contó más tarde que le dijo al Señor:

–No me gustará, pero te cedo mi derecho a tener hijos.

Inmediatamente el Dios del consuelo respondió:

–Aprecio tu actitud, pero no te pido eso. Te digo que debes pelear por tus hijos.

Ann lo recuerda de este modo:

> Apenas oí al Señor decir esas palabras, me llenó el conocimiento de que el Señor sentía mi dolor y que anhelaba que tuviera hijos, más de lo que lo anhelaba yo. Sabía que Él estaba allí, por mí. En un momento supe que había estado culpando a Dios por mi esterilidad. Con claridad vi que la culpa en realidad era de Satán. Así que me puse firme y proclamé: "Desde este día en adelante ya no culpo a Dios por mi esterilidad. Quito la culpa de Dios mi Padre y la pongo donde corresponde: ¡en el diablo!" Enseguida sentí que algo se abría, y supe que había dañado de manera importante la obra de las tinieblas. Me llené con nueva esperanza, y con un espíritu de coraje y pelea.

Así, con nuevo y santo coraje, y armados con nueva fe, seguimos en nuestra batalla por creer lo imposible y pelear para que nuestro sueño se hiciera realidad.

En el verano de 1982 parecía que habíamos logrado nuestro tan anhelado objetivo. Había señales que parecían indicar que Ann estaba encinta. Pero justamente entonces, la tragedia golpeó a su familia. Su querida madre y mejor amiga, Dorris, enfermó gravemente, y además Ann comenzó a tener problemas. Debió pasar las siguientes cuatro semanas en cama o en el sofá. Nuestro especialista estaba de vacaciones. A su regreso corrimos a verlo en su clínica, para encontrar que quizá sí, o quizá no, había estado encinta. Había, sí, pequeña evidencia en el útero, pero eso era todo, así que había que hacer una dilatación y raspaje. La tristeza invadió nuestros corazones una vez más, al regresar a casa con las manos vacías.

Permítame que Michal Ann –como la llamo hoy– le cuente qué pensaba en esos días:

> Agotamos todas las opciones que se presentaban, buscando una respuesta para nuestra situación tan compleja. Más que ninguna otra cosa, orábamos. Le pedíamos a Dios, y volvíamos a pedir; luego reprendimos nuestra

esterilidad y declaramos la Palabra de Dios sobre nuestros cuerpos. Hicimos todo lo que sabíamos que había que hacer: físicamente, médicamente y espiritualmente. Sin embargo, al cabo de seis años, todos los intentos resultaban iguales: sin fruto.

Permítame decirle que fue increíblemente doloroso. Jim y yo pertenecíamos a una pequeña iglesia en una universidad en esa época. Pasamos esos años orando y aconsejando a muchos estudiantes universitarios. Se enamoraban, le pedían a Jim que oficiara en su boda, y luego al poco tiempo nos pedían que oráramos por sus hijos al dedicarlos al Señor. En tanto, nuestro hogar seguía vacío.

En el otoño de ese año la batalla de Dorris contra el cáncer se hizo más difícil. Era una mujer que amaba profundamente a su Señor. Una vez llamó por teléfono a Michal Ann, su única hija, y le pidió que fuera a visitarla. Cuando Michal Ann llegó a la granja, Dorris tenía un regalo para ella, una sorpresa inesperada. ¡Había tejido una hermosa manta para bebé! Era de lana de color amarillo, según el diseño original de la familia McCoy –el apellido de soltera de la madre de Michal Ann–. Aunque los días de Dorris estaban contados y ella cada vez estaba más débil, había hecho esa manta para bebé en la fe de que tendríamos un milagro en nuestras vidas.

¡Qué sacrificio! ¡Qué regalo!

UN TOQUE DE DIOS

Después de servir durante ocho años como ministro del *campus* de la Central Missouri State University, asumí como pastor principal de nuestra pequeña congregación Harvest Fellowship Church. Una noche de noviembre de 1982 tuvimos el place de recibir la visita del evangelista sanador Mahesh Chavda, que ofició de ministro en nuestra iglesia. Había conocido a Mahesh unos años antes y nos habíamos hecho amigos. Él también había orado dos veces por Michal Ann y por mí, por la sanación de la esterilidad. Era especialmente sensible al Espíritu Santo y a menudo era utilizado en los dones de sanación y los milagros. Cada año hacía ayuno y oración durante dos períodos de cuarenta y dos días, y como resultado había visto a Jesús hacer cosas grandiosas e inusuales.

Cuando terminó el servicio de esa noche Mahesh comenzó a pronunciar palabras de sabiduría para la sanación. Expresó cada una de las impresiones que el Espíritu Santo traía a su mente. Todo iba muy bien. El poder del Espíritu estaba presente, tocaba las vidas de las personas.

Michal Ann y yo, sentados allí en la iglesia, estábamos tan ansiosos como los demás por recibir del Señor. Pero para ser sinceros, me sentía excitado e incierto. *¿Qué hemos de hacer?*, recuerdo haberme preguntado. *¿Tenemos que ir al final de la reunión y que él vuelva a orar por nosotros?*

Mahesh estaba ya casi terminando el servicio. Dio dos palabras más de conocimiento respecto de necesidades específicas de sanación. Y luego dio una palabra final, para que se acercaran al frente las mujeres estériles. ¿Qué haríamos Michal Ann y yo? No solo habíamos orado, ayunado y asistido a montones de reuniones, sino que, además, Mahesh había orado dos veces sobre nosotros.

Entonces, alentados por algunos amigos, sentí que una oleada de santa obstinación se alzaba en mí y me impulsaba a dejar mi mente analítica, y me dirigía a un grito de desesperación que venía del corazón. Tomé a Michal Ann del brazo y dije algo así como:

–Bueno, no tenemos nada que perder.

Y enseguida nos encontramos de pie en la plataforma, y éramos los siguientes en la fila para que oraran por nosotros. Nuestro querido y amable amigo Mahesh se aproximó a nosotros. Parecía estar un tanto ajeno, mirando hacia otro lado. Luego le dijo a Michal Ann:

–Oh, te veo gozosa madre de tres niños.

El poder del Espíritu Santo descendió sobre nosotros y en ese momento caímos al suelo como dos maderos. La presencia del Señor Jesús era tan potente y tangible que no podíamos ponernos de pie.

O quizá caímos por el impacto. Habíamos intentado creer en Dios para tener un hijo ¡y Mahesh nos decía que veía tres!

El tiempo diría si era esta solo otra buena reunión, porque la prueba estaría cuando la torta estuviera lista. Sí sabíamos algo, con seguridad: habíamos sido tocados por la presencia viva de nuestro Maestro Jesús.

Una mañana, poco después, Michal Ann despertó diciendo que sentía calor en su parte media. Sentía que su abdomen se estiraba. Parecía como que salía de una anestesia espiritual.

Faltaba poco para el Día de Acción de Gracias, y entonces Dorris empeoró. Durante las siguientes semanas Michal Ann y sus hermanos y familiares permanecieron junto a su madre, que agonizaba.

Cuando nos reunimos todos en la granja de su familia para lo que sería nuestra última Navidad juntos, Dorris mostró lo que algunos llaman intuición. Dijo que había en la habitación una mujer embarazada.

Bien, John aún era soltero. David y Cindy sabían que no era su caso. Quedábamos Paul y Sarah, Michal Ann y yo. Y francamente, aunque habíamos tenido la potente experiencia cuando Mahesh oró por nosotros, un bebé no era exactamente lo que aparecía en nuestra "pantalla de funciones" en ese momento, especialmente debido a que mi querida esposa y su familia hacían de enfermeros cada noche, cuidando a su madre. Ninguno de nosotros supo qué decir respecto del comentario. Michal Ann y yo sentíamos definitivamente que no podía referirse a nosotros.

Dorris se graduó al cielo justamente después de la Navidad. Había sido una esposa, madre, amiga, maestra y embajadora de Cristo según la voluntad de Dios. El corazón de Michal Ann estaba muy triste. Acababa de perder a su madre y mejor amiga.

Después del 1º de enero, luego del funeral, Michal Ann contrajo gripe. ¡Se sentía tan triste y enferma! Oré por ella, pero veíamos que empeoraba. Yo reprochaba a la enfermedad "¡Vamos! ¡Sal de ella, ya!" Así fue ¿comprende usted? Esto duró unos días. No sentía que tenía un don especial, porque en lugar de parecer el rey Midas, lograba todo lo contrario: cuando más oraba, tanto peor se sentía mi esposa.

Finalmente un día le dije a Michal Ann:

—Voy a llevarte a ver a un médico para que nos diga qué es lo que te pasa.

Fuimos a ver al médico. Nos conocía muy bien, y también sabía que la madre de Michal Ann había fallecido de cáncer recientemente, y que ella era su única hija. Revisó a mi esposa y le hizo unas pruebas de rutina. Luego regresó al consultorio.

—Tengo noticias —dijo con rostro bondadoso—. Este es el tipo de enfermedad que no pasará en mucho tiempo.

Hizo una pausa. Luego inhaló profundamente.

Esto es de verdad.

¿Qué intentaba decirnos?

Con un brillo especial en los ojos, anunció:

–Van a tener un bebé.

Quedamos atónitos, de tan fascinados. Creo que la mandíbula nos llegó al piso.

Era cierto. El siguiente Día del Perdón, el 4 de octubre de 1983, llegó al mundo Justin Wayne, nuestro primogénito.

Sé que los ángeles cantaron ese día. ¡Y nosotros también cantamos! En el cielo Dorris estaría mirando hacia abajo, diciendo:

–¡Lo sabía! Ese es mi nieto.

¿Recuerda usted la manta para bebé? Claro, orgullosos, envolvimos a nuestro hijito en esa manta casi un año después de la fecha en que Dorris nos la dio. Envuelto en ese tesoro familiar, dedicamos a Justin al Señor.

LA INTERPRETACIÓN DE NUESTRO VIAJE DE VIDA

¿Puedo contarle algo más sobre la familia Goll? Aunque el Señor le había hablado al corazón de Michal Ann diciendo que debía pelear por sus hijos, lo que recibimos del Señor en esa ocasión por algún motivo no arregló todo en nuestra vida. Seguimos arrodillándonos en sus promesas, para luego ponernos de pie en fe, peleando por nuestra herencia. Cada uno de nuestros tres hijos prometidos: Justin, Grace Ann y Tyler, llegó como resultado de la oración, peleando contra el enemigo. Fueron actos de poder sobrenatural de Dios.

Y luego llegó el número cuatro. Cuando Michal Ann quedó encinta de Rachel fue a ver a Mahesh y dijo:

–Dijiste "te veo gozosa madre de tres hijos".

Mahesh sonrió.

–Debes entender –dijo– que en lo profético ves en parte, y profetizar en parte. ¡Solo estaba viendo las tres cuartas partes!

Fue otra lección. Y hoy somos bendecidos más allá de lo anunciado, con cuatro hermosas flechas en nuestro carcaj.

DE LA MALDICIÓN A LA BENDICIÓN

Quizá le haya confundido llamando a mi esposa "Ann" primero y luego "Michal Ann". Permítame explicarlo. En estos últimos años el Espíritu Santo nos ha ayudado a comprender que hemos caminado una parábola profética de la Iglesia.

Michal Ann lleva ahora ese nombre, por la primera esposa del rey David. ¿Recuerda lo que le sucedió a esa hija de Saúl? Se burló de David porque él bailaba en las calles cuando el Arca de la Alianza fue restaurada al lugar que le correspondía, y por ello Dios la pronunció estéril (ver 2 Samuel 6:23). Se la menciona solo una vez más en las Escrituras.

Sobre la esterilidad, quiero decir algo más. En Deuteronomio 28:18 dice: *"Maldito el fruto de tu vientre"*, o podría decirse *"Maldito será el fruto de tu vientre"*. Otros versículos de ese capítulo, hablando de maldiciones, mencionan que pueden tomar la forma de falta de productividad, de no dar fruto –ver versículos 23-24, 30, 38-41–. Esto, según entiendo, de seguro incluye la esterilidad o la incapacidad de producir vida, o la tendencia a perder vida por medio de múltiples abortos espontáneos. Es maldición. Sabemos por cierto que no es bendición.

Claro que Dios puede cambiar la maldición en bendición. El nombre Ann significa *gracia*. La historia de nuestra vida incluye, en parte, el poder de Dios que cambia esta maldición en bendición, por su gran gracia. ¿Adivina algo más? El nombre Michal significa *arroyo*. Hoy, en lugar de ser estériles, las circunstancias de nuestra vida han cambiado y somos un arroyo de gracia para otras personas. Así que ahora mi esposa valiente y guerrera con gracia, lleva su nombre completo: Michal Ann.

La parábola profética basada en el testimonio de nuestras vidas es también para la Iglesia. Podríamos haber claudicado en cualquier momento, diciendo: "¡Basta ya! No podemos seguir. Esto no es justo". Sin embargo, por su gracia seguimos creyendo en nuestro sueño aún cuando los obstáculos nos gritaban a la cara. Mi valiente esposa Michal Ann tomó como modelo a las esposas guerreras que la precedieron: *"Por la fe también la misma Sara (…) recibió fuerza para concebir (…) porque creyó que era fiel quien lo había prometido"* (Hebreos 11:11).

Hoy Dios quiere sanar a otras mujeres estériles como sanó a mi querida esposa. Esto en sí mismo es una imagen profética de su gran deseo de sanar, cambiar y dar poder a la más grande mujer de la Biblia: la esposa de Cristo. Él despertará nuestro amor y plantará la semilla de su Palabra en nuestro vientre, para producir la milagrosa forma de la concepción de intimidad. Pondrá en nosotros *"espíritu de gracia y de oración"* (Zacarías 12:12) para que el sueño llamado reavivamiento –el arroyo de gracia– fluya en todo el planeta.

EL ESPÍRITU DE ORACIÓN

Durante todo este viaje en montaña rusa, y en medio de las tribulaciones, se nos impartió algo a Michal Ann y a mí. El espíritu de oración y el poder del esfuerzo –recuerde el glosario en el final de este libro– entraron en nuestras almas. Sé con certeza que Dios es fiel y que Él responde a nuestra oración. Tengo la maravillosa oportunidad de ver milagros frente a mis ojos, todos los días. ¡Nadie puede quitarme eso! Nuestro Padre Dios es fiel y responde a nuestras oraciones.

¿Entiende usted ahora por qué quiero contagiarle esta enfermedad santa, esperando que jamás se cure de ella? Quiero ver al ejército de terciopelo de Dios, levantado. Recuerde que la adoración precede a la petición. La tarea de intercesión implica ser secretario, recordarle a Dios su Palabra, tomar el caso de la justicia en la audiencia de la corte, construir las murallas para alejar al enemigo y pararse en la brecha con un grito que pide misericordia, ¡misericordia, misericordia!

Nunca es tiempo de claudicar ni de ceder un centímetro ante el diablo. El Espíritu de Dios obra en y a través de nosotros *"el querer como el hacer, por su buena voluntad"* (Filipenses 2:13). No se trata de nosotros. Se trata de Él en este camino de aprendizaje para cultivar un corazón de oración sacerdotal.

¿PUEDE APRENDER LA MELODÍA?

Amo el gozo de responder al corazón del Padre lo que su Palabra y voluntad declaran. Si mezclamos el incienso de las oraciones con el arpa de David, cuando el Espíritu de revelación fluye libremente, somos instrumentos únicos y maravillosos en manos de Dios. ¡Qué sonido de gozo! Hasta puedo oírlo ahora mismo. Escuche. Quizá esté aprendiendo usted también esta melodía ¡Sí! ¡Estamos arrodillados sobre las promesas de Dios!

¿Quiere usted ver reavivamiento en su iglesia o ciudad? ¿Siente hambre de Jesús por recibir las recompensas de su sufrimiento? ¿Se siente satisfecho de su vida cristiana, o quiere más? ¿Quiere ser el burrito, la bestia de carga que Jesús busca?

Si responde "sí" a cualquiera de estas preguntas, venga y deje que su presencia descienda sobre usted y reciba el espíritu de oración. Luego, siga conmigo en este viaje. Caminemos juntos por las páginas que siguen y aprenda algunas lecciones sobre cómo dar a luz a los propósitos de Dios por medio del poder de la intercesión. Cuando volteemos la página hacia el capítulo que sigue, encontraremos otra señal en el camino: lo que mueve la mano de Dios.

APLICACIONES PRÁCTICAS: ¡HAGÁMOSLO REALIDAD!

- Siga buscando que el Señor abra el camino para sanaciones sobrenaturales, incluso en su propia esterilidad.
- Pídale al Señor que active sueños mientras usted duerme, para poder recibir de Él.
- Invite a la presencia del Espíritu Santo ahora, donde esté, y disfrútelo.
- Lea Lamentaciones 3 y Salmos como el 13, el 22, 35, 42, 43, 55, 60 y 69, para tener idea de la oscura noche del alma y de las promesas de Dios que lo llevarán adelante en este viaje.
- Vaya a una conferencia donde se realicen sanaciones, y espere a que Dios la toque o se mueva a través de usted.

LECTURAS RECOMENDADAS

Only Love Can Make a Miracle [Solo el amor puede obrar un milagro], de Mahesh Chavda (Servant, 1990). No disponible en español.

Power Healing [Poder de sanación], de John Wimber (HarperSanFrancisco, 1987). No disponible en español.

CAPÍTULO 3

La desesperada oración del corazón

Siguiendo en nuestro curso hacia lograr un corazón de oración, tengo una pregunta para usted: ¿Qué es lo que mueve la mano de Dios?

Esta pregunta tan importante ha sido formulada durante los siglos, con diversas respuestas. Piénselo. Seguramente hay muchas respuestas correctas, y la fe es una de ellas. Pureza, compasión e integridad serían también buenas respuestas a esta pregunta sencilla pero profunda. Permítame, sin embargo, apuntar durante un momento a una cualidad estratégica que busca el Señor: el deseo.

El diccionario define la palabra deseo como "anhelo, apetito, pedido, lo que se busque o anhele". La tan a menudo citada enseñanza de Jesús sobre la fe dice: *"Por tanto, os digo que todo lo que pidiereis orando, creed que lo recibiréis, y os vendrá"* (Marcos 11:24, énfasis agregado por el autor).

¿Qué es lo que anhela usted? ¿Cuál es su pasión? ¿Qué es lo que quiere tanto que casi no puede vivir sin ello? Santiago 4:2 nos dice: *"No tenéis lo que deseáis, porque no pedís"*. Este versículo podría interpretarse como "No piden nada porque no desean nada". ¿Lo motiva aquello que desea? ¿Siente un profundo anhelo dentro de usted, que resulta en una búsqueda apasionada? ¿Quiere más de Dios? ¿Siente hambre de verlo a Él moviéndose en la Tierra? El deseo es el comienzo de la desesperada oración del corazón.

Quizá necesitemos retroceder un poco y preguntar otra cosa también profunda y sencilla: ¿Qué es la oración? En última instancia no es más que un deseo expresado a Dios. Una definición adecuada de la intercesión es: acción de efectuar un pedido a un superior. Así que podríamos decir que la oración en sus diversas formas es la acción de expresar un anhelo profundo ante nuestro único y superior Dios, para que las cosas cambien. ¿Ha oído decir a alguien "Estoy tan desesperado que haría cualquier cosa"? Bien, entonces buscamos el punto en que intercedamos como si no hubiera ninguna otra opción para nosotros, ¿qué le parece?

La oración y la intercesión son el grito de desesperación para que las cosas cambien.

UN ENCUENTRO PARA RECORDAR

En enero de 1987 mi querido amigo Mahesh y yo lideramos una cruzada en Haití. Realizamos reuniones durante cinco noches consecutivas en esta empobrecida aunque hermosa nación del Caribe. En la primera noche Mahesh predicó un mensaje de salvación e invitó a la gente a acercarse al frente para dedicar sus vidas a Jesús. Con suavidad y rapidez Mahesh ponía sus manos sobre las cabezas de cada una de estas almas hambrientas. Con la unción del Espíritu Santo sobre ellos, muchos caían al suelo bajo el poder de Dios.

Mientras Mahesh predicaba yo permanecía en la plataforma de un camión con remolque, cerca de ellos, intercediendo. Habíamos reunido un maravilloso equipo de tenaces guerreros de la oración, que llevaban a cabo la cadena de intercesión y batalla espiritual de este evento. Mahesh predicaba y yo lloraba. Parecía que una mano invisible apretaba mi corazón dentro de mi pecho. Noche tras noche, mi corazón en verdad dolía, porque parecía que cargaba con el dolor y el sufrimiento de estas bellísimas personas que habían sido devastadas por los engaños del enemigo. Los demás intercesores y yo llorábamos por su liberación del pecado, de la enfermedad y de Satanás.

La primera noche de la cruzada una niña de unos diez años trajo a una mujer al frente, en respuesta a nuestra invitación a la salvación. Allí estaban, erguidas, de pie, como soldados voluntarios para cumplir con el deber. Luego, cuando Mahesh impuso sus manos con suavidad sobre la cabeza de la mujer, ella cayó al suelo. Cuando se puso de pie, la niña la revisó como si quiera comprobar algún cambio. ¿Detecté desilusión?

La noche siguiente mi hermano en Cristo predicó sobre estar lleno del Espíritu Santo, y nuevamente invitó a quien quisiera pasar al frente para recibir el poder del Espíritu. Una de las primeras en la fila era la niña con la mujer. Mahesh procedió a lo largo de la fila de personas, como la noche anterior, con el mismo resultado. Cuando la mujer se levantó la niña la revisó, y volvió a encontrarla igual que antes. Nuevamente, se veía desilusionada.

La noche siguiente el sermón era sobre la sanación. Y la siguiente, sobre romper las maldiciones. Todas las veces la niña acompañó a la mujer al frente, con el mismo resultado. ¿Qué era lo que buscaba esta niña? Comenzaba a sentirme incómodo.

La quinta y última noche del evento la multitud era mayor y la anticipación se respiraba en el aire. La isla entera se había enterado de que estas reuniones eran un desafío al reino de las tinieblas.

Mahesh predicó esa noche sobre la liberación de los espíritus malignos, y exhortó a los presentes a renunciar al poder de las tinieblas y a recibir oración por su liberación. De seguro estaba allí nuevamente la niña tenaz con la mujer. Mahesh se acercó y oró la oración de unción, y al hacerlo muchos cayeron al suelo.

Esta vez, sin embargo, hubo algo diferente. La mujer subió al remolque con los brazos en alto, gritando por el altavoz: "¡Alabado sea el Señor!"

Y es que esta anciana de 77 años había nacido ciega, y su compañera era su nieta, de ocho años, ¡y ahora ella podía verla por primera vez!

Hay muchas lecciones que podemos aprender de este evento. Podemos ver el valor de la fe obstinada que no acepta un "no" por respuesta. Podemos ver el poder de la cadena de oración. Y también la acumulación de unción del Espíritu Santo, que hizo el milagro. El poder de Dios obraba a través de mi hermano Mahesh.

Yo fui utilizado como "rompehielos de intercesión", con mi llanto incontenible –le contaré más sobre esto en el último capítulo–. De veras hay muchos ángulos a tomar en cuenta. Y todos podemos aprender de la persistencia de una mujer de 77 años que volvía una y otra vez, noche tras noche.

Piense también en la niña de ocho años. Algo estaba vivo en su interior. Su deseo era su prioridad. La niña estaba desesperada. Tenía un profundo anhelo por ver que Dios cambiara la situación de la vida de su abuela. Quería que su abuela viera. Como la niña estaba desesperada su corazón explotaba con el deseo de que Dios obrara. ¡Alabado sea el Señor, porque el Padre de misericordia entró en escena!

"Jesucristo es el mismo ayer, y hoy, y por los siglos" (Hebreos 13:8).

¿QUÉ ES LA PASIÓN DE LA ORACIÓN?

Estoy convencido de que la batalla de los últimos días es una batalla de pasiones. El mundo ostenta sus lujuriosas pasiones a diario en el escenario de la vida, sin sentir vergüenza alguna. Y la Iglesia a menudo se ha mostrado anémica. Es hora de que la esposa de Cristo se llene de pasión por su esposo y dé muestra extravagante de su profundo amor. ¿Qué mejor lugar para exhibir tal celo y santa pasión que el de la oración? La oración es la cámara nupcial de la intimidad con nuestro Maestro.

Creo oír sus comentarios: "Suena interesante. Cuénteme más sobre esto que llama pasión de la oración".

R. A. Torrey escribió: "La oración que convence a Dios es la que lleva nuestra alma entera, que se extiende hacia Dios en deseo intenso y agonizante (…) Si ponemos poca pasión en la oración no podemos esperar que Dios ponga demasiada pasión al responderla".[5]

Habiendo leído a diferentes autores en cuanto al tema de la oración, y con mi bitácora registrando horas de intercesión, me gustaría explicarles los ingredientes comunes de la receta de la pasión de la oración sincera. Las siguientes ideas fueron moldeadas en mí por los escritos del Dr. Wesley Duewel, de OMS International:

1. La pasión de la oración se incuba en un corazón de amor.
2. Aumenta por deseo de santidad.

3. Puede ser un don especial de Dios que nos otorga poder para el preciso momento en que Él desea usarnos en la oración.

4. Suele surgir de una nueva visión de una necesidad, cuando se nos abren los ojos.

5. Puede crecer en nuestra vida, de la convicción creciente de la urgencia de dicha necesidad y la voluntad de Dios de satisfacerla.

6. Crece a medida que nos entregamos a la intercesión.

7. Revitaliza y refuerza nuestra fe.

Finney aconseja: "Si se encuentra usted en profunda oración por determinadas personas, empujado por la pasión, en agonía de llanto y lágrimas por una determinada familia, comunidad o persona, entréguese a dicha influencia".[6]

Hay cosas que se definen mejor por oposición, es decir, destacando lo que no son. Echemos la moneda entonces y veamos la otra cara de este tema:

La pasión de oración no es sinónimo de oración demostrativa y grandilocuente. A veces puede ser oración silenciosa. Muchos guerreros de la oración han agonizado en silencio durante la noche, mientras otros dormían sin saber nada acerca de ello.

No es sinónimo de agotamiento físico. La efectividad de nuestra batalla espiritual en la oración no puede juzgarse por nuestra posición o actividad física. La pasión de la oración no se produce necesariamente estando de pie, arrodillado, postrado en el suelo, alzando las manos, sacudiendo los brazos, caminando de aquí hacia allá o mediante ninguna otra postura o acción activa o pasiva.

Debemos también ver que a veces cabe adoptar alguna de estas posiciones porque armoniza y da expresión al clamor de las almas: la humildad ante Dios, nuestro desesperado ruego a Él, esperar en su presencia, decisión y urgencia espiritual. Muchos guerreros de la oración transpiran a causa de la angustia de su alma cuando oran, como Cristo sudó sangre en Getsemaní. Sea lo que fuere que haga usted, no busque la intensidad espiritual con su propio esfuerzo humano. Esto no le ayudará ni a usted, ni a Dios.

1. La pasión de la oración no es sinónimo de oración contestada de inmediato. Muchas oraciones son oídas y respondidas

instantáneamente, sin que haya habido pasión, y hay deseos del corazón respondidos sencillamente en respuesta a: *"Deléitate asimismo en Jehová"* (Salmo 37:4)

2. La pasión de la oración no es una forma de obrar que nos hace ganar mayor estima con el Padre. No nos gana la salvación ni ninguna otra bendición de Dios. El lugar del fervor en la intercesión sacerdotal es resultado del ministerio de gracia del Espíritu dentro de nosotros.

3. La pasión de la oración comienza cuando nos deleitamos en el grandioso amor que el Padre siente por nosotros, sus hijos, supremos objetos de su afecto. Cuando estamos enamorados, hacemos cualquier cosa con tal de acercarnos a esa persona. Una canción lo dice así: "No hay montaña lo suficientemente alta… como para separarme de ti". Quizá no sea una canción de última moda, pero es la canción que canta el Hijo de Dios por su esposa. La revelación del amor conyugal hace que la comunión sea más apasionada que cualquier otra cosa que conozcamos.

4. Piense en las palabras de E. M. Bounds: "Las oraciones deben estar al rojo vivo. Es la oración fervorosa la que es efectiva (…) Hace falta fuego para que las oraciones funcionen. El calor del alma crea una atmósfera favorable a la oración (…) Con las llamas, la oración asciende al cielo".[7] El ingrediente vital es lo que llamamos pasión de la oración. Es la característica necesaria que aviva el calor del deseo para que se convierta en llama.

EXPRESIONES DEL CORAZÓN, MÁS ALLÁ DE LAS PALABRAS

¿Ha sentido alguna vez que su corazón explota con amor por su Esposo espiritual, el Señor Jesús, al punto de que no hay palabras para expresar lo que siente? A veces, cuando me sobrecoge el amor de su grandiosa presencia, no encuentro palabras. Cuando estoy cautivo de las cualidades de este Hombre Jesucristo, mi corazón arde y anhela conocerlo y aceptar su voluntad y conducta. Entonces la pasión de la oración florece de lleno. De la abundancia del corazón habla la boca.

Sin embargo, a veces el amor habla un idioma extraño. Ante todo, verá, es un idioma del corazón.

EL IDIOMA DEL LLANTO DE COMPASIÓN

Creo que lo oigo formular otra pregunta: "¿Quiere decir que hay oraciones de desesperación que no pueden articularse con palabras?" ¡Claro que sí! Pensemos en el poder del llanto de compasión.

Muchos oficiales del Ejército de Salvación le preguntaron al General Booth en el siglo pasado:

–¿Cómo podremos salvar a los perdidos?

Booth respondía simplemente:

– Intenten con las lágrimas.[8]

Hoy se realizan en toda la nación seminarios sobre crecimiento de iglesias. Se debaten técnicas y metodologías sobre cómo lograr iglesias exitosas y en crecimiento. ¡Hasta se intercambian recetas y cortadores de galletas! Sin embargo, solo podremos forjar un corazón para Dios por medio de la cruz.

El profeta Jeremías con su llanto revelaba su corazón:

> *El corazón de ellos clamaba al Señor; oh hija de Sion, echa lágrimas cual arroyo día y noche; no descanses, ni cesen las niñas de tus ojos.*
>
> *Levántate, da voces en la noche, al comenzar las vigilias; derrama como agua tu corazón ante la presencia del Señor; alza tus manos a él implorando la vida de tus pequeñitos, que desfallecen de hambre en las entradas de todas las calles* (Lamentaciones 2:18-19).

Jeremías 9:1 dice: *"¡Oh, si mi cabeza se hiciese aguas, y mis ojos fuentes de lágrimas, para que llore día y noche los muertos de la hija de mi pueblo!"* Jeremías conocía el poder del idioma de las lágrimas.

DE LAS TRINCHERAS DE QUIENES SABÍAN

Me gusta mucho la historia de la Iglesia, y me gusta visitar los lugares en donde el cielo ha tocado la Tierra. He tenido el privilegio de participar de reuniones en el preciso lugar de Gales donde tuvo lugar un gran reavivamiento bajo el liderazgo de Evan Roberts. Evan Phillips fue testigo ocular del reavivamiento galés de 1904. Nos dice lo siguiente sobre aquellos benditos días y sobre la presencia del Señor junto al joven líder Evan Roberts:

Evan Roberts era como una partícula de radio en medio de
la gente. Su fuego nos consumía y se sentía como algo que
quitaba el sueño, limpiaba los canales de las lágrimas y ace-
leraba las doradas ruedas de la oración en toda el área (...)
He llorado hasta que mi corazón quedó blando y tierno. En
medio del mayor temor he hallado el mayor gozo. Ahora
el lecho le pertenece al río, y Gales pertenece a Cristo.[9]

Uno de los más famosos de todos los grandes ocupantes de púlpi-
tos ingleses fue Charles H. Spurgeon. Piense en este pensamiento del
hombre de las trincheras de las lágrimas:

Aprendamos a pensar en las lágrimas como en oraciones
líquidas, y en el llanto como el goteo continuo de la intercesión que no cede y horada su camino hacia el corazón
de la misericordia, a pesar de las piedras de las dificultades que obstruyen su avance. Mi Dios, "lloraré" cuando
no pueda rogar, porque tú oyes la voz de mi llanto.[10]

San Bernardo de Clairvaux dijo: "Las lágrimas de los penitentes
son el vino de los ángeles".[11]

*El rey David peticionó: "Ten misericordia de mí, oh Jehová, porque es-
toy en angustia; se han consumido de tristeza mis ojos, mi alma también
y mi cuerpo"* (Salmo 31:9). Nuevamente: *"Cansado estoy de llamar; mi
garganta se ha enronquecido; han desfallecido mis ojos esperando a mi
Dios"* (Salmo 69:3).

Nuestro amado Pablo, apóstol y escritor de muchas epístolas, escribió: *"...por tres años, de noche y de día, no he cesado de amonestar
con lágrimas a cada uno"* (Hechos 20:31). Y *"Porque por la mucha tribulación y angustia del corazón os escribí con muchas lágrimas..."* (2
Corintios 2:4)

El corazón de Dios para los propósitos proféticos de la ciudad de
Jerusalén es revelado a través del Mesías. Lucas 19:41: *"Y cuando [Je-
sús] llegó cerca de la ciudad, al verla, lloró sobre ella"*.

George Fox vivió un lugar similar en Dios para su generación: "Vi
la blanca cosecha y la semilla de Dios en gruesa capa, como trigo
sembrado por fuera, y sin que nadie lo recogiera. Por esto pasé aflic-
ción con lágrimas".[12]

EL DON DE LAS LÁGRIMAS

Uno de los estadistas proféticos de nuestros días es Paul Cain, de Shiloh Ministries, Kansas City, Missouri. Nuestro querido hermano Paul actúa como puente contemporáneo al movimiento de Dios en las pasadas generaciones, para iluminarnos sobre los costos y modos de Dios para nuestra generación presente. Veamos lo que este quebrantado guerrero dice sobre el don de las lágrimas:

> ¿Y qué si cada uno de nosotros fuera llamado a aceptar el don de lágrimas de Dios antes de que Él siquiera pensara en darnos su don de reavivamiento? ¿Nos presentaríamos como candidatos para recibir este don? ¿Lo buscaríamos? ¿Rogaríamos por él? Si realmente queremos reavivamiento, creo que sí lo haríamos. Intentemos con las lágrimas.
>
> Les digo que no habrá cosecha pública sin algo de llanto público. Los más grandes cosechadores son los más grandes llorones. El ministerio en los últimos días lo vale todo. Costará todo. ¿Estamos dispuestos a pagar el precio en muchas lágrimas, mucha oración y súplica? Necesitamos orar como oraba Jesús, con fuerte llanto y lágrimas.[13]

¡Volvamos a cavar las trincheras de la oración de las lágrimas! Volvamos a aprender a llorar *"entre la entrada y el altar"*, como clamó el profeta Joel (Joel 2:17). Sigamos las huellas de los reavivadores de antaño y llamemos a acción el olvidado quebranto como idioma de oración del corazón. Que el poder del llanto en compasión se apodere de *usted*, y sea usado usted para abrir los cielos, por el bien de otros.

UNA ORACIÓN DESESPERADA QUE TRAJO VIDA

He tenido la bendición de viajar a muchas naciones del mundo, de aprender de los demás y llevar la luz de la oración y lo profético a muchos pueblos. A menudo he tenido la bendición de ministrar en la República Checa y conocer a muchos líderes de la "Iglesia viva" de allí. Permítame relatarle una historia de la vida real sobre el asombroso poder de una "erupción de compasión" en la intercesión, que se utilizó para traer vida.

En mis viajes hace algunos años conocí a un ferviente reavivador llamado Evald Rucky de Libreac. El siguiente informe es de algunas conversaciones que mantuve con él y su mejor amigo, Peter.

Durante los últimos años del comunismo Evald Rucky fue pastor en la región norteña de Checoslovaquia –hoy, República Checa– en una pequeña congregación de Moravia, en la ciudad de Libreac. El gobierno totalitario acababa de dejar el poder, y soplaban nuevos vientos del Espíritu Santo en esa congregación y en muchos otros lugares. Abundaban las oportunidades para el ministerio y Evald fue uno de los obreros que el Señor enviaba a trabajar en los nuevos campos de cosecha.

Evald había trabajado duro y con muy buenos resultados en poco tiempo. Luego, en un viaje de misión a Suecia debió ser hospitalizado por un serio problema cardíaco. Estuvo en coma y se debatía entre la vida y la muerte. Había pocas señales de aliento para su esposa, que viajó desde Libreac para estar con él. Su congregación, así como los creyentes de toda Checoslovaquia, oraban por la ahora frágil vida de su querido pastor.

El mejor amigo y compañero de misión de Evald, Peter, también viajó a Suecia para orar por él. Según dice Peter: "Parecía que llevaba conmigo las oraciones de los santos. Yo era la punta de lanza, y ellos eran la lanza en sí misma". Cuando Peter visitó a su amigo, aparentemente moribundo en la cama del hospital, el Señor hizo que Evald se escapara para vivir el cielo durante tres días. Evald vio algunas de las maravillosas promesas de Dios con respecto a su propósito para las naciones. Mientras su conciencia estaba en el cielo olvidó las circunstancias terrenales de su vida, disfrutó simplemente de Dios y del hermoso entorno.

Peter, en la habitación del hospital, estaba de pie junto al cuerpo de Evald. Había venido a orar, pero no podía articular oración alguna. Solo podía llorar.

Sus lágrimas cayeron sobre el cuerpo de su amigo, y Evald –que en ese momento estaba visitado el cielo– de repente tomó conciencia de que era esposo, padre y pastor, y que su trabajo aún no había terminado. Supo que debía tomar una decisión. Lo siguiente que le sucedió fue que sintió que su espíritu volaba de vuelta a su cuerpo, que yacía en la cama. Al instante este pastor checo sanó, y volvió a reunirse con su esposa y su mejor amigo. Los doctores declararon que era un milagro, y le dieron el alta. ¡El hospital no le cobró absolutamente nada por su atención médica!

El gozo inundó el hogar, la congregación y la región de Evald Rucky, como resultado de este milagro de nuestros días. Un nuevo comienzo venía acompañado de un auténtico llamado apostólico. ¿Qué es lo que lo había llamado a la vida? Creo que fue la erupción del poder del llanto de compasión. La desesperada oración del corazón.

EL ESPÍRITU AYUDA A NUESTRA DEBILIDAD

El Salmo 56:8 describe en poesía una realidad celestial: *"Mis huidas tú has contado; pon mis lágrimas en tu redoma; ¿no están ellas en tu libro?"* La respuesta a esta última pregunta es, por supuesto, ¡un resonante "sí"! Dios oye. Dios sabe. Dios recompensa. Pero tengo algo para que piense usted: ¿Qué hace Dios con nuestras lágrimas? ¿En qué resultan todas esas "erupciones de compasión", como suelo llamarlas?

Se nos da un indicio en el Salmo 126:5-6: *"Los que sembraron con lágrimas, con regocijo segarán. Irá andando y llorando el que lleva la preciosa semilla; mas volverá a venir con regocijo, trayendo sus gavillas".* Suena como si hubiera una conexión entre sembrar con lágrimas y segar una abundante cosecha.

Quizá la desesperación sea una herramienta utilizada para ablandar el duro suelo de los corazones de las personas. Quizá, solo quizá, nuestras lágrimas de desesperación llenen botellas en el cielo y el Juez de todos los jueces las vierta de vuelta sobre nosotros como lluvia de misericordia sobre una tierra yerma y seca. ¿Quién lo sabe? ¡Quizá una botella de *sus* lágrimas se vierta para ayudar a crear la siguiente lluvia de Dios en los últimos días!

Con el escenario del lenguaje del corazón, pensemos en el tan conocido pasaje de Romanos 8:26-27:

> *Y de igual manera el Espíritu nos ayuda en nuestra debilidad; pues qué hemos de pedir como conviene, no lo sabemos, pero el Espíritu mismo intercede por nosotros con gemidos indecibles. Mas el que escudriña los corazones sabe cuál es la intención del Espíritu, porque conforme a la voluntad de Dios intercede por los santos.*

El idioma de la oración, verá, es el idioma del corazón. Y el corazón no se ve limitado al vocabulario de la mente. A menudo he parafraseado este pasaje de Romanos 8 de la siguiente manera:

Muchas veces no sabemos qué o cómo orar con efectividad, como debiéramos. Sin embargo, al admitir nuestra limitada capacidad y rendirnos a la guía de nuestro Auxiliador, el Espíritu Santo, Dios le dará a Él el lenguaje de la oración perfecta a través de nosotros, que es demasiado profundo para la articulación del discurso natural.

Así describo el funcionamiento de las oraciones de los *suspiros y llantos o gemidos*, y ¡cómo funcionan!

El llanto del corazón del Espíritu Santo es demasiado profundo como para expresarse con palabras humanas. A veces la profundidad de la oración del Espíritu Santo se convierte en un gemido dentro de nuestro corazón, que expresa un deseo en oración tan infinito que no puede expresarse del todo en lenguaje humano hablado.

Quizá algunos de ustedes piensan: "Bien, quizá pueda yo creer en esto del llanto. ¡Pero con esto de los gemidos va demasiado lejos!" Un momento. Entiendo. Yo solía pensar así. Pero siga junto a mí y piense en las palabras del líder evangélico de oración Wesley Duewel, expresadas en su libro *Mighty, Prevailing Prayer* [Oración potente que prevalece]:

> Nuestro conocimiento es limitado, así que no sabemos qué es mejor orar para cada situación. El Espíritu tiene un deseo muy definido e infinitamente profundo, que debe expresarse con quejidos o gemidos más que con palabras, porque nuestras palabras no sirven. El gemido que proviene del Espíritu siempre estará en concordancia con la voluntad de Dios. Jamás podría desear otra cosa. Dios puede traducir estos gemidos en su total entendimiento y hacer *"todas las cosas mucho más abundantemente de lo que pedimos o entendemos, según el poder que actúa en nosotros"* (Efesios 3:20). Dios Padre entiende el significado del Espíritu que ora con gemidos dentro de nosotros (Romanos 8:27). Nuestra debilidad (8:26) es que las palabras humanas no pueden articular adecuadamente y en plenitud la profundidad del anhelo divino, así como

nuestra personalidad no puede aprehender la plenitud y profundidad del anhelo del Espíritu. Podemos expresarlo con sinceridad, pero no en su totalidad. Somos finitos. Él es infinito.[14]

Praying Payson, de Portland, fue alguien que marcó rumbos en la oración. Después de su muerte se encontró que tenía callos en sus rodillas, por haber pasado tanto tiempo orando. Junto a su cama, donde oraba día tras día, había desgastado las tablas del piso. Payson solía decir que sentía lástima por el cristiano que no llegaba a comprender el significado de las palabras *"gemidos que no pueden pronunciarse".*[15]

Sí, Dios elige involucrarnos en su intercesión. Ha elegido estar presente en medio de nuestra intensa presencia de oración. Martín Lutero escribió: "Donde más se oye la oración es en tal agonía y en los gemidos de la fe que lucha por mantenerse".[16]

Una de las más maravillosas camaradas que el Señor nos ha dado a Michal Ann y a mí, es nuestra amiga y maestra de intercesión Pat Gastineau, de Word of Love Ministries, en Roswell, Georgia. Permítame resumir algunas de las cosas que hemos acordado mutuamente respecto de este tema de los gemidos.

Cada uno de nosotros tiene murallas de resistencia ante Dios, que no podemos o no queremos derrumbar. Los gemidos traen liberación al empujar lejos las presiones de las tinieblas. Los gemidos nos llevan de lugares apretados e incómodos a los lugares más espaciosos del Espíritu. Los gemidos provienen de lo más profundo y pueden ser una herramienta que nos prepara para la dedicación y devoción que requiere nuestra tarea para Dios. Sin embargo, este tipo de oración es más elevado que nuestro entendimiento, porque elude nuestra mente y permite que el Espíritu Santo nos mueva a los propósitos de Dios según su voluntad, y no la nuestra.

Los gemidos no son para quienes entienden lo que quieren orar. Es para los que desean ir más allá de lo que saben o entienden, los que *"no saben cómo orar como debieran".* Aquellos que se sienten satisfechos consigo mismos encontrarán difícil orar con gemidos; quienes están desesperados encontrarán difícil *no* orar con gemidos.

No solo tiene el Espíritu Santo un idioma de profundo amor que expresará a través de nosotros, sino que también a veces se levantará con la indignación de Dios y luchará a través de su pueblo. Esta es la postura de batalla espiritual y de intercesión. Los obstáculos que estén en el camino de los propósitos y voluntad de Dios, están. Pero el Espíritu Santo tomará el lugar de líder y pronunciará la voluntad de Dios por medio de sus vasijas, utilizará un idioma que va más allá de la articulación de palabras naturales.

LA PASIÓN DE ORACIÓN DE JESÚS

El escritor de Hebreos nos ofrece un vistazo de la apasionada vida de oración del Hijo de Dios. Escribió: *"En los días de su carne, ofreciendo ruegos y súplicas con gran clamor y lágrimas al que le podía librar de la muerte, fue oído a causa de su temor reverente"* (5:7). Léalo otra vez, lentamente. ¿Comprende la intensidad y desesperación que expresó Jesús en su corazón? "Ofrecía oraciones y súplicas con gran clamor y lágrimas". Yeshua no temía mostrar sus emociones. Eso de que "los hombres no lloran", ¡no tenía nada que ver con el Hijo del Hombre!

En un asombroso comentario sobre Hebreos 7:25 se nos habla del ministerio continuo en el que Jesús se compromete todo el tiempo: *"Siempre vive para interceder por [quienes se acercan a Dios]"* ¡Asombroso! Durante tres años Jesús realizó milagros entre las personas de su pueblo aquí en la Tierra, pero durante siglos y aún milenios sigue intercediendo. ¡Asombroso! ¿Verdad? ¡Profundo! ¡Impactante! Me pregunto qué es lo que dice Dios. Como sea que lo analicemos, Jesús vive para la oración.

Que el Padre ponga en nosotros el mismo latido incesante, inquebrantable, de la intercesión persistente.

EL MÁXIMO EJEMPLO DE LA DESESPERACIÓN

Muchas veces me he preguntado cuántos amigos tendría Jesús. ¿Con quién conversaba, o se reunía, o salía a caminar, más allá de lo que implicaba su ministerio? Me maravilla lo que escribe Juan respecto de la agonía emocional de Jesús cuando su amigo Lázaro "se había quedado dormido" (Juan 11:11). Este capítulo retrata de manera única la humanidad de Jesús y el profundo deseo de su corazón.

Lázaro tenía una relación única con el Hijo de Dios: eran amigos. Pintemos la escena de este encuentro.

Jesús estaba con sus discípulos, probablemente del otro lado del río Jordán, a cierta distancia de la ciudad de Betania, donde había enfermado Lázaro. María y Marta, las hermanas de Lázaro, mandaron llamar a Jesús para que se apurara a venir en su auxilio. Pero el Señor esperó dos días antes de iniciar su viaje. ¡Los discípulos no entendían! Sin embargo, Jesús había buscado al Padre, y había aprendido que esta enfermedad promovería el honor y la gloria de Dios y que el Hijo de Dios sería glorificado por medio de ella (v. 4).

Para cuando el Mesías y sus discípulos llegaron, Lázaro ya había pasado cuatro días en la tumba. Nadie entendía qué sucedía. Pero Jesús tenía su propia agenda cuando llegó al pueblo ese día. Había venido a cambiar la atmósfera espiritual para cumplir con la voluntad del Padre.

La noticia de la muerte de Lázaro se había esparcido rápidamente, desde Betania, a unos tres kilómetros de Jerusalén. Muchos judíos habían ido a consolar a Marta y María por la muerte de su hermano. Las emociones estaban candentes cuando llegó finalmente Jesús, y lo recibió la angustiada Marta.

Marta clamó:

"Señor, si hubieses estado aquí, mi hermano no habría muerto" (v. 21).

Luego corrió a la casa y llamó a su hermana María, que había permanecido allí. Ahora, en respuesta al llamado de Marta ella también salió corriendo a encontrarse con Jesús, y los judíos que estaban allí consolándola, la siguieron. Todos estaban consternados. La atmósfera era de descreimiento y angustia. La batalla espiritual parecía estar en su punto álgido.

Al encontrar a Jesús María se echó a sus pies:

"Señor, si hubieses estado aquí, no habría muerto mi hermano" (v. 32).

¿Puede oír sus desesperados sollozos?

Veamos qué sucedió entonces: *Jesús entonces, al verla llorando, y a los judíos que la acompañaban, también llorando, se estremeció en espíritu y se conmovió, y dijo:*

> ¿Dónde le pusisteis? Le dijeron: Señor, ven y ve. Jesús llo-
> ró. Dijeron entonces los judíos: Mirad cómo le amaba. Y
> algunos de ellos dijeron: ¿No podía éste, que abrió los
> ojos al ciego, haber hecho también que Lázaro no murie-
> ra? Jesús, profundamente conmovido otra vez, vino al se-
> pulcro. Era una cueva, y tenía una piedra puesta encima.
> Dijo Jesús: Quitad la piedra. Marta, la hermana del que
> había muerto, le dijo: Señor, hiede ya, porque es de cua-
> tro días. Jesús le dijo: ¿No te he dicho que si crees, verás
> la gloria de Dios? Entonces quitaron la piedra de donde
> había sido puesto el muerto. Y Jesús, alzando los ojos a lo
> alto, dijo: Padre, gracias te doy por haberme oído. Yo sa-
> bía que siempre me oyes; pero lo dije por causa de la mul-
> titud que está alrededor, para que crean que tú me has en-
> viado (Juan 11:33-42).

Sabemos lo que sucedió entonces: Jesús habló con autoridad al cuerpo fallecido y ya en descomposición de Lázaro, su amigo, y la vida surgió de la muerte. Dio testimonio indiscutible de que Jesús es la resurrección y la vida. La oscuridad fue vencida y la luz triunfó.

¿CUÁL FUE LA ORACIÓN QUE OYÓ EL PADRE?

Ahora, ¿cómo pasaron estos eventos desde el caos de la incertidumbre hasta el Reino de Dios manifiesto en la Tierra como en el cielo? ¿Hubo un puente que transportó la situación de un lugar al otro?

Observe la frase: *"Padre, gracias te doy por haberme oído"*. Hay versiones que lo traducen como: *"Te agradezco porque me oíste"*. Sea como fuere que lo digamos, el sentido es el mismo. La terminología se refiere a una oración en pasado, a algo que ya ha ocurrido. ¿Hubo alguna forma de intercesión que llevó la oración del caos de la oscuridad a la intervención celestial?

Durante mucho tiempo no pude encontrar registro de la oración ofrecida por Jesús. Luego miré con mayor profundidad, vi el lenguaje utilizado y estudié este pasaje detenidamente.

La versión amplificada de Juan 11:33 dice "Cuando Jesús vio a [María] llorando y a los judíos que la acompañaban también llorando, se

sintió profundamente conmovido en el espíritu y muy angustia-
do...". Otras versiones dicen que *"en el espíritu se lamentó y angus-
tió"*. Según el *Expository Dictionary* de Vine, la palabra griega traducida como "gemido", *embrimaomai*, significa "protestar con un re-
soplido, como los caballos"[17] Y el *American Heritage Dictionary* define *relincho* como "sonido rudo y fuerte que se efectúa soplando
con fuerza por las narices". ¡Oh! Jesús se sentía sobrecogido por la
compasión y respondió a las circunstancias en el plano de lo natural, y a los poderes de las tinieblas en el plano espiritual, suspiran-
do, llorando, lamentándose o de algún modo audible liberando las
herramientas de la intercesión surgida del Espíritu Santo.

Si lo vemos con mayor detenimiento, encontramos al menos tres
oleadas de presencia del Espíritu que se mueven sobre y a través del
Mesías. Él se identificó con el dolor y la pena de las personas. Al hacerlo, una ola de compasión le pegó y Él se detuvo, suspiró, y con gemido expresó su clamor de desesperación desde el corazón ante el
Padre.

Los que estaban cerca querían llevar a Jesús a ver la tumba de su
amigo Lázaro. Cuando comenzaron a indicarle el camino otra ola de
emoción lo sobrecogió y lloró abiertamente. Se detuvo y sus lágrimas
mojaron su rostro y probablemente también su vestido.

Una vez más Jesús intentó acercarse a la sepultura de su amigo. Al
hacerlo, sintió profunda angustia. Como un animal que resopla cuando está enojado –y probablemente con moco saliendo de su nariz– Jesús, el Hijo del Hombre, suspiró varias veces y se lamentó en el Espíritu. Jesús estaba desesperado. Pero en su hora de desesperación re-
currió al Espíritu Santo, y a las oraciones más allá de la articulación
de cualquier idioma humano.

Finalmente, cuando esta erupción de compasión acalló, Jesús alzó
sus ojos y su cabeza con confianza y dijo: "Padre, te agradezco que
me hayas oído". ¿Cuál fue la oración que oyó el Padre? Creo que fue
la desesperada oración del corazón.

INVITACIÓN

¿Qué significa todo esto, entonces? Simplemente que tenemos una
invitación a entrar en la intercesión de Cristo que va más allá de nuestro limitado conocimiento. De ninguna manera puede compararse

nuestra experiencia con la profundidad del acto intercesor de Cristo en la cruz. ¡Eso ya se ha cumplido! Sin embargo, se nos invita a entrar en la profundidad del corazón de Jesús y dejar que los suspiros y gemidos demasiado profundos como para ser articulados en vocabulario humano, puedan surgir, sea para expresar la pena de Dios, para resistir al enemigo o para alzar un grito de que Dios necesita más lugar en nuestras vidas, congregaciones y ciudades. Sea cual fuere el propósito de estas antiguas formas de intercesión, solo entréguese y permita que Él haga lo suyo.

Con el final de este capítulo hemos llegado a la tercera base, y vamos hacia la última en el capítulo que cierra esta primera sección "Cultivemos un corazón de oración". Tomemos el testimonio de Michal Ann y el mío sobre la sanación de la esterilidad, y unámoslos con estos conceptos de "La desesperada oración del corazón", y pensemos por un momento en el tema final de esta sección: "Labor: la oración que resulta en nacimiento".

Me parece que nos volvemos extremadamente dependientes de Dios a través del poder de la oración. Es otra manera de tararear la melodía que aprendemos juntos, la canción de dependencia, la canción de gracia. ¿Qué dice la letra de esta canción?

> Arrodillado, arrodillado,
> arrodillado sobre las promesas de Dios mi Salvador;
> arrodillado, arrodillado,
> estoy arrodillado sobre las promesas de Dios.

APLICACIONES PRÁCTICAS, ¡HAGÁMOSLO REALIDAD!

- La vida en desesperación enciende oraciones desesperadas. Pídale al Señor que le dé un corazón de desesperación, de hambre y quebranto en su vida ante Jesús.
- ¿Qué significa estar quebrantado ante Dios? Pídale al Señor que comience a efectuar la obra de la cruz en su vida, para que sea usted una vasija de barro, quebrantada ante Él.
- La intimidad con el Padre es un ingrediente esencial en sus oraciones de fervor. Cultive la intimidad en su desesperación. Pídale al Señor que ablande su corazón.

- En grupo, escuche y espere al Espíritu Santo, luego únase a Él en sus gemidos a través de usted, para que nazcan los hijos e hijas de Dios.

- Ore y pídale al Señor que le otorgue compasión por una persona, una iglesia o nación, para sentir su corazón, y pídale lágrimas para su pueblo.

LECTURAS RECOMENDADAS

Con lágrimas en los ojos, por Stephen Hill (Peniel, 1996).

The Power of Brokenness, [El poder del quebrantamiento] por Don Nori (Destiny Image, 1992). No disponible en español.

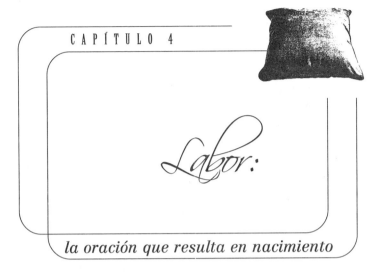

Labor:

la oración que resulta en nacimiento

Mientras Michal Ann daba a luz a nuestro tercer hijo, Tyler Hamilton, comprendí de manera gráfica lo que es la labor real, el trabajo de parto.

¿Recuerda su conversación con el Señor en el otoño de 1981? Ella había dicho: "No me gustará, pero te cedo mi derecho a tener hijos". La voz de Dios le contestó instantáneamente dentro de su ser: *Aprecio tu actitud, pero no te estoy pidiendo esto. Te digo que debes pelear por tus hijos.* El Señor se refería, claro, a nuestros hijos naturales. Sin embargo, estas lecciones se aplican también –como hemos aprendido– a los hijos espirituales y al nacimiento de las promesas de Dios.

Las palabras del Señor en ese día estratégico han marcado la vida de Michal Ann y la mía para siempre. Sí peleamos por nuestros hijos naturales, y seguimos haciéndolo. El 7 de julio de 1988, en la sala de partos, enfrentamos otra importante lección sobre lo que significa pelear por nuestros hijos. No pretendo ofender a nadie, pero ¿podré ser un tanto más gráfico para explicarlo? El parto había ido bien hasta entonces. Faltaba un centímetro de dilatación para que el bebé pudiera salir. Ahora Michal Ann estaba en la etapa dolorosa aunque corta de la "transición".

Sabíamos qué esperar. Después de todo, no era el primer parto sino el tercero. El nivel de dolor de Michal Ann se intensificaba y yo buscaba calmarla "¡Falta poco!" Pero mi dulce, calma esposa, estaba a punto de perder el control. El dolor no solo era intenso, sino casi insoportable. En lugar de seguir dilatándose, la abertura comenzó a hacerse más pequeña. Las contracciones, en lugar de empujar al bebé hacia el canal de parto, comenzaron a apretar al bebé. Mi querida esposa estaba ahora atrapada en la transición, que duró más de una hora de intensa labor de parto.

Permítame decirle que lo que yo hacía no servía de nada. Intentaba consolarla pero hacía todo mal. Ella comenzó a gritar, y me impactó: "¡No puedo más! ¡Ya no lo soporto!"

No había opción, claro. No podíamos decidir no tener el bebé ahora. Estábamos peleando por la vida de este niño. Un nivel de batalla espiritual totalmente diferente se centraba en el nacimiento de este niño, y el destino de Dios para su vida. Lo único que podíamos hacer era clamar al Señor con todas nuestras fuerzas.

Intensa es la única palabra para describir la batalla de Michal Ann y la mía. ¡Labor intensa! Finalmente, cuando parecía que ya Michal Ann no tenía fuerzas, algo sucedió. El cuello se dilató enseguida, y la transición pasó. Salió Tyler Hamilton tan rápidamente que el médico tuvo que correr para atajarlo cuando salía.

Como el reino natural es tan a menudo un espejo de lo espiritual ¿qué lecciones podemos aprender a partir del angustioso clamor de la labor de parto? Si la labor precede al parto natural, ¿precederá también al parto espiritual?

CUANDO CLAMARON AL SEÑOR

"En el mostrador de Dios no hay 'días de oferta', porque el precio del reavivamiento siempre es el mismo: ¡labor y esfuerzo!"[18] Esta afirmación proviene de un hombre que conocía los caminos de Dios en cuanto al reavivamiento: Leonard Ravenhill, el evangelista británico autor de *Why Revival Tarries* [Por qué tarda el reavivamiento]. Muchos sentían que era un Simeón de la era moderna, con una promesa de que no cerraría sus ojos hasta haber visto cumplido aquello por lo que se esforzaba. Leonard Ravenhill se graduó al cielo en noviembre de 1994, justamente en el momento en que nuevos vientos del Espíritu Santo comenzaban a soplar en las naciones, en particular en lugares como Toronto, Canadá y Pensacola, Florida. De hecho, las tenaces oraciones cotidianas de Ravenhill y de otros, han ayudado a pavimentar el camino para el tiempo de nuevos comienzos en el Cuerpo de Cristo.

El legendario evangelista Charles Finney, en el siglo XIX, dijo:

> ¿Por qué requiere Dios tanta oración, tan fuertes deseos, tan agonizantes súplicas? Estos deseos reflejan la fuerza de los sentimientos de Dios. Son los sentimientos reales de Dios por los pecadores que no se arrepienten. ¡Qué potente ha de ser el deseo de Dios para que su Espíritu produzca tal esfuerzo en los cristianos! Dios ha elegido la palabra para describirlo: labor, tormento del alma.[19]

Mateo 11:12 lo dice así: *"...el reino de los cielos sufre violencia, y los violentos lo arrebatan"*. Intenso ¿verdad? Este tipo de entendimiento, de experiencia, parece superado por nuestro acercamiento "tipo comida rápida" a Dios en el cristianismo de hoy. Espero, sin embargo. Porque esto, también, ha de cambiar.

RESPUESTAS DE DIOS EN LAS ESCRITURAS

Encontramos muchos relatos bíblicos e históricos de la respuesta de Dios al clamor agonizante de la intercesión.

Según estudié, el Señor me ha indicado numerosos pasajes de las Escrituras sobre este tema. Veamos sus respuestas cuando los hombres y mujeres clamaron a Él:

> *Aconteció que después de muchos días murió el rey de Egipto, y los hijos de Israel gemían a causa de la servidumbre, y clamaron; y subió a Dios el clamor de ellos con motivo de su servidumbre. Y oyó Dios el gemido de ellos, y se acordó de su pacto con Abraham, Isaac y Jacob. Y miró Dios a los hijos de Israel, y los reconoció Dios* (Éxodo 2:23-25).

> *Los hijos de Israel hicieron lo malo ante los ojos de Jehová; y Jehová los entregó en mano de Madián por siete años*

(...) De este modo empobrecía Israel en gran manera por causa de Madián; y los hijos de Israel clamaron a Jehová (Jueces 6:1, 6).

Y Samuel tomó un cordero de leche y lo sacrificó entero en holocausto a Jehová; y clamó Samuel a Jehová por Israel, y Jehová le oyó (1 Samuel 7:9).

Por cuanto confiaban en Dios, clamaron a él en medio del combate, y Dios los ayudó a derrotar a los agarenos y a sus aliados (1 Crónicas 5:20, NVI).

En ti esperaron nuestros padres; esperaron, y tú los libraste. Clamaron a ti, y fueron librados; confiaron en ti, y no fueron avergonzados (Salmo 22:4-5).

Ceñíos y lamentad, sacerdotes; gemid, ministros del altar; venid, dormid en cilicio, ministros de mi Dios (...) congregad a los ancianos y a todos los moradores de la tierra en la casa de Jehová vuestro Dios, y clamad a Jehová (Joel 1:13-14).

Y Cristo, en los días de su carne, ofreciendo ruegos y súplicas con gran clamor y lágrimas al que le podía librar de la muerte, fue oído a causa de su temor reverente (Hebreos 5:7).

RESPUESTAS DE DIOS EN LA HISTORIA

A la manera de un arqueólogo espiritual he investigado el tema un tanto olvidado del clamor de la labor. Así que permítame quitarle el polvo a diversos relatos de la historia de la Iglesia que revelan que el poder de la labor en la oración a menudo precede al fruto del evangelismo: los nacimientos espirituales.

Encontré lo siguiente en el diario del evangelista pionero David Brainerd, de los Estados Unidos, con fecha 21 de julio de 1744:

En la oración, fui agrandado en exceso y mi alma sentía la más fuerte atracción que pudiera recordar en toda mi vida. Sentía tal angustia y pedía con tal sinceridad y fervor, que cuando me levanté de estar arrodillado me sentía extremadamente débil y vencido, casi no podía caminar. Mis articulaciones parecían disolverse (...) en mis fervientes súplicas por los pobres indios. Sabía que se reunían para adorar a los demonios y no a Dios. Esto me hizo clamar con sinceridad para que Dios apareciera y me ayudara (...) Mi alma rogó durante un largo período de tiempo[20]

Brainerd era un pionero que lideraba a muchos norteamericanos nativos hacia el conocimiento salvador de nuestro glorioso Jesucristo. Hay relatos que lo describen arrodillado en la nieve, rogando a Dios y a los indios por su salvación. (¡Sí, Señor, danos más de estos intercesores fervientes en nuestros días!)

Seguí buscando sobre el tema del clamor del esfuerzo y encontré inusuales relatos de la vida de John Hyde, del norte de la India (1865-1912), que a menudo iba a las colinas a visitar amigos y a orar. Los amigos decían que era evidente que "Hyde, el que ora" –como le decían– sentía el peso del intenso esfuerzo del alma. Casi no comía cuando estaba encerrado en su cuarto, echado en el piso y sobrecogido por la agonía, clamando al Señor. Cuando salía y oraba, parecía que un fuego interno le quemaba los huesos.

Fue a partir de este intenso peso que Hyde comenzó a peticionarle al Señor que le permitiera ganar un alma para Jesús cada día de ese año. Al terminar el año, había ganado cuatrocientas almas para Cristo, por medio de su testimonio. Al año siguiente John Hyde clamó al Señor por dos almas al día. Doce meses más tarde se calculó que unas ochocientas personas habían respondido a Cristo gracias al ministerio de este guerrero de la oración. ¡Pero esto no era suficiente para Hyde! Su desesperación por las almas crecía, y como resultado comenzó a rogar "Dame cuatro almas al día".

Hyde no intentaba ganar estas almas con las típicas cruzadas de oración o grandes marchas. Iba por cada una, de manera individual y única. Seguía orando con esfuerzo hasta saber que había ganado al converso en la oración. Solo entonces, se dice, Hyde buscaba a alguien en las calles de las aldeas de la India. Comenzaba a conversar bajo el liderazgo del Espíritu, y al poco tiempo Hyde y el pecador se arrodillaban a orar, en público. Inmediatamente Hyde acompañaba a este nuevo converso al agua y lo bautizaba.

Este patrón se repetía cuatro veces al día, en tanto la carga de oración de Hyde lo guiaba a acercarse a los hombres y mujeres perdidos. Hubo multitudes que encontraron a Jesús como su Señor, gracias a que este hombre humilde les hizo nacer al Reino, siempre con el recurso de la oración.

La mayoría de los estudiosos serios del reavivamiento clásico se han inspirado en la vida del joven Evan Roberts, de Gales, que a los 26 años inició el movimiento del Espíritu Santo que tocó a la nación entera. Llamado por Dios a los trece años, asistía todas las noches a reuniones de oración para pedir a Dios un reavivamiento. Lo hizo durante trece años.

En octubre de 1998 tuve el placer de ministrar en Gales con mis queridos amigos reavivadores de nuestros días, Wes y Stacey Campbell, de la Columbia Británica de Canadá. Nuestro viaje nos llevó del norte al sur de Gales, y hablamos en cuatro ciudades. Terminamos ante una multitud en Moriah Chapel, el lugar en donde habló Evan, el 31 de octubre, aniversario de la revelación original de la presencia de Dios en 1904.

El Espíritu de Dios estaba sobre nosotros mientras repetíamos la misma oración que Roberts les enseñó a orar a las personas: "Envía el Espíritu ahora, por el amor de Jesucristo". Entonces gritábamos "Envía el Espíritu ahora con más poder, por amor de Jesucristo". Hubo personas que se doblaban en angustia cuando Dios obraba en sus corazones dándoles el deseo de ganar almas. ¡Qué bendición fue recuperar el manantial de reavivamiento del tan poderoso pasado!

Al cierre de la reunión, un residente del sur de Gales se acercó y nos mostró un artículo de periódico que había encontrado ese día en el ático de su casa, con la descripción de la actividad de reavivamiento de 1904. El artículo principal estaba destacado con un título en letras grandes: La labor del alma de Robert's. Describía la imagen del Espíritu Santo tomando visiblemente a Evan –ante el público– en tanto él clamaba desesperadamente por la salvación de las almas.

Dios oyó el clamor de Roberts. Es asombroso ver que más de cien mil conversos llegaron al Reino de Dios en el gran reavivamiento galés.

Sí, Roberts peleaba por las almas. ¿No debiéramos hacer lo mismo nosotros?

UNA EXPERIENCIA IMPACTANTE

A fines de la década de 1980 hice más de doce viajes a la isla Española en Haití, el país más pobre del hemisferio occidental. En enero de 1987 realicé tareas en el frente para Mahesh Chavda, para una cruzada al aire libre que se realizaría en Carfoure, un suburbio de Port-au-Prince, la capital –la misma cruzada en la que sanó la abuela ciega–. Los obreros limpiaron el terreno y comenzamos a trabajar en la cruzada de evangelización. Mucha sangre, sudor y lágrimas se invirtieron en este emprendimiento para proclamar el Evangelio de Jesucristo a este querible pueblo caribeño.

Teníamos un poderoso equipo de unos treinta intercesores de los EE.UU., que Dios había reunido como ejército para actuar detrás de bambalinas. Fue entonces que conocí a Dick Simmons, líder de oración de Men for the Nations, [Hombres para las Naciones] con base en Washington, D. C., que llamaba a los hombres a orar temprano en las mañanas, por un reavivamiento. Mahesh había conocido a Dick en una conferencia de ministerio universitario en Richmond, Virginia, unas semanas antes, y se había visto tan afectado por el llamado de Dick a la intercesión santa y perseverante, que lo invitó a participar de estas reuniones. Dick enseñó al equipo de intercesión en las mañanas, y estábamos preparados para el trabajo del día.

La intercesión fue continua ante el Señor mientras clamábamos por que fueran vencidos los poderes de la hechicería con el brillo de la gran luz de Dios. El país estaba atravesando una crisis política. La nación estaba madura para un cambio. Y por gracia de Dios llegó el tiempo de cambios.

En medio de la cruzada –en realidad, en medio de la noche– el Espíritu Santo nos indicó a unos ocho de nosotros que fuéramos a un punto más elevado sobre un valle habitado por decenas de miles de personas. El lugar se llama Point Boutilleire. Eran las dos de la mañana. De repente el Espíritu Santo nos impactó y caímos en postura de intercesión intensa e inusual. Parecía que el peso del Señor nos golpeaba en lo más profundo, y que agonizábamos como mujeres en el parto.

En el suelo, convulsionados con dolor y gemidos por la liberación de la nación de Haití, clamamos al Señor por un tiempo de cambio, liberación y misericordia para el pueblo.

Así como nos impactó de repente, este momento de intercesión pasó súbitamente.

Estoy seguro de que todos nos preguntábamos qué había sucedido. Pero el Espíritu Santo encendió las luces. Vi una visión de un tazón de bronce en el cielo, sobre nosotros. Era como la imagen de Deuteronomio 28:23, que dice: *"Y los cielos que están sobre tu cabeza serán de bronce, y la tierra que está debajo de ti, de hierro"*. El bronce y el hierro simbolizan la maldición cuando nuestras oraciones no llegan y la semilla sembrada no da fruto. Entonces, en mi visión, un instrumento afilado cortó el cielo y la luz llegó a las tinieblas. Era como un agujero hecho con una lapicera, abierto para que la misericordia llegara a la Tierra. De algún modo sabíamos que este tiempo de misericordia no sería permanente sino temporario. Alabamos al Señor igualmente, por esta ventana de oportunidad.

De hecho, no fue solo la abuela de 77 años la que sanó de su ceguera, sino que la nación de Haití recibió una nueva visión. Jean-Claude "Baby Doc" Duvalier, el malvado líder totalitario de Haití, había sido derrocado en 1986 luego de muy intensos disturbios civiles, y tuvo que escapar para salvar su vida. En lugar de la opresión, un espíritu de optimismo bañaba al empobrecido pueblo a medida que eventualmente se le otorgó el derecho a elecciones libres y democráticas. Las tinieblas habían sido expuestas y la luz del Señor llegaba.

Sin embargo, la labor del parto había precedido este tiempo de nuevo comienzo. El intenso espíritu de oración había sido derramado sobre nosotros –y probablemente en muchas otras personas del mundo– una apertura en los cielos permitió que la luz de Dios brillara sobre la Tierra.

OCHO MUJERES ESTÉRILES

Como ya conoce usted la historia verídica de la familia Goll en cuanto a la sanación de la esterilidad, puede comenzar a comprender cómo Michal Ann y yo nos sumergimos en este tema. Teníamos el deseo. Recibimos una promesa. Y aunque estábamos sentenciados a ser estériles, médicamente, nos habíamos aferrado a la promesa de Dios.

Antes de ocurriera nuestro milagro realicé un estudio sobre las mujeres estériles de la Biblia, que realmente nos alentó. Adivine qué encontré. Ocho mujeres estériles, ¡sanadas! Tenían cosas en común. Estaban desesperadas. Clamaron al Señor. Cada una dio a luz a un profeta o liberador de la nación. Permítame enumerarlas.

1. Sara, que dio a luz a Isaac (Génesis 11:30; 16:1; 18:1-15; 21:1-8).
2. Rebeca, que dio a luz a Esaú y a Jacob (Génesis 25:21-26).
3. Raquel, que dio a luz a José y a Benjamín (Génesis 29:31; 30:1, 22-24; 35:16-18).
4. La esposa de Manoa, que dio a luz a Sansón (Jueces 13:2-24).
5. Rut, que dio a luz a Obed (Rut 4:13).
6. Ana, que dio a luz a Samuel (1 Samuel 1:2-20).
7. Elizabet, que dio a luz a Juan el Bautista (Lucas 1:7-13, 57).

He enumerado solo a siete mujeres estériles, pero le dije que eran ocho ¿Quién es la octava? Isaías 66:8 la retrata con claridad:

¿Quién oyó cosa semejante? ¿quién vio tal cosa? ¿Concebirá la tierra en un día? ¿Nacerá una nación de una vez? Pues en cuanto Sion estuvo de parto, dio a luz sus hijos.

Sion es la octava mujer. Dará a luz a su precioso fruto en la Tierra tan pronto... ¿cuándo? Tan pronto el pueblo elegido de Dios entre en labor de parto, ella dará a luz a sus hijos. A menudo he oído que si la Iglesia gritara como una mujer estéril que desea tener hijos, entonces tendríamos el reavivamiento. ¡Y creo que así es!

¿QUÉ ES LA LABOR DE PARTO?

Se preguntará qué es la labor. Se lo explicaré.

Como sucede en lo natural, también en lo espiritual. La labor es una forma de intensa intercesión dada por el Espíritu Santo por la cual una persona o grupo es sobrecogido por algo que llega al corazón de Dios. La persona o el grupo entran en labor con Él, para que se cree una apertura, de manera de hacer posible el nacimiento de una nueva vida.

La definición de parto, según el diccionario de la Real Academia Española, es: "Hacer salir a luz o al público lo que estaba oculto o ignorado". Encuentro que la explicación se aplica al plano espiritual también. La labor de parto sucede cuando uno ha llevado algo en su corazón durante algún tiempo. Sobreviene de repente. Esta labor de parto puede estar asociada con las oraciones de lágrimas. Se ve precedida por la promesa a la que nos aferramos, y luego llega el momento de pujar para que la promesa nazca por el canal de la oración. Finalmente uno ve que la promesa ha nacido, y siente alivio porque ha terminado el parto.

¿Cómo aprendí esto? En mi viaje personal, estudiando las Escrituras y aprendiendo de las personas que el Señor con su gracia pone en mi vida. Como usted, tomo las joyas de verdad de los demás y las pongo en mi lugar de oración ante Dios.

Uno de estos queridos consultores es la líder de oración de Word of Love Ministries, de Roswell, Georgia: Pat Gastineau. Le mostraré cómo enseña ella esto de la labor de parto espiritual:

> La oración de labor de parto es Dios que desea crear una "abertura" para dar a luz la vida o el crecimiento. Si la "abertura" ya existe, no haría falta la labor. Así como la "abertura" de la mujer se agranda para que salga el bebé, el parto espiritual crea una "apertura o camino" donde antes no lo había o donde estaba cerrado. Con la labor siempre aparece un camino nuevo para la vida, la renovación, el cambio o el crecimiento.
>
> Como dicen las Escrituras, la labor de parto sobreviene de repente, y se va del mismo modo. En 1 Tesalonicenses 5:3 se nos dice: *"que cuando digan: paz y seguridad, entonces vendrá sobre ellos destrucción repentina, como los dolores a la mujer encinta, y no escaparán"*. Dios declara, por el Espíritu, que Él desea abrir un camino para alguien o algo. Cuando nos entregamos a Él y cumplimos, Dios puede darnos esa labor que da a luz, porque así como llega la labor, también llega el cambio correspondiente.

RELATOS DE LUCHA Y AGONÍA EN LA ORACIÓN

Cada persona, grupo, ministerio o denominación en el cuerpo de Cristo utiliza terminología distinta para describir experiencias similares. En cuanto a la labor de parto de oración he encontrado relatos de "agonía y lucha". ¿Cómo se describen hoy? ¿Dónde están los luchadores de nuestra generación?

Quizá una de las razones por las que hay pocos luchadores de oración, es que no muchos están preparados para las exigencias que demanda. Este tipo de oración puede ser física y espiritualmente extenuante. Uno reconoce lo que está en juego: es el destino eterno de alguien no salvo, quizá, el éxito de un emprendimiento urgente, la vida de un enfermo, el honor del nombre de Dios, el bienestar del Reino de Dios.

Y una vez más, escribe Wesley Duewel:

> La lucha en la oración hace un llamado a todos los poderes del alma, clama por nuestro deseo santo más profundo, y utiliza toda la perseverancia de nuestra santa determinación. Uno se abre paso entre una multitud de dificultades. Empuja las pesadas y amenazantes nubes de las tinieblas. Uno llega más allá de lo visible y natural, al mismo trono de Dios. Con toda la fuerza y la tenacidad uno se aferra a la gracia y poder de Dios, que se convierte en la pasión del alma.[21]

¿Recuerda a Jacob, que luchó con el ángel hasta recibir la bendición? Veamos ese pasaje nuevamente:

> *Así se quedó Jacob solo; y luchó con él un varón hasta que rayaba el alba. Y cuando el varón vio que no podía con él, tocó en el sitio del encaje de su muslo, y se descoyuntó el muslo de Jacob mientras con él luchaba.*
> *Y dijo: Déjame, porque raya el alba. Y Jacob le respondió: No te dejaré, si no me bendices* (Génesis 32:24-26).

Jacob descubrió que la oración tenaz y perseverante, finalmente rinde fruto.

¡ATRÁPAME!

Michael Sullivant, uno de los pastores de la Metro Christian Fellowship de Kansas City, Missouri, suele relatar un sueño que el Señor le dio con la imagen de la oración perseverante, de lucha. Vio una escena en la que un padre y su hijo luchaban en el suelo. El padre podría haber atrapado al niño en cualquier momento, pero con la diversión del juego, dejaba que el niño lo atrapara a él.

El Señor le reveló a Michael que esta es la manera en que se da nuestra relación con nuestro Padre celestial. Muchos practicamos atrapar a Dios, nuestro Padre, con nuestras oraciones. Construimos una historia ante Él. Crecemos en perseverancia, desarrollamos los músculos de oración. Sin embargo, llegará un día –como le prometió a Michael el Espíritu Santo– en que el corazón del Padre se sentirá complacido porque sus hijos e hijas ya crecidos podrán atraparlo a Él. No físicamente, claro, y no porque nuestra voluntad prevalezca por sobre la suya. Sí habremos luchado con el Dios de la promesa –lo que el Todopoderoso buscaba desde el comienzo– ¡y habremos ganado!

Que podamos crecer en la fuerza del Señor para luchar como lo hizo Jacob, y ganar.

RELATOS DE LUCHA EN LAS ESCRITURAS

No sabemos con seguridad qué es lo que quiso decir Pablo, pero pensemos en el siguiente pasaje de Colosenses:

> Os saluda Epafras, el cual es uno de vosotros, siervo de Cristo, _siempre rogando encarecidamente por vosotros en sus oraciones,_ para que estéis firmes, perfectos y completos en todo lo que Dios quiere. Porque de él _doy testimonio de que tiene gran solicitud por vosotros,_ y por los que están en Laodicea, y los que están en Hierápolis (Colosenses 4:12-13, frase destacada por el autor).

La NVI dice que Epafras estaba _"siempre luchando en oración"_. ¡Oh! Me pregunto cuál era su "gran solicitud", expresada a través de la encarecida oración. De una cosa estamos seguros: ¡era intensa!

Cuando Pablo escribió que nuestra lucha, nuestra pelea, es contra las fuerzas de las tinieblas, tenía en mente el escenario de los juegos de la Grecia antigua, algo así como las Olimpíadas. Cada luchador buscaba tirar al suelo a su oponente, para poner su pie sobre el cuello del adversario. La traducción de la Versión Amplificada en inglés presenta este pasaje de la siguiente manera:

> Vístanse con la armadura de Dios, la armadura de un soldado bien armado, que Dios provee, para poder con

todo éxito enfrentar las estrategias y engaños del diablo. Porque no luchamos contra carne y hueso –enfrentando solo a oponentes físicos– sino contra el despotismo, contra [los espíritus dominantes que son] los gobernantes del mundo de las tinieblas de hoy, contra las fuerzas del espíritu de la maldad en las esferas celestiales [de lo sobrenatural] (Efesios 6:11-12).

Es claro entonces, cuando combinamos las lecciones de génesis 32 en cuanto a Jacob, y las epístolas paulinas arriba citadas, que se nos dan imágenes de lucha con el enemigo así como con nuestro Padre celestial en el divino juego de la oración. El hilo común es en ambos casos: ¡no claudiques! Sigue luchando. No termina hasta que termina, y todavía no ha terminado. Sigue perseverando en la intercesión.

AMOR Y PACIENCIA EN ORACIÓN

No solo aprendemos hoy a arrodillarnos en las promesas por medio de la intercesión, sino que el Señor ha llamado a muchos a una unión más profunda, una intimidad mayor con Cristo. La concepción espiritual se ha dado dentro del vientre de la Iglesia. El deseo por un gran despertar crece y se estremece en nuestro ser interior, como sucedió con el reavivamiento de las colonias británicas de Norteamérica en la década de 1720 y de 1730, revitalizando a la Iglesia. El Señor, sin embargo, quiere que este despertar de hoy no se dé solo en una o dos áreas o regiones de la Tierra. El despertar esta vez es global. Dios busca un vientre grande en el cuerpo de Cristo. ¡No importa cuántos se sientan empujados a salir de su comodidad!

Permítame mencionar otra forma de este tipo de oración en la que uno lleva algo o a alguien durante un largo período de tiempo –como se lleva un bebé– y luego puja por darle nacimiento en el Espíritu. Es como si esta carga estuviera allí todo el tiempo, y en ocasiones el Espíritu hace que surja a la superficie para darle prioridad en oración. Esto es "dar a luz a los jóvenes en oración". Por lo general la intensidad de la labor de parto repentina no está presente durante este período en que uno lleva la carga.

Dios pareciera repartir tareas que debemos desarrollar durante largos períodos. Michal Ann y yo llevamos a diferentes naciones ante Él, por ejemplo. En la década de 1980 fue Haití, y en la década de 1990, la República Checa. Otro de los "bebés" que cargamos es el pueblo judío y los propósitos de Dios para Israel. Este tipo de oración paciente y de amor me ha llevado a muchas reuniones de oración en todo el mundo, donde oramos por el pueblo judío y por las naciones de Israel –le contaré más sobre esto en el capítulo 9: "Israel: calendario profético de Dios"–.

Como sucede con el niño que crece dentro, uno puede, como la mujer encinta, sentir que se mueve. El bebé crece y uno comienza a sentirlo. Eventualmente, luego de meses de formación, el "niño de oración" puja por salir.

Pensemos en tres definiciones y ejemplos griegos de dar a luz a los pequeños en oración:

1. *Sustenazo*: gemido conjunto. Romanos 8:22: "*Porque sabemos que toda la creación <u>gime</u> a una, y a una está con dolores de parto hasta ahora*".

2. *Sun-odino*: parir –hacer nacer al pequeño–. Romanos 8:22: "*Porque sabemos que toda la creación gime a una, y a una <u>está con dolores de parto</u> hasta ahora*". La labor de parto, en conjunto.

3. *Odin*: dolor de parto. Gálatas 4:19: "*Hijitos míos, por quienes vuelvo a <u>sufrir dolores de parto</u>, hasta que Cristo sea formado en vosotros*".

¿No es esto lo que necesitamos? No solo precisamos de los evangelistas, sino de quienes alimentan y cuidan a los nacidos y los ayudan a madurar. No sugiero que esta forma de oración reemplaza la atención pastoral o la importancia de los ministerios de enseñanza. Pero ¿no cree que ya sea tiempo de que los intercesores aparezcan para cargar a los jóvenes durante largo tiempo en sus corazones, y trabajar para su madurez espiritual? No llamemos solamente a estos jóvenes espirituales a la vida; alimentémoslos también con el poder de la intercesión.

Pensemos ahora en dos definiciones y ejemplos hebreos de lo que es dar a luz en oración.

1. *Yalad*: dar a luz, tener cría, actuar como partera, labor de parto, tener un hijo.

- Isaías 21:3: *"Por tanto, mis lomos se han llenado de dolor; angustias se apoderaron de mí, como angustias de mujer de parto; me agobié oyendo, y al ver me he espantado".* Observe que el capítulo entero se refiere a la labor del guardia.

- En Jeremías 30:6-7 leemos: *"Inquirid ahora, y mirad si el varón da a luz; porque he visto que todo hombre tenía las manos sobre sus lomos, como mujer que está de parto, y se han vuelto pálidos todos los rostros. ¡Ah, cuán grande es aquel día! Tanto, que no hay otro semejante a él; tiempo de angustia para Jacob; pero de ella será librado".*

- Miqueas 4:10: *"Duélete y gime, hija de Sion, como mujer que está de parto; porque ahora saldrás de la ciudad y morarás en el campo, y llegarás hasta Babilonia; allí serás librada, allí te redimirá Jehová de la mano de tus enemigos".*

- Miqueas 5:3: *"Pero los dejará hasta el tiempo que dé a luz la que ha de dar a luz; y el resto de sus hermanos se volverá con los hijos de Israel".*

2. *Cuwl*: retorcer, sufrir dolor, especialmente durante el parto.

- Salmo 55:4: *"Mi corazón está dolorido dentro de mí, y terrores de muerte sobre mí han caído".*

- En Isaías 13:8 dice: *"Y se llenarán de terror; angustias y dolores se apoderarán de ellos; tendrán dolores como mujer de parto; se asombrará cada cual al mirar a su compañero; sus rostros, rostros de llamas".*

- Isaías 26:17: *"Como la mujer encinta cuando se acerca el alumbramiento gime y da gritos en sus dolores, así hemos sido delante de ti, oh Jehová".*

- Isaías 54:1-3: *"Regocíjate, oh estéril, la que no daba a luz; levanta canción y da voces de júbilo, la que nunca estuvo de parto; porque más son los hijos de la desamparada que los de la casada, ha dicho Jehová. Ensancha el sitio de tu tienda, y las cortinas de tus habitaciones sean extendidas; no seas escasa; alarga tus cuerdas, y refuerza tus estacas. Porque te extenderás a la mano derecha y a la mano izquierda; y tu descendencia heredará naciones, y habitará las ciudades asoladas".*

¡Oh! ¿Alguna vez ha sentido que cargaba con algo durante meses? Muchos lo llamarían la carga del Señor. Y algunas de estas cargas parecen sobrevenirnos de repente, para luego desaparecer también súbitamente. Sin embargo, hay otras gracias de intercesión que van creciendo dentro de nosotros, gimiendo y retorciéndose hasta que eventualmente nos sentimos como mujeres en el momento de dar a luz, o como parteras que asistimos en el alumbramiento. De una y otra forma, surge la vida.

Que el Señor restaure en nosotros la labor nacida del Espíritu, para que agonicemos y luchemos en oración, soportando y llevando en oración, como herramientas para el nacimiento y nutrición de la vida.

"ELÍAS, ¿QUÉ HACES?"

Durante esta última década uno de mis pasajes favoritos de las Escrituras ha sido el de la oración de Elías en 1 Reyes 18. He predicado la revelación de este mensaje en iglesias, ciudades y países de todo el mundo, siempre con el mismo resultado. La gran carga del Señor llega sobre el pueblo de Dios, y se revela un nuevo nivel de trabajo –a veces dramático– sobre y a través de ellos. Entendí esto luego de las tribulaciones y bendiciones que pasamos Michal Ann y yo mientras luchábamos por tener hijos.

Lo siguiente, por ello, es una sinopsis de nuestro mensaje de vida basado en el tenaz ejemplo de Elías. Es el pan de nuestras vidas.

Entonces Elías dijo a Acab: Sube, come y bebe; porque una lluvia grande se oye. Acab subió a comer y a beber. Y Elías subió a la cumbre del Carmelo, y postrándose en tierra, puso su rostro entre las rodillas. Y dijo a su criado: Sube ahora, y mira hacia el mar. Y él subió, y miró, y dijo: No hay nada. Y él le volvió a decir: Vuelve siete veces. A la séptima vez dijo: Yo veo una pequeña nube como la palma de la mano de un hombre, que sube del mar. Y él dijo: Ve, y di a Acab: Unce tu carro y desciende, para que la lluvia no te ataje. Y aconteció, estando en esto, que los cielos se oscurecieron con nubes y viento, y hubo una gran lluvia. Y subiendo Acab, vino a Jezreel. Y la mano de Jehová estuvo sobre Elías, el cual ciñó sus lomos, y corrió delante de Acab hasta llegar a Jezreel (1 Reyes 18: 41-46).

Quisiera estudiar esa historia con usted agregando porciones de mi propia imaginación, santificada.

No había llovido durante tres años y medio (vv. 1-2). La tierra estaba dura y seca. Las condiciones en el reino de lo natural eran desesperantes; y lo natural era un espejo de la condición espiritual de la gente. No había nubes y todo el mundo sufría bajo el calor ardiente del sol.

En estas circunstancias desérticas, la carga del Señor descendía sobre uno de los siervos elegidos de Dios. La fe surgía en Elías y él *"fue a mostrarse a Acab"* (v. 2) unos días antes de ganar la gran victoria por sobre los profetas de Baal. Luego de llamar a un testigo del cielo para ser liberado, de seguro cayó fuego del cielo y todos los falsos profetas se inclinaron hasta tocar el suelo, declarando que el Señor era el único Dios verdadero. ¡Elías no podía dejar de sentir éxtasis ante esto!

Justamente después de esta dramática intervención, el hombre de Dios oyó algo en su espíritu que no era audible, un sonido en la distancia, que durante más de tres años no se había dejado oír. Al escucharlo, el sonido se hizo más fuerte. Era una tormenta de increíble proporción.

Elías corrió de la presencia del Señor hacia la corte del malvado rey Acab y proclamó con valentía: *"Se acerca con rugido una terrible tormenta"* (v. 41). Acab siguió con su rutina de comer y beber. No sabía qué hacer con este hombre extraño y etéreo que decía oír voces.

Mientras tanto Elías fue a uno de sus lugares favoritos para estar en soledad. Se dirigió al Monte Carmelo, el lugar donde Dios se había mostrado ante él unos días antes. Posicionado sobre el monte Elías sabía que Dios aparecería y cambiaría las circunstancias, o que lo apedrearían por falso profeta.

¿Qué hizo entonces? Asumió la postura de humildad y desesperación. Al ser guiado por el Espíritu Santo, se agachó en el suelo, con temor reverente de este majestuoso Dios. La carga del Señor sobre Elías aumentó durante un día de nuevos comienzos. Cuando la mano del Señor estuvo sobre él, la presión parecía crecer dentro de este guerrero. Y aunque lo que sentía en su interior lo estimulaba, el peso de la gloria de Dios se manifestaba por fuera. Algo sucedía.

Lo siguiente que se nos relata es que Elías estaba sobrecogido con la trascendente majestuosidad de Dios. Ocultó el rostro entre sus manos y hundió la cabeza entre las rodillas. Luego Elías dijo a su sirviente: *"Ve ahora, mira el mar"* (v. 43).

El sirviente partió y miró los cielos sobre el mar Mediterráneo. No vio nada y volvió a la cima del Monte Carmelo; imagino que quedó atónito al ver a Elías bajo la carga de Dios. Con cautela le dijo a su amo que nada había cambiado. El profeta le exhortó a volver a mirar, de hecho, siete veces si fuera necesario. Y el sirviente fue, esperaba ver algo en el horizonte. Cada vez, volvió a la cima del monte con la noticia, para ver que Elías seguía con la cabeza entre las rodillas.

Se habrá preguntado: "Amo, ¿qué haces?" Pero igualmente iba y venía, buscaba señal de lluvia, para ver siempre lo mismo: el sol sobre el mar. Así continuó, hasta que el sirviente, desesperanzado, informó a su amo: "Solo hay sol caliente".

Esta vez la mano de Dios estrujó el corazón de Elías. Parecía estar en medio de una lucha intensa, una agonía. ¿Qué hacía? Un grito sacudió al profeta:

—Ve, y mira otra vez.

La séptima vez —el número de la totalidad— el sirviente corrió: esperaba ver un cambio. Al escudriñar el horizonte vio algo pequeño que llamó su atención. Miró el cielo y de seguro, había una nube, del tamaño de un puño, nada más. Con fuego en su corazón corrió de vuelta para dar la buena noticia al hombre de Dios.

Allí estaba Elías, en labor de parto, un desesperado esfuerzo de amor. El joven dijo:

—Lo vi, ¡Lo vi! Hay una nube pequeña, del tamaño de un puño.

Imagino que Elías habrá sudado y que el fuego le quemaba los huesos cuando la carga de intercesión comenzó a dejar a este profeta de Dios. Luego en unción profética declaró:

—Ve y dile a Acab que debe apurarse, porque si no lo hace las ruedas de su carro quedarán atascadas en el barro. Oigo ruido de intensa lluvia.

Y sucedió que el cielo oscureció con nubes y viento, y que llegó la fuerte tormenta.

MÁXIMO EJEMPLO DE LA LABOR

¿Hay alguien allí que oiga?

No es una pregunta descabellada ¿Hay alguien que oiga el sonido de los demás? El Dios del universo habla, avisa que llegará la lluvia que termina con la sequía. ¿Hay alguien allí que oiga?

Antes de que suceda algo en el plano de lo natural, primero deberá existir en el corazón de Dios. Antes de que llegara la lluvia que terminaría con la sequía, Elías oyó la lluvia con sus oídos espirituales. Hoy, también, Dios habla primero. Esto crea una chispa de fe en un hombre o una mujer. Recuerde que *"la fe es por el oír, y el oír, por la palabra de Dios"* (Romanos 10:17).

Sin embargo, Elías no solo salió a declarar lo que había oído, sino que oró porque la promesa se cumpliera. Literalmente, se arrodilló sobre la promesa.

Aquí hay muchas lecciones para aprender, pero digámoslo de manera sencilla: Dios habla, las personas oyen, se crea la fe. Las personas responden a la chispa de fe y oran para que la promesa se cumpla. Se requiere tenacidad y paciencia cuando el resultado deseado parece demorarse. Aún cuando aparecen los primeros indicios, se requieren ojos de discernimiento para reconocer el día de la visitación. No hemos de *"menospreciar (…) el día de las pequeñeces"* (Zacarías 4:10), porque la nube primera tenga el tamaño de un puño, porque crecerá y consumirá al cielo en una lluvia de misericordia, terminará con la sequía.

Sí, como vemos en el encuentro con Elías, la labor resulta en vida. Esta labor es la postura de la desesperación. Expresa la urgente oración del corazón. ¿Podría ser entonces la llave que falta para el reavivamiento mundial?

Antes de finalizar este último capítulo en la sección "Cultivemos un corazón de oración", y pasar a la sección de "Cultivemos un corazón para lo profético", debemos asegurarnos de que nuestra visión es clara.

Si hemos de nacer de nuevo para entrar al Reino de Dios, debe haber Uno que haya entrado antes que nosotros. Sí, es Jesucristo, Aquél que sufrió labor de alma por nosotros, para que pudiéramos nacer en su Reino. El mayor acto de labor de parto sin duda fue cuando Jesús en la cruz aseguró nuestra entrada en el Reino de los cielos. Quizá la sangre y el agua que derramó cuando la lanza atravesó su costado, revelaban un corazón y un alma en labor de parto. Rompió la fuente y la Iglesia nació.

Si la labor fue el ingrediente principal necesario para el nacimiento de la Iglesia, de seguro será componente principal para usted y para mí. Agreguemos entonces la labor de parto a nuestras oraciones sacerdotales del corazón, para poder abrir un camino que lleve a otros al Reino. Y que aún así, la esposa de Cristo sufra labor de parto para que Jesús reciba recompensa por su sufrimiento, como buscaban los creyentes de Moravia en el siglo XVIII.

Sigamos arrodillados sobre las promesas, demos a luz los propósitos de Dios a través del poder de la intercesión profética.

APLICACIONES PRÁCTICAS, ¡HAGÁMOSLO REALIDAD!

- ¿Qué es lo que le desespera tanto que sin ello no puede vivir?
- Debata con su grupo el significado de la labor, con fundamento bíblico como plataforma de inicio.
- Cree una atmósfera en la que como grupo estén abiertos y vulnerables al Señor, y pídanle al Espíritu Santo que venga y libere al espíritu de la labor de parto en la oración.
- Pídale a un cristiano mayor que usted que le diga qué secretos ha aprendido respecto de cultivar un corazón para la oración.
- Escuche mi álbum de dos cintas, llamado "El Espíritu de la labor" (ver página 272).

LECTURAS RECOMENDADAS

Mighty, Prevailing Prayer, [Oración poderosa que prevalece] por Wesley Duewel (Francis Asbury/Zondervan, 1990). No disponible en español.

Modes of Prayer, [Modos de oración] de Pat Gastineu (Word of Love, 1997). No disponible en español.

PARTE 2

Cultivemos un corazón
para lo profético

Se busca

una generación de profetas

¡Felicitaciones! Ha cubierto ya un tercio de nuestro viaje juntos hacia el aprendizaje de cómo arrodillarnos sobre las promesas. En esta segunda sección, "Cultivemos un corazón para lo profético", presentaré otra porción de mi vida, como maná recién llovido, y oraré porque su corazón se llene con el espíritu de revelación mientras lo compartimos.

¿CUÁL ES LA PROFECÍA DEL NUEVO TESTAMENTO?

El obispo anglicano David Pytches afirma: "El don de la profecía es la capacidad especial que Dios da a miembros del cuerpo de Cristo para recibir y comunicar un mensaje inmediato de Dios a su pueblo reunido, a un grupo dentro de este pueblo, o a cualquiera de las personas de manera individual, por medio de la unción divina en una comunicación".[22]

En su libro *The Holy Spirit Today* [El Espíritu Santo hoy] Dick Iverson, ex pastor principal de Bible Temple, de Portland, observa:

> El don de la profecía es hablar bajo la influencia sobrenatural directa del Espíritu Santo. Es ser el altoparlante

de Dios, pronunciar sus palabras según lo indica el Espíritu. La palabra griega *prophetia* significa "hablar la mente y consejo de Dios". Es inseparable en su uso en el Nuevo Testamento, del concepto de directa inspiración del Espíritu. La profecía es la misma voz de Cristo que habla a la iglesia.[23]

Digamos entonces que la profecía es la expresión del pensamiento de Dios, en lenguaje que el ser humano no puede articular según su don natural del habla o conocimiento. La sustancia y naturaleza de la profecía excede lo que la mente humana puede pensar o imaginar. La profecía viene a través del corazón y alma de un hombre o mujer, pero proviene de la mente de Dios.

Esta gracia maravillosa es primariamente con el propósito de edificar, exhortar y consolar a quienes va dirigida (ver 1 Corintios 14:3). Puede expresarse como discurso premeditado o espontáneo, por medio del habla, de canciones o escritura; por medio del lenguaje de los sueños y visiones, como palabra de consejo; actuada o expresada mediante instrumentos o formas artísticas, o mediante otro tipo de expresiones. Trae la voz de Dios a la luz, para nuestros tiempos.

Sin embargo, el mensaje será auténticamente profético solo si proviene del corazón de Dios, magnifica al Señor Jesucristo y reta a quien lo oiga a ser más obediente a los mandamientos de Dios.

ETAPAS DEL DESARROLLO PROFÉTICO

Como sucede con todo otro don, hay diversos niveles de operación dentro de la esfera de la profecía. Puede existir el *don ocasional* que llega a una persona para una situación específica. Hay otra etapa del desarrollo, como en cualquier don o ministerio, en el que hay un flujo más consistente de *operación profética* una vez que la fe, el don y la experiencia del creyente maduran. Hay quienes tienen la bendición de un "don residencial" que se manifiesta con regularidad en sus vidas. Esto sería lo que llamamos *ministerio profético*, aunque no necesariamente significa que la persona tiene *oficio de profeta*, como en Efesios 4:11. Solo Dios puede llevar a alguien a este nivel de gracia consistente que florece con el tiempo. Podrá ser llamado usted, pero luego vendrá el entrenamiento.

En algún punto, si rinde frutos y los líderes reconocen la abundancia del fruto ya producido, habrá una comisión al llamado. Normalmente hay un acercamiento paso a paso a la recepción y entrega de esta gracia; sin embargo, a veces la profecía parece ser un don soberano que llega con todo su poder desde el principio.

Sea como fuere que se presente el don, hay una verdad que es siempre igual: los dones son dados, pero el fruto debe cargarse. Los dones podrán aparecer de la noche a la mañana, pero el carácter requerido para llevar los dones a la larga solo llega por medio de la cruz en la vida de cada persona. ¡El buen fruto maduro toma tiempo de exposición al Hijo!

UN PUEBLO PROFÉTICO

Los dones de revelación de Dios, estoy convencido, son para muchos y no para pocos. El Señor busca una generación entera de personas apasionadas –¡la Iglesia!– que desee caminar en el espíritu de sabiduría y revelación en conocimiento del Señor Jesucristo.

¿Qué significa ser profético, o parte de una compañía de personas proféticas? Dios quiere que cada uno de nosotros permanezca tan cerca de su corazón, como para poder hablar palabra relevante de Él de manera contemporánea, en diferentes escalones de la sociedad. Somos llamados no solo a hablar en las reuniones de la iglesia, con palabra de profecía, sino a ser cambiadores del mundo, hacedores de la historia, constructores del Reino, tomando los dones de relevación –la presencia profética del Espíritu Santo– y llevándolos a las esferas de influencia que el Señor nos presenta.

Así que, no reciba solo la palabra, ¡sino *conviértase* en la palabra de Dios, para su gloria! Sea una señal contemporánea de Dios que haga que las personas se pregunten qué es lo que sucede. Haga que vean su vida y digan: "¡Dios debe estar vivo y coleando en el planeta Tierra!"

Michal Ann y yo usamos una afirmación de misión sencilla para nuestro ministerio, Ministry to the Nations: "Equipar a la Iglesia y expandir el Reino". Es porque hay tres esferas principales en las que hemos de liberar la vida de revelación que nos da el Espíritu Santo. Una es el área de las reuniones de iglesia –grandes o pequeñas– las reuniones hogareñas y de congregación, a nivel personal y colectivo. Así equipamos a la Iglesia.

La segunda esfera es la comunidad secular en la que influyen nuestras vidas, el mercado, las artes, el gobierno, la economía, los deportes, todas las áreas de la vida. Esto es expandir el Reino. La tercera esfera en la que liberamos los dones de revelación, es de regreso al corazón de Dios. Esto es convertir la promesa en oración. (En el siguiente capítulo hablaremos más sobre la intercesión profética).

En parte, esto es lo que significa ser un pueblo profético: construir una comunidad en amor, caminar bajo el señorío de Jesucristo y liberar la presencia reveladora del Espíritu Santo en todas las áreas de la vida. Recuerde siempre que los dones de profecía de Dios son para muchos, no para pocos.

Que el sacerdocio real, la nación santa, de personas apasionadas, avance para la honra y gloria del nombre de Jesús. Ha llegado el momento. ¡Levántense, ejército profético de Dios, y demuestren a través de los actos del Espíritu que el Rey Jesús es el mismo ayer, hoy y siempre!

EL GRITO PROFÉTICO DE MOISÉS

Las presiones sobre Moisés eran muy grandes. Este hombre ungido por Dios intentaba guiar a su quejoso pueblo hacia la Tierra Prometida. Su grito al Señor está en Números 11:14: *"No puedo yo solo soportar a todo este pueblo, que me es pesado en demasía"*.

Sin embargo, Dios tenía una solución al dilema de Moisés:

> *Reúneme setenta varones de los ancianos de Israel, que tú sabes que son ancianos del pueblo y sus principales; y tráelos a la puerta del tabernáculo de reunión, y esperen allí contigo. Y yo descenderé y hablaré allí contigo, y tomaré del espíritu que está en ti, y pondré en ellos; y llevarán contigo la carga del pueblo, y no la llevarás tú solo* (Números 11:16-17).

Así que Moisés fue y le dijo a la gente lo que el Señor había dicho. Reunió a los setenta ancianos y los puso alrededor del tabernáculo. Luego el Señor bajó en la nube, tomó al Espíritu que estaba sobre Moisés y lo puso sobre los setenta ancianos.

> *Cuando el Espíritu descansó sobre ellos, se pusieron a profetizar. Pero esto no volvió a repetirse* (v. 25, NVI).

¡Qué imagen tan bella y, sin embargo, qué resultado insatisfactorio! Con un golpe de la mano del Maestro, la presencia profética sobre Moisés fue distribuida entre los setenta, y profetizaron, *"pero esto no volvió a repetirse"*.

¡Gracias a Dios no fue esta la última palabra en la materia!

Por alguna razón, dos hombre desesperados y hambrientos, Eldad y Medad, quedaron en el campamento (ver v. 26). Aparentemente no aparecieron en el lugar indicado en el momento justo. Sin embargo, el Espíritu de Dios descendió sobre ellos, como sobre los ancianos, y Eldad y Medad liberaron la presencia profética en el campamento de los israelitas, donde la gente común se ocupaba de sus actividades cotidianas.

Imagino la escena y veo dos guerreros con los ojos bien abiertos, tan hambrientos por la unción del Señor que el grito de sus corazones al Dios de compasión era "¡Danos todo lo que tengas! ¡Más, Señor!" Dios vio su hambre y acudió prontamente ante la oportunidad de derramar su presencia sobre estos dos Don Nadies.

No hay indicación de que Medad y Eldad hayan dejado de "hacer lo suyo": caminar en los dones sobrenaturales del Espíritu y la revelación profética. Los veo como el conejito de Energizer; andando y andando. Quizá anduvieron sin rumbo por todo el campamento, imponiendo sus manos sobre la gente, recibiendo impresiones del Espíritu Santo y expresando la potente Palabra de Dios a las personas. Era un santo caos.

Aparentemente, esto era un tanto inusual. Los israelitas nunca habían visto al Espíritu Santo operar de este modo. Algunos quizá estuvieran entusiasmados. De hecho, invadidos por el éxtasis. Habían orado en secreto para que sucediera algo así. Algunos sentían incertidumbre acerca de este inusual fenómeno, pero con paciencia observaban qué frutos daría.

Luego estaban los otros. Sabe usted, los que casi nunca dicen algo bueno, que sufren el síndrome de "la sábana mojada". Bien, uno de los pertenecientes a esta tribu religiosa corrió a decirle a Moisés: "Eldad y Medad están profetizando en el campamento" (v. 27). Lo dijo como si fuera algo terrible. En realidad, representaba algo fabuloso. ¡Todos los israelitas debían regocijarse!

Incluso Josué agregó: *"Moisés, mi señor, deténlos"* (v. 28). Es como lo que hoy dicen algunos: "Oigan ¿qué orden hay aquí? ¿No saben que todo hay que hacerlo en orden, decentemente?" Apelan a 1 Corintios 14:40. Pero ¿de quién debe ser ese orden? ¿De los hombres? ¿O de Dios? Jesús nunca nos dijo que debiéramos controlarlo a Él o a sus actos. Se nos dice que el fruto del Espíritu es controlar las acciones de la carne, como la lujuria, la inmoralidad y la codicia (ver Gálatas 5:19-25) Y muchas veces recitamos 1 Corintios 14:40 como si dijera: "No hagamos nada que no sea en orden". Pero en realidad, dice *"¡Que todo se haga!"*

No intento promover la anarquía, ni que cada uno haga lo que quiera, o que desconfiemos del liderazgo. Sin embargo, la paloma de Dios necesita ser liberada de su jaula ceremonial. Se ha dicho que si el Espíritu Santo hubiera sido quitado de la Iglesia temprana, el noventa por ciento de lo que hacían habría cesado, dejando solo un diez por ciento. Si el Espíritu Santo fuera quitado de la Iglesia de hoy, el noventa por ciento de lo que hacemos permanecería, y solo cesaría el diez por ciento. ¿Me entiende?

Además, no es la reacción esta de "¡Oigan! ¿Dónde está el orden?" similar al de los que durante siglos intentaron controlar la actividad del Espíritu en una dimensión; de eso se trató la Reforma. La separación entre el clérigo y los laicos debía cesar. Todos somos sacerdotes del Señor (ver Isaías 61:6; 66:21; 1 Pedro 2:5, 9; Apocalipsis 1:6). Y no solo eso. Observe lo que le dijo Moisés a Josué: *"¿Tienes tú celos por mí? ¡Ojalá todo el pueblo de Jehová fuese profeta, y que Jehová pusiera su espíritu sobre ellos!"* (Números 11:29).

La respuesta de Moisés revelaba el corazón de Dios. Permítame reiterar que el espíritu profético es para muchos, no para unos pocos. Los setenta líderes del tabernáculo profetizaron solo una vez, pero Dios busca una generación de personas como Medad y Eldad, que surjan con vocación continua hacia su presencia profética. Somos todos sacerdotes del Señor. Aunque eso no es todo. También, cada uno de nosotros ha de ser el vocero profético de Dios. En casa iglesia debiera haber un cartel que rece: "Se busca una generación de profetas. ¡Anótese aquí!"

PARA NUESTROS DÍAS

Siglos después de Moisés, el profeta Joel tomó la trompeta de Dios y declaró que en los últimos días Dios derramaría su Espíritu sobre toda carne (ver Joel 2:28). El Día de Pentecostés Pedro tomó la posta de Joel y proclamó: *"Vuestros hijos y vuestras hijas profetizarán; vuestros jóvenes verán visiones, y vuestros ancianos soñarán sueños"* (Hechos 2:17).

La promesa de la presencia de Dios ya derramada, exclamaba Pedro, era para la generación de su tiempo y para todos lo que creyeran en las generaciones por venir (v. 39). De hecho, se nos da clara indicación aquí y en otros lugares, que cuanto más pase del tiempo bíblico llamado "los últimos días", tanto más se derramará la unción profética de Dios.

Esta promesa se cumplirá, creo, en nuestros días. ¡Que se levante una generación de guerreros desesperados por el santo nombre del Señor! Sí, sueños, visiones y profecías fluirán entre los miembros del Cuerpo de Cristo. Veremos *"prodigios arriba en el cielo, y señales abajo en la tierra"* (Hechos 2:19-20).

¿Puede ver usted que el espíritu profético es para muchos, y no para unos pocos? Que el hambre de su corazón le haga clamar a Dios diciendo: "¡Más, Señor!"

Estoy totalmente convencido de que la explosión de evangelismo en muchas naciones hoy –la demostración del poder de Dios que hace que la gente se acerque a Jesucristo– debe fluir en Norteamérica y en todas las naciones. En la década de 1990 hubo un resurgimiento de poder profético. Es para muchos, para los miembros "comunes" del Cuerpo de Cristo, y no solo para las pocas superestrellas proféticas o evangelizadoras que llaman nuestra atención en los medios. El Señor se guardará para sí a los que lo alaban y le oran con pasión, enamorados de Él. El Salmo 110:3 los describe: *"Tu pueblo se te ofrecerá voluntariamente en el día de tu poder"*. El Salmo 102:18 declara proféticamente que *"Se escribirá esto para la generación venidera; y el pueblo que está por nacer alabará a JAH"*.

Estoy convencido de que habrá olas consecutivas del Espíritu de Dios que seguirán bañando a la Iglesia de Cristo, para saturarla con *"espíritu de sabiduría y de revelación en el conocimiento de él"* (Efesios 1:17). Nuestro Dios Padre no claudicará hasta que su pueblo esté lleno de la revelación del amor de su querido Hijo. ¿Le suena atractivo esto? ¡Claro que lo es! Y es para *usted*. Únase a los miles y miles de personas en todo el mundo que hoy claman: "¡Más, Señor!"

La maravillosa presencia reveladora del Espíritu Santo no es algo que podamos ganar. En cambio sí es algo que podemos cultivar por medio de la intimidad con Cristo, y andando en las disciplinas espirituales normales de la vida cristiana. Veamos algunas de ellas.

CLAVES PARA CULTIVAR LA PRESENCIA REVELADORA DE DIOS

Hace poco vi un cartel cerca de casa, en Antioch, Tennessee, junto a una iglesia: *La presencia de Dios con nosotros es su mejor regalo.* ¡Claro que sí! Debemos aprender a ser personas de su presencia. Es verdad eso de "Hay cosas que no pueden aprenderse, sino que surgen naturalmente".

Uno puede recibir naturalmente la preciosa unción de revelación cuando se está rodeado de personas ungidas. Dime con quién andas y te diré quién eres. Así que, ande con Jesús, con su palabra, y cada vez que pueda hacerlo, con personas ungidas.

Creo que oigo otra pregunta: "¿Qué es la unción?" Utilizo la siguiente frase para intentar describirlo: La unción es la gracia de Dios que permite de manera sobrenatural que una persona o grupo haga las obras de Jesús mediante la presencia manifiesta del Espíritu Santo obrando en, por o a través de ellos.

¡Ame la unción! Búsquela, báñese en ella, pídale más a Dios. Porque es la presencia viva de la Persona de Jesús en el poder del Espíritu Santo.

Uno de los evangelistas más conocidos de nuestros días ha dicho proféticamente, como mensaje del Señor: "Los grandes hombres y mujeres de Dios que estoy utilizando hoy en la Tierra no son especiales. Los uso por una razón solamente. Es porque me han tocado, y yo los he tocado a ellos". [24]

Recuerde que cuando extiende usted su mano hacia arriba, ya hay una mano extendida hacia abajo, lista para tocarlo. Dios está listo para distribuir su gracia libremente sobre todo el que esté hambriento. ¡Ame la unción!

Y nuevamente, sepa que un mensaje será profético solo si proviene del corazón de Dios, magnifica al Señor Jesucristo y hace que una generación llegue al conocimiento y obediencia a Dios. Una cosa es segura: si la palabra no testifica sobre nuestro glorioso Señor Jesucristo (ver Apocalipsis19:10) no es profética, ¡sino patética! El mensaje no es sobre mí, ni sobre usted ni sobre nosotros, sino sobre Jesucristo.

Muchas personas creen que si "andan con los que saben", ellos también lograrán hacerlo. Si bien uno puede recibir de los demás, y sentir lo que tienen, en última instancia solo llegará tan lejos como le lleve su relación personal con Jesucristo. Hay cosas que Dios a propósito retendrá, para que uno no pueda tomarlas de otro, sino que debe buscarlas más cerca de Él. Dios, nuestro Padre, está más interesado en una relación con nosotros que en ayudarnos a tener un ministerio "exitoso".

Creo que ya oigo la siguiente pregunta: "Así que si esto de la profecía es tener una relación vibrante con Jesús ¿hay llaves para entrar allí? ¿Cuáles son?"

Me alegro de que pregunte. Hay varias:

ABRIR NUESTROS OJOS ESPIRITUALES

Uno de mis pasajes favoritos en el nuevo Testamento es Efesios 1:15-19: *Por esta causa también yo, habiendo oído de vuestra fe en el Señor Jesús, y de vuestro amor para con todos los santos, no ceso de dar gracias por vosotros, haciendo memoria de vosotros en mis oraciones, para que el Dios de nuestro Señor Jesucristo, el Padre de gloria, os dé espíritu de sabiduría y de revelación en el conocimiento de él, alumbrando los ojos de vuestro entendimiento, para que sepáis cuál es la esperanza a que él os ha llamado, y cuáles las riquezas de la gloria de su herencia en los santos, y cuál la supereminente grandeza de su poder para con nosotros los que creemos, según la operación del poder de su fuerza.*

Hubo un período de diez años en mi vida durante los cuales oré esos versículos cada día, como devocional. Sigo orándolos con regularidad, al menos una vez a la semana. No soy de los que por soberano don un día comienza a ver visiones y a tener sueños espirituales. Se han ido presentando gradualmente a lo largo del tiempo, en parte como resultado de orar estos versículos.

De esta historia, entonces, permítame contarle algunas cosas.

En este pasaje encontramos a Pablo, padre y apóstol, escribiendo una carta a la iglesia de Éfeso. Si necesitaba orar esto por la iglesia modelo del Nuevo Testamento en esos días ¿cuánto más necesitamos orarlo en nuestros días? Pablo oraba para que los seguidores en la fe *"abrieran los ojos de su entendimiento"* (v. 18). Otras traducciones dicen: *"Los ojos de su entendimiento (o de su fe) se inunden de luz".* ¡Maravilloso!

Ahora le diré cómo oré este devocional durante varios años. A menudo pongo mis manos sobre mi corazón y digo lo siguiente:

> Padre, mi deseo es que tú me des el Espíritu de sabiduría, el precioso temor del Señor. Llamo al Espíritu de la revelación a mi vida, y doy la bienvenida a la plenitud de tu Espíritu Santo. Otórgame esto para que tenga poder sobrenatural de conocer a Jesús íntimamente. Dame la gracia de tu presencia para que te conozca más allá de la información que recibo. Yo quiero conocerte, Señor, como tú me conoces. Te pido que abras la lente de mi corazón, echando haces de luz reveladora en mi interior. Llena mi corazón con tu gloriosa presencia para que pueda conocer la esperanza –la positiva expectativa de bien– de tu llamado, propósito y destino para mi vida. Otórgame la gracia de poder estar en contacto con el rico depósito de tu gloriosa herencia depositada en mí, como soy hoy templo del Espíritu Santo. Declaro que habrá muchos depósitos y retiros de este cofre de tesoros. También oro porque tu luz, oh Dios, inunde mi ser para que pueda conocer y vivir la grandeza de tu poder hacia mí. Haz que sea un creyente que cree. Todo esto lo pido para la honra y gloria de tu gran nombre en la Tierra ¡amén!

Necesitamos ser como adolescentes cuando se trata de creer en los ojos de nuestra fe. Les he enseñado a nuestros hijos que tenemos dos pares de ojos: los físicos y los del espíritu. Y también les he enseñado que las madres tienen *tres* pares, con uno más en la nuca (¡claro, por supuesto, así es como saben lo que sucede a sus espaldas!).

Una noche nuestra familia estaba alrededor de la mesa de la cena y yo explicaba esta idea. Tyler tenía unos cuatro años y creía en lo que decía papá. Se levantó, caminó del otro lado hacia donde estaba su madre, y apartó su cabello buscando el tercer par de ojos.

Oh, Tyler, no los podrás ver ahora –dije– solo se abren cuando hace falta.

Los creyentes necesitamos que los ojos de nuestros corazones se abran ¡en todo momento! Oremos, entonces, en el nombre del Señor, para que estén abiertos. Llamemos al Espíritu de la revelación del glorioso Señor Jesucristo en nuestra vida, como lo he hecho durante años. Que cada uno de nosotros sea un niño y crea simplemente en que tenemos un par de ojos más.

ESCUCHAR, OBSERVAR, ESPERAR

Para poder cultivar un espíritu de revelación –la presencia profética de Dios en nuestras vidas– hay otra llave que podemos usar.

La sociedad instantánea de nuestros días está diametralmente en oposición a los espíritus tranquilos y suaves que necesitamos para ser personas de revelación. El Espíritu Santo busca con ansias a quienes tengan corazones sobre los que Él pueda escribir las palabras reveladoras de Dios.

Escuche conmigo lo que dice Proverbios 8:32-36, la sabiduría que nos habla: *Ahora, pues, hijos, oídme, y bienaventurados los que guardan mis caminos. Atended el consejo, y sed sabios, y no lo menospreciéis. Bienaventurado el hombre que me escucha, velando a mis puertas cada día, aguardando a los postes de mis puertas. Porque el que me halle, hallará la vida, y alcanzará el favor de Jehová. Mas el que peca contra mí, defrauda su alma; todos los que me aborrecen aman la muerte.*

¡Estas palabras están llenas de vida! Vea aquí las tres llaves: _escuchar, observar, esperar._ Para los cristianos contemporáneos estas palabras representan formas de arte casi perdidas desde los tiempos de la primera Iglesia. Pero vea las promesas para los que se comprometan en estas actividades aparentemente pasivas. Son acciones, parece, que Dios utiliza para dirigirnos hacia la vida de Él. Y las promesas son:

1. Bendición sobrenatural.

2. Encontrar la vida.

3. Obtener favor del Señor.

¡Grandes promesas! ¿Amén?

El escritor de Proverbios también incluye una advertencia: *"Mas el que peca contra mí, defrauda su alma"*. Suena como una herida que uno mismo se efectúa. Pecar es no ver a Dios. Si esto es cierto, tanto más debemos transitar estos caminos olvidados del cristianismo contemplativo: escuchar, observar y esperar.

No son difíciles. Aunque sí requieren la aplicación sencilla de una de las palabras que aparece cada tanto en los Salmos: *Selah*.

Sí, hagamos una pausa –es probablemente lo que significa esta palabra en hebreo–. Debemos aprender a aquietar nuestras almas ante Dios para entrar en comunión con Él. Recuerde, ¡orar no es solo hablar hasta por los codos con Dios, decirle todo lo que creemos que ha dejado de hacer! Orar no es tanto algo que hacemos, sino Alguien con quien estamos. Requiere de un bien que escasea: la pausa.

La verdadera oración incluye el *selah*. Debemos detenernos lo suficiente como para volver las orejas en su dirección para poder escuchar. No podemos oír si hablamos todo el tiempo ¡Es imposible! Así que, detengámonos. Hagamos una pausa. Descansemos. Vayamos despacio. Se sorprenderá ante lo que este simple acto puede hacer para revolucionar su vida.

Y encontrará que estas antiguas llaves abren la puerta para que entre la luz de la revelación.

ANTICIPAR QUE DIOS SE MUEVE

Josué tuvo que aprender a escuchar, observar y esperar, como usted y como yo. Fue la vasija profética del Señor para guiar a la siguiente generación a recibir el cumplimiento de las promesas de Dios. Él también, tuvo que aprender a arrodillarse sobre las promesas.

> *Y sucedía que cuando salía Moisés al tabernáculo, todo el pueblo se levantaba, y cada cual estaba en pie a la puerta de su tienda, y miraban en pos de Moisés, hasta que él entraba en el tabernáculo. Cuando Moisés entraba en el tabernáculo, la columna de nube descendía y se ponía a la puerta del tabernáculo, y Jehová hablaba con Moisés. Y viendo todo el pueblo la columna de nube que estaba a la puerta del tabernáculo, se levantaba cada uno a la puerta*

de su tienda y adoraba. Y hablaba Jehová a Moisés cara a cara, como habla cualquiera a su compañero. Y él volvía al campamento; pero el joven Josué hijo de Nun, su servidor, nunca se apartaba de en medio del tabernáculo (Éxodo 33:8-11).

El joven Josué recibía el mejor entrenamiento posible. Era portero en la casa del Señor. Cuando Moisés, el hombre de Dios, ya no estaba visible, el resto de la gente aparentemente volvía a sus carpas a ocuparse de lo cotidiano. Las masas entraban al tabernáculo para lo grande: las campanas, los efectos grandilocuentes, digamos. Se contentaban con adorar desde lejos y no entraban en el juego pasivo de esperar. Después de todo ¿no era una pérdida de tiempo eso de esperar?

Josué tuvo la revelación de otro camino. Aprendió a escuchar, observar y esperar ¿Cómo fue eso? Al esperar, no salía de la carpa sino hasta que Moisés hubiera salido de estar en presencia del Señor. Luego, observando, Josué era el primero en ver el brillo sobre el rostro de su amo. Y finalmente, al escuchar, era el primero en oír el informe de lo que había sucedido detrás del velo místico. La idea de esperar para Josué era diferente de lo que es para la mayoría de nosotros. Esperaba en ansiosa anticipación de que el Señor se movía: Dios iba a hablar, a mostrarse.

Así que la expectativa es la llave final que cambia el juego de la espera, es la oportunidad para que el Espíritu de revelación se active.

◦ ¡LE ESPERA UNA OPORTUNIDAD!

¿Con cuánto fervor espera usted ver que surja una Iglesia profética? ¿Con cuántas ansias desea que la Iglesia tome la posición que le corresponde en el contexto de la sociedad secular? ¿Está dispuesto a hacer las pequeñas cosas que se requieren para capturar la presencia de Dios, para ser persona de revelación?

Nos espera una prueba, y una oportunidad sin precedentes. El mundo busca respuestas. Pero ¿estamos dispuestos a dejar la línea de producción en serie, de vivir frenéticamente, para recibir algo que puede oírse? La voz de Dios tiene otro sonido. Es el sonido de la santidad. De la consagración. De la revolución. De la revelación.

¿Cómo sería si la gente tuviera oraciones inspiradas por el Espíritu Santo, descansando en sus corazones y esperando ser regresadas como eco a la sala del trono de Dios? ¿Cuánto cambiaría si el Espíritu de revelación se casara con peticiones persistentes, santas, creyentes, disparadas como flechas hacia el cielo?

Hay un llamado, fuerte y seguro. El Espíritu Santo busca nuevos reclutas en el ejército de Dios. El Señor ha puesto un gran cartel para que lo leamos: "Se busca una generación profética". Sí, Dios desea esto, lo busca, lo necesita con desesperación. Y ha comenzado la expedición de la búsqueda. El sabueso del cielo está suelto, olfatea a sus presas. Somos sus objetivos y él nos busca con amor sobrecogedor, llama con su clarín. Se busca una generación de personas proféticas llenas del espíritu de sabiduría y revelación en el conocimiento del glorioso Señor Jesucristo.

¿Por qué es tan importante esto? No es solo importante: es necesario si hemos de arrodillarnos con efectividad sobre las promesas. ¿Cómo sabríamos si no, qué chocolates elegir? ¿Elegimos cualquiera de las promesas de la Palabra de Dios, la pegamos con un imán sobre el refrigerador y se la oramos de vuelta a Él? Veremos este y otros temas más en el siguiente capítulo.

Primero, sin embargo, piense si desea enrolarse hoy mismo para ser un Medad o un Eldad para su generación. ¿Se atreverá a llevar la presencia reveladora de Dios al mercado, y afectar al mundo como no lo ha hecho ninguna otra generación en el pasado?

Los guerreros de terciopelo se levantan y avanzan de rodillas. Creo que los oigo en su labor de parto, clamado porque la presencia profética de Dios se derrame sobre ellos como sobre los ancianos de los días de Moisés: "¡Más, Señor! ¡No te olvides de mí!"

APLICACIONES PRÁCTICAS, ¡HAGÁMOSLO REALIDAD!

- Como indica 1 Corintios 14:1, busque el don profético en nombre de Jesús.
- Investigue las Escrituras en cuanto a las visiones. Pídale al Señor que se las muestre.

- Vaya a una conferencia profética para recibir más del Espíritu Santo.

- Medite sobre Efesios 1:15-19, ore esto de vuelta al Padre cada día, durante los siguientes veintiún días.

- Cultive un espíritu de revelación, invite a la presencia del Espíritu Santo. Luego escuche, observe y espere a ver qué hará el Señor.

LECTURAS RECOMENDADAS

User-Friendly Prophecy, de Larry Randolph (Destiny Image, 1998). No disponible en español.

Developing Your Prophetic Gifting, por Graham Cooke (Sovereign World, 1994). No disponible en español.

CAPÍTULO 6

La tarea de la intercesión profética

" La gran serpiente está enroscada alrededor del globo. ¿Quién nos librará de ella?"[25] Este mensaje pertenece al "príncipe de los predicadores", Charles Spurgeon.

Si la serpiente tenía poder en la época de Spurgeon ¿qué hemos de decir de nuestros días? ¿Es la fuerza del enemigo la razón por la que ha de surgir una nueva raza de intercesores humildes y quebrantados, pero feroces y radicales? Recuerde el Salmo 24:1: *"De Jehová es la tierra y su plenitud"*. Estamos viendo la fusión entre la tarea del sacerdote y el profeta. Después de años de observar la destrucción causada por la serpiente, es hora de que avance una compañía de intercesores proféticos ungidos, aferrados a las promesas de Dios para nuestra generación.

UNA VIUDA LLAMADA ANA

Una de las vasijas más importantes, aunque ocultas en el Nuevo Testamento, es la profetisa Ana. Después de siete años de matrimonio, enviudó de repente. No sabemos cómo murió su esposo. Lo único que se nos dice es que esta mujer, viuda desde hacía 84 años, dedicó el resto de su vida extravagantemente al ministerio de la oración y el ayuno; esperaba en el Templo a que llegara el Mesías:

> Estaba también allí Ana, profetisa, hija de Fanuel, de la tribu de Aser, de edad muy avanzada, pues había vivido con su marido siete años desde su virginidad, y era viuda hacía ochenta y cuatro años; y no se apartaba del templo, sirviendo de noche y de día con ayunos y oraciones (Lucas 2:36-37).

¡Pasar tanto tiempo en el Templo es mucho tiempo! Estuvo en el Templo clamando al Señor día y noche por medio de la oración y el ayuno. Ana debe haber estado dominada por una pasión ardiente, sostenida durante tantos años. Muchos pensarían que su estado era inactivo.

Como usted, he visto iniciarse muchos ministerios de oración que luego no continuaron. Se requiere visión profética para sostener un ministerio así durante mucho tiempo. Se requiere la clara revelación del propósito y el objetivo. Los ministerios de oración que duran años, he visto, son los que operan desde un contexto de inspiración. ¿Qué los inspira? Las cargas y las crisis van y vienen. ¿Pero qué es lo que motiva a los intercesores, o a los grupos de intercesión, a largo plazo?

Una sola cosa. Como la profetisa Ana, y como David –el rey pastor– debemos sentir la visión apasionada de Aquel a quien servimos. Ante todo necesitamos una visión de nuestro Señor. Después de todo, Él es el objetivo y el premio de la vida.

¿CUÁL FUE SU MINISTERIO PROFÉTICO?

¿Por qué se consideraba profetisa a Ana? Las Escrituras no nos dicen que llevara una camisa de pelo de camello o que comiera langostas y miel. Dudo que apuntara un dedo huesoso a la gente y dijera: "¡Esto dice el Señor!", y revelara los secretos pecados de sus corazones. No se nos da indicios de que hubiera confrontado a los profetas de Baal como Elías, o que llamara al fuego para que cayera del cielo. De hecho, no se registra ni una profecía de esta devota mujer.

Si no dio profecías, ¿cuál era su ministerio profético? Era una mujer del lugar secreto, no con un ministerio público sino que intercedía, según los propósitos de Dios para su generación. La expresión de su ministerio profético era su paciente intercesión. ¡Era una fanática de la intercesión profética por Jesús!

> Cuando José y María llevaron a Jesús, de ocho días de vida al Templo para presentarlo al Señor, [Ana] *Esta, presentándose en la misma hora, daba gracias a Dios, y hablaba del niño a todos los que esperaban la redención en Jerusalén* (Lucas 2:38).

Sin duda, la carga de intercesión de Ana incluía la búsqueda de las promesas proféticas aún sin cumplir. Este versículo en Lucas nos dice que *"hablaba del niño [Jesús] a todos los que esperaban la redención en Jerusalén"*. Verá, Ana buscaba al Liberador, al Mesías, a la esperanza de Israel. Pertenecía a la fuerza de tareas especial de intercesores proféticos ordenados por Dios para esa generación. Eran los que esperaban y observaban, esperando que apareciera el Señor. Como Josué, esperaban a la entrada del tabernáculo con la esperanza de ser los primeros en ver la brillante y grandiosa presencia del Señor. Ana seguramente oraba estas amadas promesas proféticas de un Mesías que vendría.

¡SE BUSCA UN PUÑADO DE VANGUARDISTAS DEL ESPÍRITU SANTO!

El Señor está buscando una "Compañía de Anas" en estos días, intercesores que oren las promesas de la segunda venida de nuestro amado Señor y Mesías ¿Quién preparará el camino para la venida del Señor? Se buscan nuevos reclutas, y el Espíritu Santo envía las invitaciones hoy. ¿Ha respondido usted, confirmó su presencia?

Muchos de los grandes intercesores de nuestros días han sido mujeres. Su sensibilidad de espíritu, su pasión por las cosas de Dios, la disposición con la que le entregan su corazón por su causa, son todas razones por las que las mujeres tienen una posición de privilegio. Fue una mujer la que ungió proféticamente a Cristo de antemano, para su sepultura. Las mujeres estuvieron junto a la cruz, cuando el resto de los discípulos se había ido. Las mujeres fueron las primeras en proclamar: *"¡Ha resucitado!"*

En verdad, no importa si es usted hombre o mujer. Para integrar esta "Compañía de Anas" de intercesión profética, lo único que necesita es la convicción permanente y creciente de los propósitos de Dios y el deseo de orar las promesas de Dios hasta verlas cumplidas. Estos guerreros de la revelación serán la vanguardia del Espíritu Santo, que orará hasta que algo suceda.

En nuestros días el Espíritu Santo reúne a un pueblo que se unirá en congregaciones, ciudades o regiones. Dios nos llama, de a uno y de a dos, a encontrarnos como socios en oración. Llama a los líderes a unirse y pelear. Llama a todos los que conformamos su cuerpo, a que unamos nuestras manos y tomemos nuestras posiciones hasta que las promesas de una visitación grandiosa de los últimos tiempos para nuestra generación, suceda.

Levantémonos, oh Iglesia, despertemos y clamemos hasta que nuestros ojos, como los de Ana hace dos mil años, vean a Cristo. Es hora de reunir a la congregación de vanguardistas del Espíritu Santo.

DEFINAMOS NUESTROS TÉRMINOS

Resumimos entonces algunos conceptos del *sacerdote*, el *profeta* y la tarea de la *intercesión profética*, antes de zambullirnos en la parte profunda de la piscina.

El trabajo del *sacerdote* consiste en rogar por las necesidades de la gente ante el Señor. En la tarea de intercesión no se está representando a sí mismo, sino llevando las piedras de las doce tribus de Israel en su corazón. De la misma manera, cuando cumplimos nuestro deber sacerdotal de estar ante el Señor, no nos representamos a nosotros mismos, sino que llevamos la carga, las necesidades y dolores de los demás, como piedras vivas ante nuestro majestuoso Dios. Nuestros corazones laten con las necesidades de nuestras ciudades, congregaciones y naciones. Como sacerdotes del Nuevo Testamento representamos a los demás ante Dios.

¿Cuál es la tarea del *profeta*? Representa los intereses de Dios ante las personas. Habiendo estado en el concejo del Todopoderoso el profeta llama con el clarín a las personas, para comunicar lo que hay en el corazón de Dios en ese momento. La persona profética emite palabras, pensamientos, mensajes e inspiraciones de lo que late en el corazón de Dios para estos días.

¿Qué es la *intercesión profética*? Es el lugar donde se unen el ministerio del sacerdote y del profeta. Un pasaje de Jeremías nos lo pinta maravillosamente: *"Y si ellos son profetas, y si está con ellos la palabra de Jehová, oren ahora a Jehová de los ejércitos..."* (27:18). Las personas proféticas no pronuncian simplemente la palabra del Señor; ¡oran la promesa de vuelta hacia Él! Al hacerlo, en realidad la dan a luz, hacen que se cumpla.

La intercesión profética, por lo tanto, prepara el camino para el cumplimiento de la promesa profética.

¿CÓMO FUNCIONA LA INTERCESIÓN PROFÉTICA?

Toda promesa incumplida que Dios hizo a su pueblo ha de ser rogada por el Espíritu Santo a través de las vasijas de barro como usted y como yo, ante el trono de Dios. En la intercesión profética el Espíritu de Dios ruega las promesas de la alianza efectuadas a lo largo de la historia, y pide que se cumplan en nuestros días. Esta forma inspirada de intercesión es la que urge a orar, según lo que nos indica el Espíritu Santo, por una situación o circunstancia de la que poco sabemos en lo natural. Oramos la oración de pedido que está en el corazón de Dios. Él nos hace orar para que pueda intervenir. El Espíritu Santo mismo, nuestra Guía personal, nos dirige a orar de manera divina para que se cumpla su voluntad en la Tierra, como se cumple ya en los cielos.

¿Cómo dijo? –preguntará usted.

La intercesión profética es la capacidad de recibir un pedido de oración de Dios y de orarlo de vuelta a Él de manera divinamente ungida. La mano de Dios desciende sobre usted y le imparte su carga. Esta oración reveladora combina las disciplinas espirituales de las que hablamos en el capítulo anterior: escuchar, observar, esperar, orar porque Dios abra nuestros ojos espirituales, anticipando que Él ya está obrando con los dones de gracia del Espíritu Santo. Avanzamos por este camino esperando porque el Señor nos haga oír su voz, y nos envíe su carga –sea en su Palabra, en una advertencia, condición, visión o promesa– y luego la oramos de vuelta a Él en intercesión inspirada y dirigida por Dios.

¿Recuerda que en el final del capítulo anterior pregunté cómo sabremos qué chocolates elegiríamos de la caja? ¡Dejamos que Dios elija!

No tomamos uno de esos paquetes envueltos en plástico, llenos de versículos de la Biblia y elegimos al azar uno para orar. No. Combinamos la espera, el escuchar y la lectura de las Escrituras, dejamos que el Espíritu Santo despierte nuestra conciencia de la promesa que hay en el corazón de Dios en ese momento. Dejamos que el latido del corazón de Dios pulse en nuestro interior. ¿No es excitante?

Todo mensaje –sea verdad predicada, oración o pronunciamiento espontáneo– solo será profético si proviene de Dios, y lleva a una generación al conocimiento de lo que hay en el corazón de Dios para nuestros tiempos. La intercesión profética no pide que los hombres y mujeres decidan por Cristo, sino que asume la mayor parte de la carga de los más grandes propósitos de Dios. Oramos por la madurez de Cristo en quienes responden, porque la nueva sociedad de humanidad redimida se expanda a los confines de la Tierra. Este lugar donde el sacerdote y el profeta se unen, llama *"Porque la tierra será llena del conocimiento de la gloria de Jehová, como las aguas cubren el mar"* (Habacuc 2:14).

La intercesión profética no siempre sucede en la habitación de la oración. Cuando el creyente recibe del Señor, esto puede suceder en cualquier lugar, y responderá expresando este deseo de cambio, de vuelta a Él. A veces esta acción se verá acompañada por otras, claramente proféticas, demostradas ante Dios, ante los demás y el mundo, además de ante el acusador y las huestes de las tinieblas. Y entre estas actividades está la de orar en el lugar indicado.

Le dará un ejemplo inspirador de este tipo de actividad.

UN EJEMPLO

Un amigo mío, Norm Stone, era pastor de las Asambleas de Dios en Appleton City, Wisconsin. El 7 de noviembre de 1983 asistía a una conferencia en la que se emitía un llamado a quienes tenían corazones fríos y mayor necesidad del Señor. Norm se encontraba al frente, le pedía a Dios misericordia y un cambio en su corazón.

Y entonces sucedió. En su corazón oyó la voz del Espíritu Santo. El efecto fue impactante. Las palabras retaron y cambiaron al corazón de Norm y, como resultado, su vida y ministerio cambiaron de manera espectacular.

Aquí incluyo un fragmento de lo que le sucedió a Norm ese día:
El Señor me dijo: "Están matando a mis hijos. ¿Me
ayudarás a detenerlos? Día tras día su sangre derramada clama a mí desde la Tierra... en tanto sus cuerpos
sin vida son abortados de los santuarios... aquellos a
quienes que deseando avanzar, por cuya fe mi reino
habría sido exaltado. El mayor ataque contra mi reino
y mi creación está siendo ahora efectuado en contra de
los inocentes e indefensos. El más insidioso plan jamás
concebido en las fauces del infierno les ha sobreveni-
do. Solo ha podido suceder a causa de la dureza de sus
corazones y la frialdad de sus espíritus. Vuelvan sus
corazones de vuelta hacia mí, y les daré un corazón de
carne... Entonces tu corazón llorará como llora el mío,
y tu alma se quebrará con dolor; al hacerlo, tú también
comenzarás a oír el clamor. Pensabas que este era un
tema de derechos civiles a ser dirimido en la corte de
la Tierra ¡pero te equivocas! No se trata de derechos y
libertades; es una batalla espiritual. Hay que quebrar
las fortalezas de Satán. Él ha engañado a la gente... Te
ha engañado a ti. Ha dicho mentiras y le creyeron...
pero ha llegado el tiempo de cambio. Toma tu honda,
prepárate y enfrenta a este gigante... y te daré la victoria. Dile: 'Has llegado hoy con tu sabiduría y tu fuerza,
pero vengo yo en contra de ti en el nombre del Señor
Jesucristo, Hijo del Dios viviente, a quien has desafia-
do. En este día el Señor se entregará en nuestras manos. Serás derrotado y destruido para que todos sepan
quién es el Señor Dios". [26]

Como resultado de esta palabra profética Norm y su esposa Judy
renunciaron a su puesto pastoral y se lanzaron en una valiente aventura. El Señor encargó a Norm que iniciara un ministerio llamado
Walk Across America for Life [Caminando por Norteamérica en pos
de la vida]. Se le instruyó dirigir siete marchas de oración en los
EE.UU. continentales, llevando a "Baby Choice", un niño abortado,
ya formado. Por lo que recuerdo, Norm estaba terminando su quinta
marcha.

Este ministerio de fe es una de las más altas formas de intercesión profética que conozco en esta generación. Con base en Spokane, Washington, sin respaldo de grupo o denominación alguna, esta valiente familia camina en el calor, el viento y las tormentas para llamar a las conciencias endurecidas de la Iglesia de Norteamérica y de la nación en general.

¡Que nosotros también oigamos lo que oyó Norm ese día! ¡Oh, Dios, golpea nuestros corazones con lo que te golpea a ti!

"RESPIRAR JUNTOS"

Tenemos el privilegio de entrar en la intercesión de Cristo entregándonos a él para que pueda obrar en su ministerio sacerdotal ante el Padre. En oración somos obreros con Cristo ¡e integramos una sociedad con el Creador del universo!

La carga de la intercesión profética comienza como una llama y crece hasta ser un fuego que nos consume a medida que aumenta la revelación de los propósitos de Dios para nuestra generación. Puede iniciarse como convicción interna de su voluntad, un repentino despertar a su cercanía, la revelación de una situación dispara una respuesta en el espíritu profético.

Toda intercesión profética acarrea el sentimiento de que algo lucha por nacer. El corazón del intercesor es el vientre en el que pujan por salir los propósitos proféticos de Dios. En este lugar se da la lucha entre las tradiciones antiguas y las nuevas creencias. Al comprometernos en la actividad reveladora de oír la voz de Dios, nos convencemos de que se acerca una revolución en la fe cristiana. El intercesor profético conspira con Dios por la liberación de su gloria en la Tierra.

La palabra *conspirar* significa, literalmente "respirar juntos". Expresa la máxima expresión de la unión íntima de dos vidas. Cuando Dios creó al hombre usando polvo de la tierra, *"sopló en su nariz aliento de vida, y fue el hombre un ser viviente"* (Génesis 2:7). La palabra hebrea traducida aquí como *soplar*, puede significar "respirar con fuerza". Con lo cual sugiere la intensidad del costo y el esfuerzo de dar a luz. Fue esta la ocasión en que se oyó el sonido de un fuerte viento en el Aposento Alto cuando Dios envió su Espíritu para que descendiera y entrara en su Iglesia recientemente creada.

La intercesión profética es conspirar con Dios, "respirando con fuerza" sobre situaciones, por medio de la oración, para producir vida. Cuando el pueblo de Dios en comunidad tiene el espíritu de gracia y súplica que ha sido derramado sobre él (ver Zacarías 12:10), comparten un sentido conjunto de posibilidad divina y se entusiasma porque las circunstancias cambien. Los viejos límites y expectativas acerca de lo que Dios quiere cumplir, cambian radicalmente.

La oración acepta nuevos horizontes, desafíos y posibilidades. De repente los intercesores se ven librados de pensar en las condiciones desde una perspectiva meramente humana. Como nos dice Efesios 2:6, *"juntamente con él nos resucitó, y asimismo nos hizo sentar en los lugares celestiales con Cristo Jesús"*. Estos guerreros ahora miran atentamente desde un punto de vista celestial. Ven con los ojos de discernimiento del Espíritu Santo. Su intercesión asume una dimensión reveladora. Al reunir las promesas que Dios ha dado para sus días, reclaman y se aferran con tenacidad ante las cortes judiciales del cielo.

"Suena muy bien, Jim –dirá usted–. ¿Pero podrías explicarlo mejor?"

Con mucho gusto. Le contaré otro tesoro de los que hay en mi cofre de guerra.

LA BATALLA PROFÉTICA

Estábamos intercediendo en comunión en la Iglesia Pentecostal Ucraniana de Manhattan, donde mi amigo y compañero intercesor profético Richard Glickstein era pastor. Se trataba de una reunión congregacional del domingo por la noche, llamada "Un mismo acuerdo". Bajo el mandato de nuestro líder principal, Dick Simmons, este grupo de intercesores proféticos clamaba a Dios una mañana del otoño de 1987, pidiendo misericordia para nuestra nación.

Nos habíamos reunido, provenientes de distintos puntos del país: Richard desde Nueva York; Dick de Bellingham, Washington; el amigo de Richard, David Fitzpatrick, apasionado pastor de Michigan; un querido amigo profético que me había acompañado, Kevin Nolker, de la iglesia de Warrensburg, Missouri, donde yo había sido pastor y, por supuesto, estaba yo también.

Nuestra nación estaba en medio del terrible conflicto del Golfo Pérsico. Irán e Irak habían estado en guerra durante una década, y el conflicto inundaba la región entera del Golfo Pérsico. El petróleo era el bien que los EE.UU. necesitaban, pero el Golfo donde navegaban las naves estadounidenses estaba plagado de minas explosivas. Eran tiempos intensos, y el presidente Ronald Reagan negociaba con el jefe de estado shiita de Irán, el Ayatollah Ruholla Khomeini. Era este el escenario y parte de la razón por la que el Señor nos hacía interceder.

Liderados por Dick nos reunimos a las 05:00 del 23 de septiembre de 1987, para clamar en el nombre del Señor. Habían venido distintos grupos de personas, hasta las 10:00. Todos buscábamos el rostro de Dios.

MAPA DE MEDIO ORIENTE

Yo me hallaba echado sobre el piso bajo el primer banco del santuario. Allí permanecí durante cinco horas, un tanto oculto. Todo el tiempo oré en silencio, con el don de lenguas (ver 1 Corintios 12:10; 14:1-4, 15-16; Judas 20). Mientras oraba en el Espíritu seguía viendo en mi mente un mapa de Medio Oriente. Oraba y observaba, observaba y oraba, intentaba ver claramente qué era ese mapa y trataba de entender qué debía hacer con lo que veía.

Mientras estaba allí, en el piso, orando en lenguas y viendo el mapa, me llegaban "conocimientos". Tenía la convicción de que en lo humano las circunstancias eran críticas. Seguía viendo el mapa. Vi algo que parecía una pequeña isla-nación. Leí letras: B-a-h-r-a-i, y una letra más. No sabía si era una 'n' o una 'm'. ¡Pero no desaparecía! Sentí en el Espíritu Santo que había una presencia militar estadounidense en esta pequeña nación, de la que no había oído jamás antes de esta guerra del Golfo. También supe que Irán, bajo la influencia del príncipe de Persia –mencionado en Daniel 10:13– alzaría un ataque contra los EE.UU. en esta isla, que catapultaría al mundo a la Tercera Guerra Mundial antes del tiempo marcado por Dios.

¡Un pensamiento muy fuerte! Pero no desaparecía.

Así que oré, observé y escuché la intercesión de los demás. La imagen y las impresiones no desaparecían.

Cuando estaba por finalizar nuestro tiempo de intercesión, me levanté y dije con timidez: "Oigan, muchachos, tengo algo que decirles". Les conté lo que acabo de contarle a usted. Luego les pedí consejo, y sugerí que oráramos.

Para mi consuelo, respondieron: "Primero, ni siquiera sabemos si existe ese lugar. Tampoco sabemos si hay presencia militar estadounidense allí. Pero te conocemos y conocemos tu historia, y confiamos en ti. Así que oremos y veamos qué sucede".

Así lo hicimos.

VESTIDOS CON AUTORIDAD SOBRENATURAL

Y allí estábamos, en la cacería liderada por el Espíritu Santo. No era un juego, sino algo muy serio. Yo caminaba de aquí para allá, y me acerqué a la plataforma detrás del podio. Los hermanos me siguieron e impusieron sus manos sobre mí.

De repente sentí que estaba vestido con autoridad sobrenatural, y de mi boca salió una declaración como misil. Me sorprendió lo que dije. Durante unos quince segundos, estuve vestido con poder, el tiempo suficiente como para que el Espíritu Santo lanzara desde allí un arma profética para pelear en esta guerra.

Grité: "¡Ordeno al príncipe de Persia que avanza contra la presencia militar estadounidense en la pequeña nación de B-a-h-r-a-i-algo… que se detenga, en nombre de Jesús!" Eso fue todo. Pero algo sucedió. Lo sabíamos. Luego, la autoridad sobrenatural se fue tan rápidamente como había llegado. Nos miramos y decidimos hacer algo verdaderamente espiritual: ¡ir a comer algo!

Al salir de la iglesia cerca de las 10:00, y dirigirnos a nuestro restaurante ruso favorito de Manhattan para desayunar, ya no lo soporté más.

Tengo que encontrar una biblioteca para enterarme de si existe ese lugar –dije.

La universidad de Nueva York estaba justamente enfrente, pero seguí caminando con mis amigos. Luego, para mi deleite, llegamos a un puesto de periódicos. Allí, entre las revistas y diarios, había un periódico de color rosado. El titular decía, *Teherán amenaza con represalias contra los EE.UU. por ataque a barco*. En la mitad de la página, otro título decía *Armada norteamericana en segunda confrontación*. Mostraba un mapa de Medio Oriente y mencionaba al comando naval estadounidense apostado en Baharain, un archipiélago del Golfo Pérsico.

¡Allí estaba! ¡Frente a mis ojos! Cautivado, compré el periódico. Era el *Financial Times*, una publicación europea –aún lo conservo–. Aunque ninguno de los periódicos norteamericanos que vi informaba sobre esto, la historia principal de *The Financial Times*, con fecha 23 de septiembre de 1987, dice:

> En un largo discurso ante la Asamblea General de las Naciones Unidas, en el séptimo aniversario del inicio de la guerra del golfo, [el jefe de estado iraní] Khomeini denunció reiteradamente a las Naciones Unidas y al Consejo de Seguridad de las Naciones Unidas en duros términos. Apartándose del texto que tenía preparado dijo: "Quiero llamar su atención con urgencia al peligro muy grave e inminente provocado por la reciente acción de la administración estadounidense, que presenta peligro para el mundo entero… es el comienzo de una serie de eventos, cuyas amargas consecuencias no se limitarán al golfo Pérsico, y los EE.UU. como iniciadores serán responsables de todo lo que suceda en consecuencia. Declaro que los EE.UU. recibirán la respuesta que merecen por este acto de maldad".[27]

No necesito aclarar que di un suspiro de alivio. Sí existía Baharain, y Dios había dirigido nuestra oración para evitar una escalada de la crisis. La buena noticia es que nada sucedió. No hubo represalias. De hecho, luego de ese momento el conflicto comenzó a componerse.

¿Coincidencia? Quizá. Jamás lo sabremos con seguridad mientras estemos de este lado del cielo. Pero pienso que cuando se abra el libro de historia del cielo, veremos que el Espíritu Santo estaba haciendo actuar a muchos intercesores proféticos y sacerdotales ese día en el Cuerpo de Cristo en todo el mundo, urgiéndolos porque oraran lo que estaba en el corazón de Dios.

¿Dramático? ¡Seguro! Dios nos espera para que tomemos nuestro lugar ante Él, ¡para que nos pongamos delante de sus narices! y que oremos de vuelta a Él por medio de la oración de intercesión, la promesa de intervención divina.

UN LLAMADO PROFÉTICO A LA INTERCESIÓN

Al cerrar este capítulo quisiera presentarle una porción de palabra profética pertinente, dada por uno de los estadistas de la Iglesia más grandes de nuestros días, Jack Hayford, pastor principal de la Iglesia On the Way [En el Camino] en Van Nuys, California. Aunque dio su palabra el 1º de agosto de 1980, es una de las trompetas más claras que haya oído yo en mi vida.

Lea y escuche con su corazón, y dígame si no está de acuerdo conmigo en esto. Necesitamos repetir esta palabra una vez más, en esta década:

> ¡El Señor Dios llamará a todos sus redimidos en esta Tierra, a alzar sus ojos y mirar! Sobre su nación entera hay nubes espesas de inminente juicio, cargadas de lluvia de furia e indignación, traídas por este mismo pueblo sobre sí. El pecado ha subido al cielo como vapor de maldad, y ahora las nubes del juicio están allí, y caerán en precipitación de ira y destrucción, a menos que los intercesores se alcen para detener la tormenta.
>
> El Señor llama: oh Iglesia, que tus palabras se eleven en oraciones de intercesión por la liberación. Los cielos bajan, cielos cargados de oscura condena, pero la oración de ustedes puede salvarlos. Porque el Señor quiere que vuestra intercesión, Iglesia, se eleve como pilares, expandiéndose con la oración y empujando a la condena para que desaparezca, aclarando el cielo otra vez. ¡Tomen su lugar como pilares de oración, para que haya sobre esta nación misericordia en lugar de condena, sanación en lugar de muerte!
>
> Hagan que la palabra avance con entendimiento, que mi pueblo no necesite rendirse a la tormenta amenazadora. ¿No liberé a la ciudad de Nínive cuando se arrepintió? Si oran sin cesar hasta que se limpien los cielos de condena, elevando pilares de oración, entonces la luz, la gloria y la bendición del Señor inundarán su Tierra y volverá la sanación. Eleven sus voces con alabanza, eleven pilares de intercesión, y verán la liberación de Dios si oran lo que Él desea.[28]

Hace unos años tomé un tren desde Heidelberg a Rosenheim, en Alemania, en una excursión de seis horas, durante la noche. Mientras trataba de descansar en el tren, oír la suave voz del Espíritu Santo dentro de mí. Supe que me hablaba a mí, pero que también impartía una carga para que avanzara una gran banda de personas.

Esto es lo que oí decir a mi querida Paloma:

"¿Dónde están mis Danieles? ¿Dónde mis Esteres? ¿Dónde mis Déboras? ¿Dónde mis Josés?"

Todo el tiempo oía este llamado:

"¿Dónde están mis Danieles? ¿Dónde mis Esteres? ¿Dónde mis Déboras? ¿Dónde mis Josés?"

Cierro este capítulo estratégico, entonces, con este ruego. Afirmo con convicción que usted, al leer este libro hoy, fue creado "para esta hora" (ver Ester 4:14). Para esta tarea de intercesión profética lo ha creado Dios. ¿Se alzará entonces para ser uno de sus revolucionarios? ¿Será usted una de las respuestas a su insistente ruego?

¿Recuerda la visión que describí en el primer capítulo, de los guerreros de terciopelo avanzando de rodillas? Hay muchas vacantes, y puede usted enrolarse todavía. No es tarde para oír el llamado y responder, presentarse como voluntario para entrenarse y recibir la comisión de servir como sirviente-guerrero de Dios. Creo que oigo tambores de fondo. La marcha está comenzando. Sí, estamos arrodillados sobre las promesas de Dios. Humildes, persistentes guerreros se alinean bajo la voz de mando de Dios, para oír sus órdenes. De hecho, oigo también otro sonido: "¡Llamando a todos los centinelas! ¡Llamando a todos los centinelas! Es hora de ocupar sus puestos de guardia".

¿Quién responderá al llamado? ¿Se unirá a mí usted, para escribir la historia?

APLICACIONES PRÁCTICAS, ¡HAGÁMOSLO REALIDAD!

• El señor busca una "Compañía de Anas", que ore las promesas proféticas del Mesías que vendrá, hasta que Él venga. ¿Cuáles son las promesas de su venida que puede orar usted?

- Pídale al Espíritu Santo que lo guíe para encontrar un compañero de oración de la alianza.
- Pastores, únanse en todo el Cuerpo para la tarea de intercesión por su ciudad.
- Como acto de intercesión profética, espere ante Dios para oír o recibir su carga (su Palabra, preocupación, advertencia, condición, visión o promesa), y luego responda de vuelta al Señor y a la gente, con acciones apropiadas.

LECTURAS RECOMENDADAS

Oración intercesora, por Dutch Sheets (Editorial Unilit, 1997).

Conquistemos las puertas del enemigo, por Cindy Jacobs (Caribe Betania, 1993).

Llamado a todos los centinelas

Un fin de semana de junio de 1991 lideraba un pequeño retiro de oración en un bello lugar casi oculto del Estado de Kansas. Nuestro programa era simple: no había horas planificadas para enseñar, sino tiempos de esperar a Dios. Todas esas preciosas horas se apartaron para la adoración, la intercesión y la reflexión. Había decidido que en todo este tiempo tendríamos dos o tres personas "de guardia". El Señor nos bendijo, derramó su dulce presencia sobre los que estábamos reunidos en su nombre.

Como el Señor me ha despertado muchas veces a las dos de la mañana para que monte guardia con Él durante una o dos horas, yo me hice cargo de mi hora habitual durante el retiro: de 02:00 a 03:00.

Durante mi breve horario de guardia el Espíritu Santo me dio una visión corta aunque clara de un arado, que estaba entre otros antiguos implementos de agricultura.

Le pregunté al Señor:

¿Qué es esto?

La voz interior del Espíritu Santo respondió:

Son herramientas antiguas.

Pregunté, obviamente:

¿Qué son estas herramientas antiguas?

Otra frase me llegó inmediatamente:

La guardia del Señor. Restauraré las antiguas herramientas de la "guardia del Señor". Se ha usado una y otra vez, y volverá a usarse para cambiar la expresión del cristianismo sobre la faz de la Tierra.

Estas palabras resonaron dentro de mí, dejando un depósito de fe en mi interior. Supe que Dios restauraría la antigua "guardia del Señor" a la Iglesia de nuestros días. *Ha sido usada y volverá a usarse.* Estas palabras resonaban dentro de mí.

Sí, la guardia del Señor es un modelo de oración básicamente olvidado. Es una herramienta perdida que necesita que se limpie su óxido y se aguce su filo. Tenemos necesidad de esta excelente herramienta –¡y de todas las que podamos conseguir!– en cada congregación, en cada ciudad.

Debido a la gran falta de enseñanza en este tema, comencé a aprender todo lo que podía respecto de este patrón de oración. Mi fascinante búsqueda me llevó a un valioso cofre del tesoro de conocimiento en Escrituras e historia de la iglesia. Eventualmente, la aventura me llevó a los cristianos de Moravia del siglo XVIII, que fundaron una aldea en Sajonia –hoy una región en el este de Alemania– llamada Herrnhut, que significa "guardia del Señor". En febrero de 1993 mi esposa y yo lideramos una expedición de oración a la comunidad de Herrnhut, donde tuvimos un dramático encuentro, al llamar al espíritu de oración que había descansado sobre esos dedicados cristianos de antaño.

Esos sencillos hermanos y hermanas evangélicos dedicaban a "ganar para el Cordero la recompensa de su sufrimiento", y casaban las verdades de las misiones y la oración. Los creyentes perseguidos formaban guardias de oración que duraron más de cien años. Durante la visita a un museo en Herrnhut leí lo siguiente en una carta de John Wesley a Nicolaus Ludwig, conde de Zinzendorf, el joven noble que les daba tierras a estos refugiados protestantes perseguidos: "¿Cuándo cubrirá el cristianismo la Tierra, como las aguas cubren el mar?"

Pocas personas usan hoy la expresión *"la guardia del Señor"*. Es como si a lo largo de las generaciones el tema se hubiera enfriado. Los libros no suelen hablar de esta forma de oración. Y, sin embargo, la importancia de la guardia del Señor, aún la disciplina espiritual de montar guardia en la oración, es muy importante para los planes y el orden de Dios. En diversos relatos del evangelio Jesús nos ordena "montar guardia" con Él (ver Mateo 24:42; Marcos 13:33-37; Lucas 21:36), en particular durante los días llamados postreros.

¿Qué significa montar guardia?

¡VIGILAR! ¡ESTAR ALERTA!

En el griego del Nuevo Testamento la palabra guardia es *gregoreo*. Significa "estar atento o vigilante". De allí proviene el término "vigilia de oración".

La traducción de la definición de "vigilia", según el diccionario Webster's, es "mantenerse despierto para montar guardia; observar atentamente; estar alerta".

Mateo 26:41 nos presenta a Jesús: amonesta a sus discípulos en Getsemaní: *"Velad y orad, para que no entréis en tentación; el espíritu a la verdad está dispuesto, pero la carne es débil"*. Marcos 14:38 registra palabras similares. Y Pablo aconseja: *"Perseverad en la oración, velando en ella con acción de gracias"* (Colosenses 4:2). Lucas 21:36 nos indica: *"Velad, pues, en todo tiempo orando que seáis tenidos por dignos de escapar de todas estas cosas que vendrán"*. La NVI lo dice así: *"Estén siempre vigilantes, y oren para que puedan escapar de todo lo que está por suceder"*.

¡Quizá el Espíritu Santo intenta que comprendamos algo!

Velar tiene que ver con tener la fuerza para sobreponerse.

DOS USOS PRINCIPALES

Encontramos enseguida que el término "velar" se utiliza de dos maneras principales. Una describe la actitud interna espiritual de estar alerta o despierto en el corazón. La otra se refiere a una forma específica de orar. Por ello el término "despertar espiritual" se utiliza en la historia de la Iglesia, cada vez que quiere describirse que una generación despierta y se levanta para afectar todas las esferas de la vida.

Debemos unir estos dos significados y estar muy atentos en nuestra vigilia de oración. Debemos unir nuestras obras con nuestra fe, salir al mundo y despertarlo con la poderosa verdad del Evangelio del Reino.

Quizá los centinelas intercesores puedan compararse con los guardias nocturnos de nuestros días. Patrullan nuestras ciudades y vigilan los lugares importantes de negocios cuando los demás duermen. Están despiertos para que los intrusos o ladrones no puedan entrar. Y si un ladrón intenta entrar a la fuerza, será atrapado siempre que alguien esté alerta. Verá, es alguien que está despierto en representación de otros.

Vigilar en el espíritu es una herramienta poderosa que nos lleva a una profunda comunión personal con nuestro Señor. Me gusta mucho escuchar, vigilar y esperar a mi Amado. Vigilar también puede ser el rayo láser del Espíritu Santo en la batalla espiritual, una forma de intercesión. Vigilar es al dormir lo que ayunar es al comer: un sacrificio que hacemos por los demás.

MOVIMIENTO CONTINUO

Hay otra razón por la que debemos estar atentos o vigilantes. En el reino de las tinieblas y en el Reino de la luz hay movimiento continuo.

La primera mención del Espíritu Santo en la Biblia revela su naturaleza: *"Y el Espíritu de Dios se movía sobre la faz de las aguas"* (Génesis 1:2). Dios el Espíritu Santo se ha movido desde el principio, y nunca ha dejado de hacerlo.

Sin embargo, el diablo y sus demonios también están en continuo movimiento. Recuerde: Jesús nos dijo que una vez que un espíritu ha sido echado de su lugar de residencia, buscará descanso sin encontrarlo. Si las fuerzas demoníacas no encuentran otro lugar donde habitar, entonces intentan volver con donde hay otros de sus compañeros (ver Mateo 12:43-45).

Encontramos en el Antiguo Testamento más sobre esto, en el libro de Daniel. El emisario celestial le dijo al profeta: *"¿Sabes por qué he venido a ti? Pues ahora tengo que volver para pelear contra el príncipe de Persia; y al terminar con él, el príncipe de Grecia vendrá"* (Daniel 10:20). El príncipe de Persia, un poder demoníaco, ya había enfrentado a este mensajero angelical –ver versículo 13– y ahora el príncipe de Grecia estaba por entrar a escena como principal poder del mundo. El libro de Daniel nos abre el telón de la historia, y recibimos una visión más amplia de la verdad sobre este movimiento entre las fuerzas sobrenaturales. Los espíritus, verá, están constantemente en movimiento.

Ni Dios y su ejército, ni Satán y su liga, están nunca quietos. Debemos abrir nuestros ojos espirituales para ver, para vigilar lo que ocurre. Si bien el enemigo viene *"para hurtar y matar y destruir"* (Juan 10:10), no siempre utiliza la misma táctica para lograr su cometido. Pablo dijo: *"No ignoramos sus maquinaciones"* (2 Corintios 2:11). Estemos alertas, entonces, para vigilar. Pedro entendió este concepto y advirtió a los santos acerca de los enemigos que pululan al acecho en el plano espiritual:

> *Sed sobrios, y velad; porque vuestro adversario el diablo, como león rugiente, anda alrededor buscando a quien devorar; al cual resistid firmes en la fe, sabiendo que los mismos padecimientos se van cumpliendo en vuestros hermanos en todo el mundo* (1 Pedro 5:8-9).

Aquí se nos exhorta, según otra versión de las Escrituras, a tener "un espíritu sobrio", "estar alertas", "resistir" al diablo y mantenernos firmes. El diablo no se está quieto. No deje que lo atrapen con la guardia baja, porque espera lo mismo del mismo viejo enemigo. ¡Es mucho más astuto de lo que pensamos!

PERSPECTIVA MILITAR

Histórica y bíblicamente, la "imaginaria", o la "nocturna" es un término militar utilizado para definir segmentos de tiempo durante los cuales los centinelas vigilan para proteger a sus ciudades del peligro, alertar a los ciudadanos sobre la cercanía de enemigos, o aún dar la bienvenida a embajadores de buena voluntad. Estos guardias permanecían en sus lugares hasta completar su turno, para luego ser reemplazados por otros.

Isaías nos da una visión histórica de la tarea de estos centinelas:

> *Porque el Señor me dijo así: Ve, pon centinela que haga saber lo que vea. Y vio hombres montados, jinetes de dos en dos, montados sobre asnos, montados sobre camellos; y miró más atentamente, y gritó como un león: Señor, sobre la atalaya estoy yo continuamente de día, y las noches enteras sobre mi guarda; y he aquí vienen hombres montados,*

jinetes de dos en dos (...) Profecía sobre Duma. Me dan voces de Seir: Guarda, ¿qué de la noche? Guarda, ¿qué de la noche? El guarda respondió: La mañana viene, y después la noche; preguntad si queréis, preguntad; volved, venid (Isaías 21:6-9; 11-12).

Vemos aquí en las Escrituras la clara ilustración de la tarea de los centinelas. Son llamados a informar lo que ven. Toman sus puestos, vigilan sobre la ciudad para ver quién o qué se acerca. Por ejemplo, se da la declaración de que se acercan jinetes.

Del mismo modo necesitamos centinelas en las murallas de nuestras ciudades y regiones, que tomen sus puestos. Estos guardias protegerán a la comunidad de creyentes de los ataques del enemigo. ¡Oh, cuánto necesitamos que se restaure este ministerio en nuestros días!

VIGILIAS ESPECÍFICAMENTE ENUMERADAS EN LAS ESCRITURAS

En la cultura hebrea el comienzo de cada nuevo día era el atardecer. La vigilia se dividía en tres secciones de tres horas: la primera era entre las 18:00 y las 21:00. Como la Iglesia tiene raíces judeo-hebraicas, esta noción se trasladó a los tiempos del Nuevo Testamento.

VIGILIA DURANTE LA PESCA

Observamos el concepto hebreo de guardia en Marcos 6:48: *"Y viéndoles remar con gran fatiga, porque el viento les era contrario, cerca de la cuarta vigilia de la noche [Jesús] vino a ellos andando sobre el mar, y quería adelantárseles"*. Esta vigilia del amanecer –entre las 03:00 y las 06:00– era el momento cuando pescaban los discípulos. ¿Podría haber aquí un indicio para la pesca espiritual exitosa también? Posiblemente una de las partes que faltan en nuestras técnicas de pesca de almas es "la vigilia". ¡Quizá pescáramos más!

Los moravitas tenían un patrón establecido: nadie trabajaba a menos que alguien orara. Si adoptáramos este concepto en nuestro servicio espiritual y en nuestros actos naturales de servicio, creo que veríamos resultados mucho mayores. ¡Agreguemos la vigilia a nuestra pesca y obtendremos redes cargadas y desbordantes!

ROMPER EL PODER DE LAS TINIEBLAS

Se nos dan numerosos ejemplos en las Escrituras de vigilias de oración. Pueden encontrarse también diferencias entre los distintos propósitos de cada una de estas vigilias.

Éxodo 14:24 describe la siguiente escena: *"Aconteció a la vigilia de la mañana, que Jehová miró el campamento de los egipcios desde la columna de fuego y nube, y trastornó el campamento de los egipcios"*. Muchos intercesores comentan que la vigilia de la madrugada, antes del amanecer, es una hora para la contención. En el plano de la guerra espiritual, suele ser la hora en la que quienes practican la hechicería liberan sus maldiciones.

Del lado de Dios, la vigilia de la madrugada es un momento para romper el poder de las tinieblas y llamar a la luz de Jesús, para que las venza. La madrugada es la hora de poner el único verdadero Dios en el trono, y declarar sus maravillas por medio del poder de la alabanza. El Salmo 101:8 lo dice con claridad: *"De mañana destruiré a todos los impíos de la tierra, para exterminar de la ciudad de Jehová a todos los que hagan iniquidad"*. ¡Que los centinelas de la mañana tomen sus puestos!

ESPERAR LA LUZ

Es bellísima la descripción del Salmo 130:5 de otro aspecto de las vigilias: *"Esperé yo a Jehová, esperó mi alma; en su palabra he esperado. Mi alma espera a Jehová más que los centinelas a la mañana, más que los vigilantes a la mañana"*. Me duele el corazón cada vez que leo este versículo; surge en mí un grito: "Sí, esperaré al Señor".

Aquí se nos llama a una tarea más importante que solo mirar el campamento enemigo. Se nos da una motivación divina que va más allá de solo contar las horas que pasan. Veamos el cuadro completo; vemos el campamento de Dios y vemos qué es lo que Él quiere hacer. ¿No es asombroso? Esperamos que aparezca el Señor y llamamos a su presencia manifiesta. ¡Oh, la gloria de su brillante presencia!

LA HORA DE ORACIÓN COLECTIVA

Hechos 3:1 nos dice que había horas fijas para la oración colectiva en la Primera Iglesia: *"Pedro y Juan subían juntos al templo a la hora novena, la de la oración"*. Cuando llegaban las 15:00, Pedro y Juan sabían que podían ir a una reunión de oración, así que se unían a otros creyentes en esta hora de la tarde de oración colectiva. Era de conocimiento público, y una de las prácticas de la Iglesia del siglo I.

Imagine qué importante sería si visitáramos otra ciudad y supiéramos que a una hora determinada habría un momento de intercesión colectiva. No importa qué lugar del país visitáramos, encontraríamos a los creyentes de esa ciudad, y sabríamos que habría reuniones de oración.

Que esto también se restaure en nuestras iglesias y ciudades.

TRES VECES AL DÍA

A fines del verano o comienzos del otoño puede oírse un sonido fuerte de gemidos en todos los EE.UU. ¿Qué es? Lo oigo venir de los jóvenes. De los adolescentes, de hecho, en sus prácticas de fútbol por la mañana, la tarde y a veces por la noche. Nada se consigue sin esfuerzo, dicen. El equipo que transpira unido, permanece unido... o algo así.

Otros han emitido los sonidos de la agonía más de una vez al día, también: el ejército de terciopelo de Dios, a lo largo de las generaciones. El rey David retrata este modelo para nosotros en el Salmo 55:16-17, que es de inspiración para muchas iglesias y ministerios de nuestros días: *"En cuanto a mí, a Dios clamaré; y Jehová me salvará. Tarde y mañana y a mediodía oraré y clamaré, y él oirá mi voz"*.

Este es el modelo que han seguido durante más de quince años Mike Bickle y el equipo de líderes de la Metro Christian Fellowship de Kansas City. Mañana, mediodía y noche, los sacrificios de la oración y la alabanza, y los sonidos de la liberación, ascienden al Señor. ¡Qué bendición! Que nuestro Capitán oiga el sonido de muchas más "prácticas" a medida que el ejército de terciopelo crece en número y fuerza, de costa a costa. Recuerde: el equipo que transpira unido...

El profeta Daniel fue uno de los que ayudó como pionero de este modelo, cuando elevaba su voz tres veces al día:

> *Cuando Daniel supo que el edicto había sido firmado, entró en su casa, y abiertas las ventanas de su cámara que daban hacia Jerusalén, se arrodillaba tres veces al día, y*

oraba y daba gracias delante de su Dios, como lo solía hacer antes (Daniel 6:10, frase destacada por el autor).

¡Parece que esta melodía de arrodillados sobre las promesas no es nueva, después de todo! La han cantado durante mucho tiempo. No solo nos arrodillamos ocasionalmente, sino que podemos unirnos a otros, que lo hicieron antes que nosotros.

LAS TRES ESTACIONES DE LOS CENTINELAS

Para este momento ya es obvio que Dios quiere mostrarnos sus planes, y darnos consejos con respecto a las estrategias del enemigo. Pero podemos tener un punto de vigilancia diferente, según la posición que tengamos sobre la muralla.

He caminado sobre la muralla que rodea la Ciudad Vieja de Jerusalén. Cada sección tiene una altura diferente, con un punto de vigilancia específico, que ofrece la visión de cierto sector de la ciudad. En este complejo laberinto de maravillas religiosas y arquitectónicas, pueden verse distintos paisajes de la ciudad, depende de la posición que tomemos.

Lo mismo sucede hoy con nosotros, con respecto al Espíritu Santo. Hay muchos ángulos distintos. O, para cambiar la metáfora, cada uno de nosotros lleva ante Dios una pieza del rompecabezas, y cuando todas se unen, podemos ver la imagen completa. Rick Joyner lo escribe maravillosamente en su libro *The Prophetic Ministry* [El ministerio profético]:

Las posiciones bíblicas de los centinelas eran:
(1) sobre las murallas de la ciudad (Isaías 62:6-7),
(2) caminando por la ciudad (Cantares 3:3), y
(3) sobre las colinas o en el campo (Jeremías 31:6). Juntas, nos dan una buena idea de la operación de este ministerio.

El Señor llama hoy a los centinelas espirituales que han de servir en cada una de estas tres posiciones. Tiene algunos cuyo único propósito es el de vigilar dentro de la iglesia, que esperan los movimientos del Rey, para abrirle el camino. También son llamados a reconocer e informar a los ancianos sobre toda conducta impropia. Hay otros a quienes se les ha dado un lugar de visión que les permite ver tanto dentro como fuera de la iglesia. Y otros centinelas son llamados principalmente a patrullar, como para poder detectar cosas semejantes al surgimiento de un nuevo culto, o una persecución en contra de la iglesia.[29]

ORAR EN EL LUGAR, CON ENTENDIMIENTO

Entre los antiguos implementos utilizados en el pasado para ayudar a llevar al pueblo de Dios a la tierra prometida, está la oración en el lugar. Recuerde a los hijos de Israel, por ejemplo, cuando caminaron alrededor de la ciudad de Jericó.

En todo el mundo estos días Dios llama a los creyentes comunes a orar persistentemente, mientras recorren sus ciudades, calle tras calle. Algunos de estos guerreros de terciopelo utilizan estrategias preestablecidas. Otros suelen ser más espontáneos. Algunos de estos intercesores proféticos efectúan llamados a multitudes, en tanto otros señalan sus peticiones, como bombas para estallar en un lugar determinado.

Los objetivos de oración varían en distancia, así como lo hacen los objetivos militares. Algunas armas de oración se enfocan en puntos lejanos, apartados de los hogares y barrios de los intercesores. Es difícil detenerse en la propia calle, así que la mayoría de estos comandos de oración eventualmente explotan en oraciones por toda su ciudad, por su nación entera, a veces. No hay reparaciones rápidas. La mayoría ni siquiera se imagina sosteniendo velas contra la oscuridad sobrecogedora. Porque prefieren encender fusibles largos en anticipación a las grandes explosiones del amor de Dios, en todo el mundo. La expectativa parece expandirse kilómetro a kilómetro.

SEÑALAMIENTOS SOBRE LA ORACIÓN EN EL LUGAR

No es esta una nueva perspectiva sobre un viejo concepto. Es un antiguo acercamiento con una aplicación nueva para nuestros días. Quisiera aclarar el concepto de la oración en el lugar, con algunos puntos muy simples:

1. Es intercesión dirigida: se pinta un objetivo y se investigan los propósitos por los que se fundó la ciudad, por lo que se pelearon

batallas y guerras, el destino declarado por los fundadores, las ofensas y pecados cometidos, etc.

2. Es oración intencional: durante un período de tiempo predeterminado.

3. Es intercesión en el lugar: en el preciso lugar donde se espera la respuesta a la oración.

4. Es oración con entendimiento: se combina la investigación y la identificación geográfica con la dependencia de la guía del Espíritu Santo. Se utilizan los dones del Espíritu y se busca entendimiento revelador con sabiduría.

5. Es refrescar, y no reemplazar las reuniones de oración normales.

Hoy en muchos de nuestros barrios encontramos carteles que dicen: "Área vigilada por los vecinos". Esto significa que es una zona residencial que por las noches es vigilada por los ciudadanos. Se cuidan entre sí. ¿No sería grandioso que una ciudad entera estuviera bajo la vigilancia del Espíritu Santo? A medida que crezca esta forma de orar, quizá tengamos ciudades enteras con personas que oran por las calles. Entonces los carteles dirían: "Esta ciudad está bajo vigilancia espiritual". ¡Grandioso!

Que aparezcan los centinelas y tomen sus puestos sobre la muralla.

LA IMPORTANCIA DE LLEVAR UN DIARIO DE ORACIÓN

Así como hace falta un buen martillo para construir algo, tenemos que aprender sobre otras herramientas para que la guardia del Señor sea más efectiva. Llevar un diario es una de esas herramientas bíblicas, simples y prácticas que necesitamos agregar a nuestros útiles de oración. Es de gran ayuda para que crezcamos en el discernimiento de la actividad del Espíritu Santo en nuestras vidas. Nos ha sido de gran ayuda a Michal Ann y a mí.

Llevar un diario de oración es simplemente registrar nuestras oraciones, las respuestas de Dios y lo que el Espíritu Santo parece decirnos a través de diversos canales, incluyendo los dones de revelación. Llevar un diario espiritual es una experiencia bíblica cotidiana. En 1

Crónicas 28:11-19 se nos ofrece un ejemplo de esto, que no llegó a ser parte de las Escrituras, pero que conforma un patrón para nuestra experiencia hoy.

Dios les habla a sus hijos la mayor parte del tiempo. A menudo no podemos diferenciar su voz de nuestros propios pensamientos; sin embargo, sentimos timidez ante la posibilidad de avanzar en la fe. Si aprendemos a discernir su voz que nos habla desde nuestro interior, sentiremos más confianza en nuestro camino en el Espíritu. Llevar un diario de oración es una forma práctica de diferenciar los pensamientos de Dios de los nuestros.

Para muchos, la simple disciplina de registrar lo que creemos oír de Dios es uno de los pasos que faltan en el camino cristiano de oír la voz de Dios y ver su forma. A lo largo del tiempo aprenderá la continuidad del lenguaje que habla el Espíritu Santo. Y la interpretación adecuada avanzará rápidamente si agrega usted la herramienta del diario de oración a su experiencia de orar escuchando, observando y esperando.

LECCIONES DE HABACUC

Sobre mi guarda estaré, y sobre la fortaleza afirmaré el pie, y velaré para ver lo que se me dirá, y qué he de responder tocante a mi queja. Y Jehová me respondió, y dijo: Escribe la visión, y declárala en tablas, para que corra el que leyere en ella. Aunque la visión tardará aún por un tiempo, mas se apresura hacia el fin, y no mentirá; aunque tardare, espéralo, porque sin duda vendrá, no tardará (Habacuc 2:1-3).

Primero el centinela va a un lugar tranquilo donde pueda estar solo y en calma. Segundo, se aquieta por dentro y observa para ver qué dice el Señor. Y por último, cuando Dios habla, lo primero que Él dice es: Escribe la visión. Entonces Habacuc escribió lo que sintió en su corazón.

SUGERENCIAS PRÁCTICAS PARA LLEVAR UN DIARIO DE ORACIÓN

Esta lista de sugerencias comunes quizá le ayude a llevar su diario de oración:

1. Encuentre su momento de tiempo de calidad, y de ser posible, utilícelo. Evite los momentos en que está cansado, fatigado o nervioso.
2. Podrá usar un cuaderno con espiral. Y hasta una grabadora, si lo desea.
3. Es un diario personal. La gramática, la prolijidad y la ortografía no son temas de importancia.
4. Ponga fecha a cada anotación. Diga dónde está y con quién estaba cuando tuvo la experiencia.
5. Incluya sueños, visiones, posibles interpretaciones, sentimientos y emociones personales en su informe.
6. Desarrolle su conocimiento de la Biblia. La *rhema*, la palabra inmediata de Dios, es puesta a prueba contra el *logos*, la Palabra escrita. Incluya los versículos de las Escrituras que le vengan a la mente.
7. No se atasque con los detalles. Es un resumen, ¡no una enciclopedia!
8. Sepa que con el tiempo, llegará el entendimiento.

Disfrute del viaje. No tiene por qué ser algo que le pese. Es solo una herramienta simple, que ha de agregar a su caja de herramientas.

ANDE CON OTROS

Como centinelas sobre las murallas hemos de seguir conectados con los otros en el Cuerpo de Cristo. No debemos ser llaneros solitarios con pistolas humeantes, ni dispararle a todo lo que se mueva. Debemos obtener confirmación de lo que veamos o percibamos, y comunicarlo –si es posible– a las autoridades. Aunque, como supondrá usted, valoro el rol del centinela, también sé que el Espíritu Santo les habla a muchas otras personas, además de a usted y a mí. Caminemos con los líderes de nuestras ciudades, entonces, y sometamos nuestras impresiones ante otros. Solo entonces, cuando haya llegado la confirmación y se nos dé luz verde, podemos orar por la detención de los planes del enemigo: *"Y si la trompeta diere sonido incierto, ¿quién se preparará para la batalla?"* (1 Corintios 14:8). Debemos oír el llamado claramente, antes de entrar en la batalla.

Nos necesitamos unos a otros. Los centinelas necesitan pastores que se ocupen. Los profetas necesitan el equilibrio de los maestros. Los pastores necesitan de la exhortación de los profetas. Los ancianos necesitan de los centinelas. Cuando cada uno hace su parte, todas las partes funcionan en conjunto. Pero cuando cada uno hace la parte del otro, no se logra nada.

Hay superposiciones y también diferencias entre los centinelas de las murallas de una ciudad y los ancianos sentados a las puertas de esa ciudad, los que están en posición de autoridad espiritual. Los centinelas proféticos de intercesión se sintonizan con lo que está por ocurrir, y luego informan a los ancianos que están junto a las puertas. Los ancianos entonces reciben la autoridad de abrir o cerrar las puertas de la ciudad o región ante la fuerza que está por aparecer –y que ya ha aparecido en la pantalla de revelación–. Los centinelas comunican lo que ven y oyen. Los ancianos y pastores disciernen y actúan en respuesta a ello.

Esto puede sonar un tanto visionario, o rebuscado. Pero *"sin profecía el pueblo se desenfrena"* (Proverbios 29:18). ¿No piensa usted que es hora de que implementemos la operación conjunta en una ciudad o región? Durante demasiado tiempo los diversos ministerios en nuestras iglesias han andado asilados y compitiendo entre sí. Como no hemos estimado y honrado a las diferentes partes del liderazgo, el Cuerpo de Cristo se ha visto afectado.

La confianza es el ingrediente principal que más se necesita. Pero solo puede construirse en las relaciones a medida que pasa el tiempo. Cada uno de nosotros debe salir de su pequeño mundo para adentrarse en el mundo de los demás. Hasta tanto los pastores y ancianos aprendan a valorar a los centinelas intercesores que Dios ha puesto en sus ciudades, el enemigo seguirá atacando, y con éxito.

Estos centinelas proféticos, sin embargo, también han de librarse de los sentimientos de rechazo y abandono, y ser limpiados del espíritu de la ofensa para que sus ministerios sean recibidos efectivamente.

Una de las bendiciones que eventualmente surgió en mi antiguo hogar de Kansas City, fue el esfuerzo de oración, excelentemente organizado en la ciudad e iniciado por Ministries of New Life, una organización evangélica dedicada a la intercesión por el corazón de los

Estados Unidos. Había entendimiento y valoración de los diferentes dones de cada siervo de Dios, que funcionaban en armonía. A veces las reuniones de oración en la ciudad reconocía y formaban cuatro grupos: pastores, ministerios itinerantes, líderes de alabanza y adoración e intercesores. Las cuatro categorías se reunían para buscar al Señor, para comunicarse y estar juntos. ¡Qué bendición era ver que cada don se valoraba y recibía!

¡Cuánto anhelo ver que fluyan en comunión y cooperación divina los centinelas y guardianes de las puertas, para que los propósitos de Dios se cumplan en cada ciudad y cada nación!

PROMESAS PARA LOS QUE VIGILAN

Al terminar este capítulo, inspirémonos para la tarea de centinelas que espían algunas de las promesas que esperan a quienes vigilan.

EVITAR LA TENTACIÓN

Jesús volvió donde estaban dormidos sus discípulos y reprendió a Pedro y a los demás:

> *Vino luego a sus discípulos, y los halló durmiendo, y dijo a Pedro: ¿Así que no habéis podido velar conmigo una hora? Velad y orad, para que no entréis en tentación; el espíritu a la verdad está dispuesto, pero la carne es débil* (Mateo 26:40-41).

¡Qué bendita promesa nos es dada! Cada uno de nosotros tiene debilidades, pero se nos muestra la vía de escape. Jesús exhortó a sus discípulos a unirse en *vigilia y oración* para que el hombre espíritu pudiera ser más fuerte que la debilidad de la carne. Si nosotros también hacemos lo que Jesús aconsejó a sus discípulos, entonces tendremos éxito. ¡La Palabra de Dios nos dice que no venceremos a la tentación, pero que sí evitaremos ser tentados!

"Para que no entréis en tentación" es una gran promesa a tener en cuenta. Que la vía de escape se haga evidente a cada uno de nosotros en tanto hacemos lo que Jesús nos indicó: *"Velad y orad"*.

Pensemos también en el valor de alzar un escudo de oración en representación de nuestros líderes espirituales y seculares. Los centinelas de la antigüedad podían detectar de antemano los ardides del enemigo, y cortar el ataque aún antes de que se hiciera efectivo. *"Velad y orad"* va de la mano con la indicación de Jesús para que oremos porque *"…no nos metas en tentación, mas líbranos del mal"* (Mateo 6:13). En la devoción privada lo hacemos para nuestra propia vida, pero en la intercesión lo hacemos en representación de otros.

VESTIDURAS LIMPIAS

Otra promesa proviene de Apocalipsis 16:15: *"He aquí, yo vengo como ladrón. Bienaventurado el que vela, y guarda sus ropas, para que no ande desnudo, y vean su vergüenza"*. ¡Qué ilustración tan gráfica, la de estar desnudos y avergonzados ante nuestros pares! Por otra parte, prestemos atención a las promesas positivas enumeradas: liberación de la vergüenza y sentimientos de culpa, y pararnos ante el Señor con vestiduras limpias. ¡Maravilloso!

¿Ve usted la correlación? La vigilia en oración puede utilizarse como el jabón del cielo para lavar nuestras vestiduras. También se liga con la promesa de evitar la tentación. Recuerde que Jesús viene por una esposa *"que no tuviese mancha ni arruga ni cosa semejante"* (Efesios 5:27). La forma intercesora de vigilia es un agente antiguo utilizado para limpiar al Cuerpo de Cristo de toda suciedad.

PREPARADOS PARA LA VENIDA DEL SEÑOR

¿Quiere estar listo para la segunda venida de Jesús? ¿Quiere ser capaz de resistir y evitar los intentos del enemigo por saquear su hogar? Ninguno de nosotros sabe cuándo llegará nuestra hora de estar ante el Juez. Sea a través de la segunda venida de nuestro Señor Jesús, o por medio de nuestro viaje de regreso a casa, al graduarnos de la muerte en su presencia, hemos de estar preparados.

Mateo 24:42-44 nos da un indicio: *Velad, pues, porque no sabéis a qué hora ha de venir vuestro Señor. Pero sabed esto, que si el padre de familia supiese a qué hora el ladrón habría de venir, velaría, y no dejaría minar su casa. Por tanto, también vosotros estad preparados; porque el Hijo del Hombre vendrá a la hora que no pensáis.*

Ahora, esa es una promesa que estoy desesperado por recibir. Quiero estar listo en virtud de la vigilia.

De hecho, el Espíritu Santo está despertando a la esposa dormida para que esté lista para su segunda venida. El Maestro de veras tendrá una esposa apasionada y con fuerza, que lo espera ansiosamente, con sus lámparas ardiendo, llenas de aceite nuevo (ver Mateo 25:1-13).

EL OBJETIVO

Anhelo el día en que el diablo esté atado y ya no sea libre de recorrer esta Tierra a su antojo. Apocalipsis 20:1-2 nos describe este glorioso evento:

> *Vi a un ángel que descendía del cielo, con la llave del abismo, y una gran cadena en la mano. Y prendió al dragón, la serpiente antigua, que es el diablo y Satanás, y lo ató por mil años.*

Tengo una pregunta para usted. ¿Cuál es la cadena que usa el ángel para atar a la serpiente, y de dónde la obtuvo el ángel? Creo que esta poderosa cadena es una de las armas en la guerra espiritual.

¿Será que cuando nuestras intercesiones y vigilias lleguen al Señor Más Supremo, Él a su vez encargue a uno de sus ángeles que avance? El ángel entonces toma la gran cadena de oración de toda la historia de la Iglesia y con ella ata al diablo. ¡Me gusta pensar que la cadena en la mano del ángel es la gran cadena de oración!

Como dijo Rick Joyner: "El Señor quiere que su pueblo sepa cuándo Él va a moverse, cuándo vendrá el juicio, y cuándo vendrá el enemigo".[30] ¡Oh! que sepamos pasarnos la posta en cada momento. Que las formas sinceras, simples y poderosas de la intercesión y la vigilia tomen su lugar. Que los centinelas aparezcan y tomen sus puestos sobre las murallas, que clamen a Dios día y noche. Que la antigua herramienta de la vigilia del Señor, que ha sido utilizada en las generaciones pasadas, sea restaurada en nuestros tiempos para ayudar a cambiar la expresión del cristianismo.

Con una trompeta que suena fuerte, entonces, llamo a los centinelas guardianes. Escuchemos, vigilemos y esperemos para ver qué es lo que dice el Señor. Caminemos con otros y reconstruyamos las murallas de la salvación alrededor de nuestras ciudades. Arrodillémonos sobre las promesas, en vigilia.

Y recordemos que todo centinela necesita municiones. Ahora aprendamos a tener puntería, observemos para ver qué hace el enemigo. Y es hora de que carguemos las armas. Descubriremos las balas de la Palabra de Dios con las que cargaremos nuestras escopetas de oración en el siguiente capítulo, "Recordémosle a Dios su Palabra". Así que, si está usted listo, apunte, siga leyendo, cargue y ¡dispóngase a apretar la cola del disparador!

APLICACIONES PRÁCTICAS, ¡HAGÁMOSLO REALIDAD!

- Haga un retiro de oración de fin de semana.
- Ore en el Espíritu y pídale que le muestre qué es lo que el Padre hace ahora mismo.
- Pastores y líderes, los aliento a ustedes y a sus intercesores a poner centinelas del Señor en sus ciudades o iglesias.
- Determinen horas de oración colectiva en sus iglesias.
- Oren en el lugar, con visión de otros en ubicaciones estratégicas, para abrir paso al Rey de gloria.
- Como centinela, lleve un diario de lo que oye, siente, ve, sueña y vive.

LECTURAS RECOMENDADAS

El arte perdido de la intercesión, de Jim W. Goll (Editorial Peniel, 2005).

The Watchmen, por Tom Hess (MorningStar, 1998). No disponible en español

CAPÍTULO 8

Recordémosle a Dios su Palabra

S i está usted listo para las municiones con las que cargará su escopeta de oración, encontrará cantidad de balas en este capítulo que podrá utilizar para destruir la artillería del enemigo. Aunque, antes de cargar y disparar, quiero limpiar el arma para asegurarnos de que conocemos y creemos en lo que estamos haciendo.

A lo largo de las generaciones ha surgido un pueblo que cree que La Palabra de Dios, las Escrituras, es la verdad. Así debiera ser. Han declarado: "Dios lo dijo. Yo lo creo. Con eso basta".

Las Santas Escrituras son de hecho La Palabra inspirada, infalible, de Dios. Pelearé por ello hasta lo último. La Biblia es nuestro parámetro de doctrina, salvación y conducta moral. Aunque hay algunos problemas en esta afirmación simplificada.

Primero, me parece que quienes más insisten en La Biblia –al menos parte del tiempo– son quienes menos viven la vida de Dios. Y lo pienso porque falta al menos un ingrediente en su receta. Estoy convencido de que hay más que "Lo dijo Dios. Lo creo. Con eso basta".

Las personas sinceras pueden creer en la infalibilidad de las Escrituras, aún negando que el poder y los dones de Dios estén hoy activos. Por muchas razones creen que los actos de poder divino y la liberación de dones del Espíritu Santo no son necesarios o válidos en nuestra época. Este sistema de creencias teológica, llamado cesacionismo, afirma la creencia en Dios y dice que su Palabra es verdad. Aunque por diversas razones suele engendrar cristianismo estéril.

Las afirmaciones sinceras que puedan surgir de una mente que no cree y no espera nada, se contraponen a la fe que surge del corazón. Hoy, más que nunca, el Espíritu Santo busca creyentes que crean.

Tengo algo que decirles a los cesacionistas: ¡el cesacionismo ha de cesar! Dios está moviéndose. Está mostrándonos su santo brazo derecho, y demostrando actos de fuerza y poder que confunden a los más sabios. Así como Jack Deer, ex profesor adjunto de Antiguo Testamento en el Seminario Teológico de Dallas, junto a muchos otros evangélicos, ha pasado por el cambio del paradigma y cambió a causa de sus encuentros con un Dios sobrenatural, así también muchos otros se sorprenderán ante la voz y el poder del Espíritu Santo en los días que vendrán.[31]

Hay un segundo problema con esta afirmación típica, de tres pasos. (No digo que esté mal, solo que está incompleta. Así que tenga paciencia en tanto intento explicar este principio, ¡porque estamos limpiando el cargador de nuestra escopeta!) Tiene que ver con el tema principal de este libro. Una afirmación más completa diría: "Dios lo dijo. Lo creo. Lo oraremos y luego lo veremos". Muchas personas se detendrían ante el llamado a orar las Escrituras, a recordándole a Dios su Palabra.

Y uno de los elementos faltantes en la ecuación de vivir la Palabra de Dios, entonces, es orarle de vuelta a Él su Palabra. La oración es la fuerza que revitaliza y da energía a la Palabra de Dios, con el resultado de que el que ora recibe respuestas –a veces dramáticas– y de hecho ayuda a que se cumplan los propósitos de Dios en la Tierra. ¡Asombroso!

Lo cual nos lleva nuevamente a arrodillarnos sobre las promesas. Debemos creer, claro, que la Palabra de Dios es verdad. Pero luego debemos actuar en consecuencia. Así que uno de los primeros pasos en esta acción es pedirle a Dios que haga lo que Él quiere hacer por nosotros. Es el antiguo arte de recordarle a Dios su Palabra.

PRERREQUISITO: CONOCER EL LIBRO DE LAS PROMESAS

Para recordarle a Dios su Palabra, primero debemos conocer íntimamente su precioso Libro de promesas. ¡Conozca su arma antes de utilizarla! La Biblia es tan esencial a la oración como lo es el oxígeno para nuestra salud. Debemos tener plena seguridad antes de llamar sus promesas, sabiendo que la Biblia es la Palabra de Dios.

Esto podría sonar a duda de mi parte. No es así. Mi afirmación también comienza diciendo: "Dios lo dijo. Yo lo creo". Primero debemos creer que la Palabra de Dios es verdad, y recordar que *"[la Palabra, dice Dios] no volverá a mí vacía, sino que hará lo que yo quiero, y será prosperada en aquello para que la envié"* (Isaías 55:11).

POR QUÉ LA BIBLIA ES PALABRA DE DIOS

Tómese el tiempo de conocer bien su arma. Que se sienta cómoda en sus manos.

Sigamos este hilo de pensamiento: veamos las siguientes diez razones fundamentales por las que podemos saber que la Biblia es la Palabra de Dios:

1. Porque tiene unidad sorprendente.
2. Porque es indestructible.
3. Por su exactitud histórica.
4. Por su exactitud científica.
5. Por su exactitud profética.
6. Por la confiabilidad del proceso de copiado.
7. Por su llamado universal.
8. Por su asombrosa circulación.
9. Por su absoluta sinceridad.
10. Por su poder para salvar.

UNAMOS LA ORACIÓN Y LA PALABRA

Cuando vaya al cielo, una de las personas a las que quiero conocer es Andrew Murray, el predicador de la Reforma Holandesa que causó un gran impacto en la nación de Sudáfrica en los siglos XIX y comienzos del XX. La simplicidad y punzante calidad de sus escritos han sido luz de guía para mi propia experiencia cristiana.

Permítame citar un fragmento de su famoso trabajo *With Christ in the School of Prayer* [Con Cristo en la escuela de oración], con referencia al tema de unir la Palabra y la oración:

> *"Si permanecéis en mí, y mis palabras permanecen en vosotros, pedid todo lo que queréis, y os será hecho"* (Juan 15:7). La conexión vital entre la Palabra y la oración es una de las lecciones más sencillas y primarias de la vida cristiana. "Oro, hablo con mi Padre; leo, mi padre me habla". Antes de la oración la Palabra de Dios me da fuerzas, le da a mi fe su justificación y petición. En la oración la Palabra de Dios me prepara, me revela lo que el Padre quiere que le pida. Después de la oración la Palabra de Dios me trae la respuesta, porque en ella el Espíritu me permite oír la voz del Padre.
>
> Cuando Dios se revela en sus palabras, de hecho se entrega, su amor y su vida, su voluntad y su poder, a quienes reciben estas palabras, en una realidad que sobrepasa nuestro entendimiento. En cada promesa Él nos da el poder de comprenderlo y poseerlo. La palabra de Dios nos da a Dios mismo[32]

¿No es esto lo que todos queremos? A medida que conocemos íntimamente la Palabra de Dios, conocemos íntimamente al Dios de la Palabra. Entonces, cuando meditamos y oramos la Palabra de Dios de vuelta hacia Él, el Dios de La Palabra toma alas, en la forma del poder del Espíritu Santo, para poner en acción La Palabra que le hemos orado.

¿No es asombroso el plan de Dios? Solo piense en esto: Él nos permite pedirle que haga lo que quiere hacer por nosotros. ¡Qué misterio! ¡Y qué privilegio!

SE BUSCA QUE OCURRA UNA BODA

Los cristianos que creen en la operación actual de los dones del Espíritu deben asegurarse de que su arsenal incluya una de las verdades evangélicas fundamentales: la integridad de Las Escrituras como

Palabra inspirada, infalible de Dios, y autoridad final en la salvación, doctrina, conducta, reprimenda y corrección. Muchos evangélicos, por otra parte, necesitan agregar el fervor, fe y poder del ministerio actual del Espíritu Santo.

Necesitamos una boda entre la escuela de La Palabra y la escuela del Espíritu. Entonces, y solo entonces, podemos avanzar con la seguridad de la plenitud de lo que Dios tiene en mente para esta generación.

Hace años oí al reavivador Leonard Ravenhill, que dijo: "Si uno tiene La Palabra sin el Espíritu, se secará. Si uno tiene el Espíritu sin La Palabra, explotará. Pero si uno tiene el Espíritu con La Palabra, madurará". Digo "amén", ante esta afirmación tan sencilla.

LA TAREA DE RECORDAR

Vimos en el capítulo anterior que los centinelas sobre las murallas son totalmente necesarios en la Iglesia de hoy. Pero ¿cuál es su tarea, una vez que están sobre la muralla? Sí, son llamados a oír lo que el Señor dice, pero ¿y después, qué? ¿Hay otras tareas para estos centinelas intercesores?

¡Claro que sí! Somos llamados a la gloriosa, laboriosa –y aún mundana, a veces– tarea de recordar.

PEDIR A DIOS QUE HAGA LO QUE ÉL QUIERE

Nuestro pasaje principal aquí es Isaías 62:6-7:

> Sobre tus murallas, oh Jerusalén, he puesto centinelas; en todo el día y en toda la noche jamás callarán.Los que hacéis que el SEÑOR recuerde, no os deis descanso, ni le concedáis descanso hasta que la restablezca,hasta que haga de Jerusalén una alabanza en la tierra (BLA).

En el capítulo 1 vimos brevemente las cuatro definiciones de la tarea del intercesor, y descubrimos en este pasaje de Isaías, que una de las cosas que son llamados a hacer los intercesores, es recordarle al Señor las promesas y citas aún no cumplidas.

¿Qué significa esto de "hacer que el Señor recuerde"? ¿Tiene amnesia espiritual y olvida lo que dijo que haría? No, claro que no.

Simplemente, ha decidido que no hará esto solo. Es el bendito misterio de ser "colaborador" con Cristo en su viña. Esto es lo que busca Dios en la Tierra: gente que llegue a un acuerdo con sus planes en el cielo.

Recuerde: *"Que si dos de vosotros se pusieren de acuerdo en la tierra acerca de cualquiera cosa que pidieren, les será hecho por mi Padre que está en los cielos"* (Mateo 18:19). No es solo un acuerdo humano sobre lo que queremos que haga Dios. Es una invitación para que estemos de acuerdo con los planes, deseos y propósitos de Dios. Luego, en acuerdo mutuo entre nosotros y con Dios, le pedimos –o recordamos– que haga lo que Él desea hacer.

Ezequiel 36:37 nos lo dice así: *"Así ha dicho Jehová el Señor: Aún seré solicitado por la casa de Israel, para hacerles esto; multiplicaré los hombres como se multiplican los rebaños"*. Este pasaje contiene una clave, creo, para la metodología del crecimiento de la iglesia del Señor. Lo que Él promete no se cumplirá a menos que le pidamos que haga lo que Él desea. Puedo oír la voz de mi Maestro, que susurra: "¡Te dejaré que me pidas que haga lo que yo quiero hacer por ti!", pues declara en Jeremías 1:12: *"...porque yo apresuro mi palabra para ponerla por obra"*.

Este es el asombroso y santo privilegio de arrodillarse sobre las promesas. Suena como si Ezequiel e Isaías cantaran nuestra canción también, hace tantos años. Con humildad, aunque también con tenacidad, hemos de recordarle a Dios su Palabra.

LA CLÁUSULA "HASTA QUE"

Al ver otra vez nuestro pasaje fundamental de Isaías, ¡encontraremos que tenemos en nuestras manos una ametralladora de máxima velocidad! Recuerde que hemos de ser secretarios de Dios, que traemos ante Él la agenda profética de citas estratégicas.

"¿Durante cuanto tiempo he de hacer esto?", preguntará usted. Mi respuesta es simple: no lo sé. Isaías 62 nos da un indicio, sin embargo. Encontramos énfasis en este pasaje que llamo "recordatorio persistente". ¿Ha observado usted cómo se utiliza la palabra "hasta"? "Ni le concedamos descanso hasta...". ¡Quizá sea durante mucho tiempo!

Recuerde a Ana, la profetisa que oraba y que mencionamos en el capítulo 7. Sus acciones proféticas de intercesión y ayuno duraron muchísimos años. No sé durante cuánto tiempo será en su caso, pero sí puedo decirle algo: siga, continúe.

El Espíritu Santo ama la tenacidad como cualidad. Lucas 18:1-18 lo señala en la parábola de la viuda que sigue pidiéndole justicia al juez, hasta que lo cansa. Sin descanso, ¡no aceptaba un NO por respuesta! Jesús dijo de este juez:

> *Y él no quiso por algún tiempo; pero después de esto dijo dentro de sí: Aunque ni temo a Dios, ni tengo respeto a hombre, sin embargo, porque esta viuda me es molesta, le haré justicia, no sea que viniendo de continuo, me agote la paciencia* (vv. 4-5).

De hecho la oración santa, valiente y continua a menudo incluye un elemento de divina obstinación. Como la viuda, no aceptaremos un NO como respuesta.

Pero recuerde la analogía que sugerí antes, sobre la caja de chocolate. No es que cerramos los ojos y señalamos cualquier bombón de la caja. Ni tampoco introducimos la mano en la caja y revolvemos todo para ver cuál nos gusta más. En cambio, meditamos La Palabra de Dios y dejamos que Él elija cuál de las promesas hemos de recordarle sin descanso. La tenacidad es buena, aunque no cuando no es más que egoísmo obstinado.

TOCAR MADERA

La cláusula de "hasta…" me recuerda una historia que leí y también oí de quienes estaban detrás de la escena, con referencia a la actividad que llevó a un poderoso reavivamiento en la Argentina a comienzos de la década de 1950, una generación previa a la del reavivamiento actual en ese mismo país. La historia se centra en la vida de oración del misionero R. E. Miller. Le contaré una parte.[33]

Edward Miller, misionero de los Estados Unidos a principios de la década de 1950, durante años había trabajado incansablemente en la Argentina como pastor de iglesias, realizando reuniones en carpas y evangelizando, pero con pobres resultados. Le parecía que ya lo había intentado todo. Así que, después de probar todos los métodos, decidió intentar con la oración.

Comenzó con este nuevo curso de acción orando ocho horas al día por el reavivamiento en su propia vida y en su comunidad de Mar del Plata. Seguía liderando los servicios del domingo en su pequeña iglesia, pero pasaba la mayor parte de la semana en intercesión ante su Dios.

Luego de seis meses de espera en Dios, estudiando las Escrituras, ayunando y orando, el Señor finalmente le habló. Fue un mensaje simple: "¡Continúa!"

Y eso hizo, persistentemente, como si su vida dependiera de ello.

Pasaron los meses y Miller seguía con la vigilia de ocho horas. Hasta que Dios volvió a hablar. Esta vez el Señor le dijo que anunciara para esa semana continuas reuniones públicas de oración, que comenzarían el siguiente lunes por la noche a las 20:00, y seguirían hasta la medianoche.

Miller discutió con el Señor, le dijo que si realizaba estas reuniones de oración las únicas que asistirían serían las ancianitas, que se sentarían a observar cómo oraba él.

Esto no pareció molestar al Señor. Parecía responder: "Lo sé".

Así que Miller anunció que se realizaría la reunión. Y de seguro, las únicas que asistieron fueron tres ancianas. Miller tenía razón con respecto a su siguiente objeción también, porque las tres se sentaron y lo observaron orar durante cuatro horas. Sin embargo, él oró.

Al terminar la reunión les preguntó si alguna de ellas había recibido algo de Dios. Una de las señoras, la esposa de un cristiano renegado, levantó la mano. Describió un extraño deseo de acercarse al santuario y tocar la mesa de madera que había allí. Pero como pensó que era una cosa sin sentido, no lo hizo.

El pastor Miller saludó a las asistentes, y cada cual fue a su casa.

La noche siguiente siguieron con la reunión de oración. Volvieron las mismas tres ancianas, que se sentaron y miraron cómo oraba Edward Millar… sí, durante cuatro horas otra vez. Al cierre MIller preguntó lo mismo y recibió idéntica respuesta. La reunión terminó y cada cual fue a su casa.

Las siguientes dos noches también se reunieron con los mismos resultados. La mujer del cristiano renegado decía que sentía el impulso de ir a golpear la mesa de madera, pero se negaba a hacerlo.

El pastor Miller comenzó a sentir frustración. No tenía idea de por qué Dios le indicaba hacer esto a la mujer ¿pero cómo lograría que lo hiciera, si ella se negaba siempre?

La última noche de las reuniones programadas, las mismas tres mujeres vinieron, se sentaron y observaron al hermano Miller mientras este oraba. Al cierre, les preguntó lo mismo de siempre y obtuvo idéntica respuesta de parte de la misma mujer.

Pero esta vez, Miller dijo: "Hermana, iremos todos con usted, y golpearemos la mesa". Esperaba que la mujer los siguiera y que reuniera coraje para golpear la mesa.

Miller pasó y golpeó la mesa de madera, seguido de las otras dos mujeres. Luego la tercera avanzó y golpeó la mesa. Al hacerlo, el Espíritu Santo inundó la pequeña iglesia y los llenó de gloria y el sentido de su presencia. Las tres mujeres fueron bautizadas en el Espíritu y comenzaron a adorar a Dios en un idioma que no habían aprendido.

La noticia corrió de boca en boca, y cada noche venían más personas. Eventualmente el fuego del reavivamiento llegó a la capital, Buenos Aires, donde decenas de miles de personas se reunieron en un estadio al aire libre en 1954, y el Señor salvó y sanó a muchos bajo el poderoso ministerio de Tommy Hicks. Fue el comienzo del gran reavivamiento argentino de comienzos de la década de 1950.

Ahora, ¿qué era lo que había oído Edward Miller? "¡Continúa!" Como centinelas intercesores sobre las murallas debemos seguir recordándole a Dios su Palabra, sin descanso.

ORAR LAS PROMESAS ESCRITAS DE LAS ESCRITURAS

Todavía falta preguntar lo básico. ¿Qué es lo que hemos de recordarle a Dios?

Veamos dos de las balas más comunes que cargaremos en nuestra escopeta: las promesas escritas de Las Escrituras y las promesas reveladoras de nuestros días que han sido pronunciadas por el Espíritu Santo.

1. RUEGOS ESPIRITUALES ANTE EL TRONO DE DIOS

Primero hemos de traer ante el trono de Dios las promesas escritas de Las Escrituras. La primera categoría –a la que me referí hasta ahora en este capítulo– incluye todas las promesas de Dios: para las personas, familias, el Cuerpo de Cristo, Israel o las naciones, y los magníficos temas presentados en Las Escrituras. Esto en sí mismo es un tema enormemente inmenso. Orar Las Escrituras es un arte bellísimo que magnifica a Dios y enriquece el alma del estudiante en cuestión. Vale la pena y la inversión, para su propia edificación, y también le hará aprender cómo orar con vocabulario bíblico y recibir respuestas a dichos pedidos.

En el privilegio de gracia de orar Las Escrituras se nos exhorta a venir con valentía ante el trono de Dios. Se nos instruye y hasta se nos ordena traer fuertes pedidos ante nuestro recto Juez. Vea conmigo lo que dice Isaías 43:26, en tres traducciones:

> *Hazme recordar, entremos en juicio juntamente; habla tú para justificarte* (Reina Valera 1960).

> *¡Hazme recordar! Presentémonos a juicio; plantea el argumento de tu inocencia* (NVI).

> *Hazme recordar, discutamos juntos nuestro caso; habla tú para justificarte* (BLA).

Recordarle a Dios su Palabra incluye presentar nuestro caso y detallar ante Él nuestros argumentos santos. Esto agrada a Dios y, además, nos ayuda a entender mejor nuestra necesidad, libera compasión dentro de nosotros, fortalece nuestro coraje cristiano y nos arma de mayor hambre y santa desesperación.

PRESENTAR NUESTRO CASO ANTE DIOS

Estas son siete maneras en que podrá usted presentar su caso ante Dios, con algunos ejemplos bíblicos que los ilustran:

1. Presentar el honor y gloria del nombre de Dios (2 Samuel 7:26; Salmo 23:3; 31:3; 79:9; 106:8; 109:21; 143:11).

2. Presentar la relación de Dios con nosotros (Job 10:3, 8-9; 14:15; Salmo 19:14; 33:20; 40:17; 46:1; 63:7; Isaías 41:14; 54:5, 8; 63:16; 64:8; Malaquías 3:17; Romanos 8:15).

3. Presentar los atributos de Dios (Deuteronomio 9:18; Nehemías 9:33; Salmo 4:1; 27:7; 30:10; 86:6, 15-16; 89:1-2; Isaías 16:5; Daniel 2:18).

4. Presentar las penas y necesidades de las personas en circunstancias desesperadas (Salmo 137:1-4; Lamentaciones 2:20; 5:1).

6. Presentar las respuestas a oraciones pasadas (Salmo 27:9; 71:17-18; 78; 85:1-7; 105; 106; 136).

7. Presentar la Palabra y las promesas de Dios (1 Crónicas 17:23-26; 2 Crónicas 6:14-17).

8. Presentar la sangre de Jesús (Éxodo 12:5-23; Romanos 5:9; Efesios 1:7; Colosenses 1:20; Hebreos 9:22; 10:19-23; 13:12; 1 Juan 1:7; Apocalipsis 12:11).

UN EJEMPLO DE CÓMO ORAR LAS ESCRITURAS

Un ejemplo de oración de las Escrituras está en Joel 2:28-29. Veamos cómo se convierte en una conversación con Dios. Yo, como muchos otros, a menudo he tomado esta maravillosa promesa ante nuestro magnífico Mesías:

> Señor, traigo ante ti tu gran promesa del derramamiento de tu Espíritu Santo en los últimos días. Has dicho: *"Y después de esto derramaré mi Espíritu sobre toda carne, y profetizarán vuestros hijos y vuestras hijas; vuestros ancianos soñarán sueños, y vuestros jóvenes verán visiones. Y también sobre los siervos y sobre las siervas derramaré mi Espíritu en aquellos días".*
>
> Santo Dios, por tu honor y gloria en toda la Tierra, clamo a ti para que cumplas tu palabra. Libera la poderosa lluvia de tu gracia y poder sobre mi ciudad. Libera demostraciones de tu gran amor, como lo hiciste con las generaciones pasadas. Derrama tu Espíritu sobre toda carne en mi barrio (ciudad, nación). Envía el reavivamiento, como nunca antes. Derrama tu Espíritu sobre los ancianos, los jóvenes, los hombres, las mujeres, aquellos en países cerrados y en países libres. Hazlo para gloria de tu Hijo, para que Él reciba la recompensa por su sufrimiento.
>
> Al presentar este santo clamor ante tu trono, honro tu gran nombre en toda la Tierra, cumplo con tu Palabra. En nombre de Jesús, y por Él, oro a ti. Amén.

2. PROMESAS REVELADORAS

La segunda munición que se nos da para presentar nuestro caso ante nuestro justo Juez, es ensayar ante el trono las promesas reveladoras de nuestros días que el Espíritu Santo nos ha dicho como personas, familias, grupos, congregaciones, ciudades, regiones o naciones.

Anteriormente mencioné a los cesacionistas. Estos cristianos sinceros no creen que Dios haya dado nuevas revelaciones desde que se completara el canon de Las Escrituras. Aprecio este punto de vista, pero he vivido algo totalmente distinto. Aunque estoy de acuerdo con que ninguna de las nuevas "revelaciones" tenga parangón con las santas e inspiradas Escrituras, sí creo que Dios sigue hablando hoy a quienes están dispuestos a escuchar y obedecer.

Estas promesas reveladoras, oír la voz del Señor en la comunión personal; el *logos* –palabra escrita– que se inspira y convierte en *rhema* –palabra hablada– en nuestro corazón, las visitaciones de Dios, el lenguaje de los sueños y visiones y otros medios bíblicos, provienen del corazón de nuestro Padre celestial, a través de la operación actual de los dones del Espíritu Santo.

VALORAR LA PROMESA

Un pasaje de lo escrito por Pablo a Timoteo nos ayuda a entender nuestra respuesta como creyentes ante estas promesas reveladoras:

> *Este mandamiento, hijo Timoteo, te encargo, para que conforme a las profecías que se hicieron antes en cuanto a ti, milites por ellas la buena milicia, manteniendo la fe y buena conciencia, desechando la cual naufragaron en cuanto a la fe algunos* (1 Timoteo 1:18-19).

Primero vemos que Pablo valoraba el don de la profecía. Instruía a su hijo en la fe a no solo escuchar las palabras reveladoras dadas previamente sobre su vida, sino a "pelear la buena pelea" con ellas. Parecía indicar que estas profecías eran armas con las que podía pelearse en la guerra.

Segundo, Pablo le dijo a Timoteo que estas promesas habladas eran herramientas que le ayudarían a mantener el buen camino, la fe, y a seguir siendo fiel al Señor y a su llamado para la vida de Timoteo.

Finalmente Pablo presenta un contraste con la manera en que otros naufragaron, y le da a Timoteo una visión, según el celo de Dios, de cómo evitar esto en su propia vida.

Las impresiones y revelaciones deben alinearse con los principios de La Palabra de Dios, y ser confirmadas por hermanos y hermanas en Cristo como promesas auténticas y verdaderas a nosotros desde el corazón del Padre. Si no es así, perderemos el tiempo tras una fantasía elusiva y terminaremos –como advierte Pablo– naufragando, por intentar construir nuestras vidas sobre las arenas movedizas.

Una vez que hemos asegurado una promesa profeta auténtica, debemos cargarla en la escopeta, apuntar y disparar. Pelear la pelea y dar guerra con lo profético.

DAR PELEA CON LA PROMESA REVELADORA

En Efesios 6:17 se nos dice que debemos tomar *"la espada del Espíritu, que es la palabra de Dios"*. El término griego utilizado aquí para decir palabra es *rhema*, palabra hablada de Dios. Los dones de revelación son poderosas armas. Oramos una promesa profética de vuelta al corazón de nuestro Padre.

A veces, sin embargo, luego de hacerlo debemos declarar la palabra a nuestras circunstancias y a cualquier montaña de oposición que se interponga en el camino. Nos recordamos a nosotros mismos la promesa que nos espera, y le recordamos al diablo y al mando de todo espíritu maligno –por ejemplo, el espíritu del desaliento– que se retiren, declarando lo que declaran las promesas escritas y dichas por Dios.

Cada uno de nosotros tiene propósitos, promesas y un destino que encontrar, por el cual pelear para poder cumplirlo. ¡Así que tome su "Así dice el Señor" para pelear en su batalla!

Esto es lo que solía hacer yo con mi sueño de "Tendrás un hijo y se llamará Justin". Hablaba esa palabra sobre el cuerpo de Michal Ann y sobre el mío también, oraba el sueño de vuelta a Dios, me trababa en guerra contra la esterilidad y el diablo. Créame, ¡ese sueño me vino de maravillas! Michal Ann y yo usamos nuestra promesa de revelación como megáfono para declarar vida donde no la había, y se convirtió en espada del Espíritu en mi mano durante años, para pelear contra el enemigo.

¡QUE SURJA LA FE!

Usted puede hacer lo mismo. Tome las promesas que el Espíritu Santo le ha dicho y conviértalas en oración persistente; recuérdele a Dios su palabra. Yo suelo decir: "Que humeen las escopetas". Use estas palabras auténticas y confirmadas del cielo para crear fe dentro de su corazón. Que abran camino para que entre la fe en su vida, la fe que crece permanentemente. *"La fe es por el oír, y el oír, por la palabra de Dios"* (Romanos 10:17).

¿Ha oído palabras de Jesús recientemente? Lea la letra roja en el gran Libro, y haga que estas Palabras entren en lo más profundo de su espíritu. Le dará al viento de Dios, al Espíritu Santo, algo sobre qué soplar, y esto se convertirá en la palabra hablada del Señor en su corazón. La fe surgirá dentro de usted, y tendrá "conocimientos" divinos –probablemente el don de fe–. Cuando esto suceda, usted sabe que sabe que sabe. ¡Quizá no sepa "cómo" lo sabe, pero sabe que todo estará bien!

Recuerde lo que le dijo el Espíritu Santo a Michal Ann cuando ella le cedió su derecho a tener hijos: "Aprecio tu actitud, pero no te pido esto. Te digo que debes pelear por tus hijos". ¡Y sí que peleamos! De hecho, una vez salí de nuestra habitación después de orar, y le dije a mi esposa: "Ahora, Annie, ¡toma tu escopeta!"

Recuerde las palabras de Isaías 62:7: *"Ni le deis tregua, hasta…"*. ¡Así que ore "hasta…"! Michal Ann y yo oramos hasta que por fin dimos en el blanco.

DESCUBRA SU DESTINO PROFÉTICO

¿Le ha dicho Dios un "destino profético" a usted, a su familia, congregación, ciudad o nación? Cada uno de nosotros tiene un maravilloso destino en Dios que espera ser descubierto y cumplido. Cuando era pequeño oía decir: "Si apuntas a nada, seguramente tu tiro dará allí". Es triste, pero así es como la mayoría de nosotros utiliza y dirige la energía de nuestras vidas: al azar. Necesitamos un objetivo claro. Descubramos el propósito de Dios para nuestras vidas y hagamos puntería.

No solo es que el Señor tiene planes especiales y únicos para usted como persona, sino que también los tiene para su familia, ciudad y nación. ¿Cuál es el destino profético personal de su vida? ¿Cuál es el don redentor de Dios para su ciudad? ¿Para su nación? ¿Hubo una bendición declarada de parte de los pioneros que fundaron su ciudad? ¿Cuáles son los cimientos de la inauguración de su ciudad? ¿Se ha cumplido ese destino? ¿Lo ha investigado? ¿Ha sido confirmado?

Por favor sepa que la palabra sobre la que se arrodilla usted, la que ora y utiliza para dar batalla, quizá no le haya sido dada directamente a usted. Puede ser una promesa dada a otra persona, o una visión reveladora pasada de generación en generación. Dentro del Cuerpo de Cristo, verá, somos interdependientes. Hemos de honrar a los diferentes miembros del Cuerpo y recibir la gracia derramada sobre cada uno. Nos necesitamos.

Así que no daremos batalla únicamente con las palabras de profecía que recibimos personalmente. Podemos construir y batallar con las palabras dadas a otros también.

EL EJEMPLO DE DANIEL

Cuando Daniel entró en intercesión por la restauración de Israel de la cautividad babilónica, no recibió esa palabra directamente. Leía la profecía de alguien de una generación anterior, la promesa del Señor a través de Jeremías. Encontramos esta promesa en Daniel 9:2:

> *"En el año primero de su reinado [el de Darío], yo Daniel*
> *miré atentamente en los libros el número de los años de que*
> *habló Jehová al profeta Jeremías, que habían de cumplirse*
> *las desolaciones de Jerusalén en setenta años".*

Aparentemente Daniel investigaba el destino profético para su pueblo que vivía en cautiverio en tierra extraña, y había leído la revelación profética que predecía lo que iba a suceder. Los hijos de Israel a causa de su pecado y desobediencia habían sido tomados como cautivos y vivían en Babilonia. Daniel mismo había crecido en esa tierra extraña. Pero era hombre de la alianza.

¿Cuál era la promesa a la que se aferraba? Se encuentra en Jeremías 29:10:

> *Porque así dijo Jehová: Cuando en Babilonia se cumplan*
> *los setenta años, yo os visitaré, y despertaré sobre vosotros*
> *mi buena palabra, para haceros volver a este lugar.*

Algunos comentaristas de la Biblia creen que fue en el sexagésimo año del cautiverio en Babilonia que Daniel meditó en la promesa dada a Jeremías. ¡Ni siquiera era su propia profecía! ¿Cómo respondió Daniel? Cuando leyó la promesa, el Espíritu Santo la hizo vivir ante él, le mostró que se aplicaba a su situación.

No creo que Daniel haya dicho: "Bueno, bendito sea el Señor. Dios lo dijo, lo creo, y con eso basta". No dijo: "Bueno, muchachos, lo dijo Jeremías y así será. ¡Aleluya! Ahora, todos alcemos las manos". No. Respondió a la promesa profética con sabiduría y acción:

> *Y volví mi rostro a Dios el Señor, buscándole en oración y ruego, en ayuno, cilicio y ceniza* (Daniel 9:3).

Daniel meditó en La Palabra y buscó en el Señor el entendimiento y la aplicación de sabiduría para que pudiera cumplirse la promesa. Luego respondió a la promesa con humildad y santa tenacidad. Confesó los pecados de su pueblo y quitó el obstáculo –el pecado– que obstruía el camino del cumplimiento del destino profético para su pueblo en sus días:

> *Y oré a Jehová mi Dios e hice confesión diciendo: Ahora, Señor, Dios grande, digno de ser temido, que guardas el pacto y la misericordia con los que te aman y guardan tus mandamientos; hemos pecado, hemos cometido iniquidad, hemos hecho impíamente, y hemos sido rebeldes, y nos hemos apartado de tus mandamientos y de tus ordenanzas* (vv. 4-5).

Este hombre de *"espíritu extraordinario"* (Daniel 5:11-12; 6:3, ver también 1:4, 7, 17) confesó los pecados de su pueblo como si fueran propios, aunque nunca había hincado la rodilla ante dioses extranjeros (ver Daniel 3:15-18; 6:10). Si bien no había cometido personalmente los pecados de impiedad, idolatría y rebelión, humilló su alma con el ayuno y confesó esos pecados como si fueran suyos:

> *Inclina, oh Dios mío, tu oído, y oye; abre tus ojos, y mira nuestras desolaciones, y la ciudad sobre la cual es invocado tu nombre; porque no elevamos nuestros ruegos ante ti confiados en nuestras justicias, sino en tus muchas misericordias. Oye, Señor; oh Señor, perdona; presta oído, Señor,*

y hazlo; no tardes, por amor de ti mismo, Dios mío; porque
tu nombre es invocado sobre tu ciudad y sobre tu pueblo
(vv. 18-19).

Así respondió Daniel en su tiempo ¿No debiéramos hacer lo mismo en nuestros días?

INTERVENCIÓN ASOMBROSA

¿Qué resultó del ruego tenaz y santo de Daniel? Cuando aún estaba confesando los pecados, hablando y orando, el Señor envió al arcángel Gabriel para otorgarle entendimiento de los caminos de Dios (ver vv. 20-23).

La cortina entre lo temporal y lo eterno se abre en los siguientes capítulos y echamos un vistazo a la guerra espiritual de verdad, y a cómo la oración libera el arsenal del cielo en representación del hombre (ver Daniel 9:23; 10:12-21).

Eventualmente la palabra de revelación a Jeremías se cumplió y los hijos de Israel fueron liberados para volver a su tierra, justamente como lo había anunciado la promesa profética. ¿Ve usted los pasos que se utilizaron para el cumplimiento de la promesa? Sí, el destino profético de la generación de Daniel se cumplió, pero no fue sino hasta que un intercesor se parara en la brecha, cumpliera con las condiciones, se arrodillara sobre la promesa y le recordara a Dios su Palabra.

ENCARGO PERSONAL

En julio de 1977 asistí a la Conferencia de Kansas City, en Missouri, una de las primeras reuniones ecuménicas de pentecostales y carismáticos de las principales denominaciones de los Estados Unidos. Se reunieron unos cincuenta mil creyentes en diferentes lugares de la ciudad, durante las mañanas y las tardes, y en el Estadio Arrowhead por las noches. Recuerdo bien como, al final de los anuncios una noche, un sacerdote se acercó al micrófono y proclamó, hablando la promesa de Dios inspirada por el Espíritu: "¡Ciudad de Kansas, te daré un nuevo corazón!"

La proclamación sobre la ciudad donde vivía yo sonó verdadera a mis oídos, y también a muchos otros entre los presentes. El problema era que había disenso y división entre las iglesias de Kansas –como así también en muchas otras ciudades y regiones–. Una corriente del cristianismo estaba en conflicto y competencia con otra, en tanto otra profecía de la Conferencia de Kansas declaraba: "Lloren y hagan duelo porque el Cuerpo de mi Hijo ha sido quebrado".

¿Qué hacemos, centinelas?

Bien, durante años tomé esa simple palabra, me paré sobre las murallas de mi ciudad y región, y le recordé a Dios su promesa de dar a Kansas City un nuevo corazón. Aunque nuestra ciudad estaba sacudida por la división y la contienda espiritual, yo –y sin duda, muchos otros centinelas sobre las murallas– tomé esa promesa y la oré, la sudé, la lloré y agonicé sobre ella.

Durante más de una década el espíritu de la división y la separación parecía haberse adueñado de la región. En 1990 hubo una muy importante controversia espiritual en la ciudad de Kansas, y me encontré en medio de esa pelea. Pero el Señor me había puesto como centinela del corazón de los Estados Unidos. Yo no había elegido esta tarea; Él me la había encargado. Y detrás de la escena Él formaba un maravilloso movimiento de oración y reconciliación.

Hubo mucha oración, mucho ayuno y confesión de pecados en muchas denominaciones y corrientes de renovación del Cuerpo de Cristo. Se había iniciado el proceso de purificación. El Señor estaba orando, lavando las heridas y sanando el corazón espiritual.

Muchos otros intercesores ocultos y yo, estuvimos sobre las murallas, buscando la unión de relaciones. Yo le pedía a cada líder que hablara. A veces me preguntaba si alguna vez veríamos el cambio. Pero como cada promesa de Dios se enfrenta a los poderes de las tinieblas, no podemos dar batalla en el plano natural (ver Efesios 6:12). Debemos dar batalla en el plano espiritual, arrodillándonos y luego poniéndonos de pie sobre las promesas.

Luego de diversas discusiones, la humildad, la luz, la integridad y la unidad eventualmente llegaron a la ciudad de Kansas. No fue sino hasta dieciocho años después de la promesa profética de 1977, que sentí que se me liberaba de llevar esta carga ante su trono.

Las cosas han cambiado. La reconciliación ha reunido a las "corrientes". Un nuevo corazón de unidad se presentó en tanto los pastores se humillaban cada uno ante los demás. Un nuevo ministerio se formó uniendo a los grupos que antes habían estado enfrentados.

Fluyen muchos nuevos ríos de agua clara desde el corazón de los Estados Unidos hacia el resto del Cuerpo de Cristo en nuestra nación y en el mundo. ¡Qué gozo y alivio sintió mi corazón cuando la ciudad de Kansas comenzó a recibir un nuevo corazón!

¿Y yo? Oh, recibí del Espíritu Santo un nuevo encargo, para mudarme a otra ciudad. He recibido de Dios la carga y el deseo profético para Nashville. Ahora me encuentra con un anhelo porque se limpie la "Ciudad Música de los Estados Unidos", de su idolatría, y que verdaderamente sea una "ciudad sobre la colina", que quizá se llame luego "Ciudad Adoración de los Estados Unidos".

Que se cumpla esta palabra y que cada promesa profética en su vida, su iglesia y su ciudad se cumpla para honrar el gran nombre de Jesús en toda la Tierra.

EL OBJETIVO

¿Percibió usted el objetivo de recordar sin tregua, como dice también Isaías 62:7? *"Ni le deis tregua, hasta que restablezca a Jerusalén y la ponga por alabanza en la tierra"*. ¿Le suena intenso, estratégico y un tanto "fin del mundo"? Así es. Somos invitados a trabajar para que los propósitos de Dios se establezcan en nuestra generación. Hemos de llegar en acuerdo con nuestro Mesías Jesús, como eco de su oración: "Hágase tu voluntad en la tierra como se manifiesta en el cielo".

Dios no solo nos ofrece un lugar de petición personal. Llama a los centinelas guerreros para que le recuerden sin tregua su propósito profético predeterminado para el derramamiento de su Espíritu sobre toda carne en los últimos días, tanto para la Iglesia como para Israel. Quiere hacer de Jerusalén una gloriosa representación de su presencia en la Tierra.

Hay algo tan maravilloso en los propósitos de Dios para Israel y la Iglesia, que una vez que uno le echa un vistazo, se siente desarmado ante la multifacética sabiduría de Dios. Como sucedió en tiempos de Daniel y de Isaías, así sucederá otra vez. Los centinelas están apareciendo sobre las murallas, y no le dan tregua a Dios, hasta que *"restablezca a Jerusalén y la ponga por alabanza en la tierra"* (veremos esto en más detalle en el próximo capítulo: "Israel: calendario profético de Dios").

Hay muchos aspectos diferentes en nuestro llamado santo y alto a arrodillarnos sobre las promesas. Estamos arrodillados sobre las promesas hasta que el Reino de Dios venga, hasta que se cumpla su voluntad así en la Tierra como en el cielo. No suelte el borde de la vestidura del Señor. ¡Luche hasta que...!

¡ES SU TURNO AHORA!

Ha llegado el momento de tomar las balas y cargarlas en la escopeta. El Señor quizá le permita practicar un poco, pero se deleita cuando aprendemos a tomar las balas de las Escrituras y los dones de revelación, y los cargamos en la escopeta de la oración. Procedamos, uniendo la sabiduría y la fe en este arte de recordarle a Dios su Palabra, y sigamos cargando y disparando hasta que *"la tierra [sea] llena del conocimiento de la gloria de Jehová, como las aguas cubren el mar"* (Habacuc 2:14).

Antes de cerrar este capítulo y mirar a Israel, el mapa de ruta profético de Dios, veamos una vez más lo que dice Andrew Murray. Unidos, arrodillémonos sobre las promesas y declaremos una oración de dependencia, que figura en su conocido libro *With Christ in the School of Prayer* [Con Cristo en la escuela de la oración].

¡Bendito Señor! Veo por qué mi oración no ha sido más efectiva y digna de credibilidad. Estaba más ocupado con lo que yo decía, que con lo que tú me decías. No entendía que el secreto de la fe es este: solo puede haber tanta fe como hay Palabra de vida en el alma.

Tu Palabra me ha enseñado tan claramente a ser rápido para oír, y lento para hablar. Señor, enséñame que es solo cuando tomo tu Palabra para mi vida que mis palabras pueden llegar a tu corazón. Hazme entender que si tu Palabra es poder vivo dentro de mí, también será poder vivo contigo. Amén.[34]

Los principios sobre recordarle a Dios su Palabra, que hemos visto hasta aquí, son los mismos tanto si los aplicamos a la vida personal, familiar, congregacional, de la ciudad o de la nación. Estudie para poder graduarse. Medite las Escrituras y permita que el Espíritu Santo le hable una promesa a su corazón. Entonces tome la espada de doble filo –la Palabra escrita más la palabra hablada– y arrodíllese sobre la promesa. Tráigala ante Dios. Órela de vuelta a Dios. Si es necesario, utilice la promesa como espada del Espíritu y declare a los poderes de las tinieblas que deben retroceder ante la palabra del Señor. Es hora de decir: "Preparados, apunten ¡fuego!" Luego, habiendo hecho todo esto, habrá que esperar (ver Efesios 6:13).

En el Reino de Dios las llaves pequeñas abren las puertas grandes. Daniel usó las llaves del estudio, la meditación, la oración, la humildad, la confesión y la perseverancia para abrir el destino de Dios para Israel en su generación. ¿Puede hacer usted lo mismo? Es su turno. De hecho, ¿no es esto de lo que trata la vida del cristiano?

APLICACIONES PRÁCTICAS, ¡HAGÁMOSLO REALIDAD!

- El Espíritu Santo busca personas que vengan en acuerdo con La Palabra de Dios, luego que le pidan –que le recuerden– hacer lo que Él quiere hacer por nosotros. Utilice el Apéndice 1 en la página 246 para recordarle a Dios sus promesas proféticas aún no cumplidas.

- Ore las promesas de vuelta a Dios, tráigalas ante Él. Entonces, si es necesario, utilice las promesas como espada del Espíritu y declare a los poderes de las tinieblas que deben retroceder ante la Palabra de Dios. Luego tome su posición y espere.

- Aparte un tiempo especial para orar las oraciones apostólicas. Vea el Apéndice 1 para encontrar la lista.

- Traiga todas las promesas que el Espíritu Santo dio en revelación, y preséntelas ante el Padre como pedido y recordatorio del destino profético aún no cumplido.

- Tome una promesa de las Escrituras como devocional, memorícela y luego órela en su corazón durante la próxima semana.

LECTURAS RECOMENDADAS

Praying the Scriptures, [Orando las Escrituras], por Judson Cornwall (Creation House, 1990). No disponible en español.

The Complete Works of E. M Bounds on Prayer [Obras completas de E. M. Bounds sobre la oración] (Baker, 1990). No disponible en español.

CAPÍTULO 9

Israel:

calendario profético de Dios

E l tablero está sobre la mesa y las piezas han sido colocadas en su lugar. Pareciera que Dios ha llevado a cabo un monumental juego de ajedrez a lo largo de las eras, aguardando el momento estratégico en la historia cuando hará su movida. Es la posición estratégica de sus caballeros intercesores y alfiles proféticos, todo moviéndose en conjunto, barriendo el mundo, mientras todos observan con atención. No habrá ojo que pierda de vista el misterioso y fascinante momento en el calendario profético de Dios, cuando Él baje del cielo una vez más, hacia el mundo del espacio y el tiempo. Es hora de quitar el velo al misterio de Israel, la niña de los ojos de Dios (ver Zacarías 2:8), centro de atención en su tablero de ajedrez.

Aunque Israel como la conocemos hoy tiene solo poco más de cincuenta años de edad, la nación judía es de hecho una de las más antiguas del planeta. Este pueblo y su tierra datan de los tiempos del peregrinaje profético de Abraham y la promesa de alianza de Dios a él y sus descendientes (ver Génesis 17:4-8). Pero después de lo que muchos tomaron como silencio durante dos mil años, esta tierra ha nacido de nuevo. Israel es una vez más el centro de atención ante los ojos del mundo.

Hace unos años, mientras actuaba como anfitrión en una reunión del área de Atlanta conocida como "Clamor al Señor", me preparaba para hablar por primera vez sobre "El misterio de la Iglesia e Israel". Durante el servicio de adoración tuve una visión de un ángel parado en un rincón de la sala. El ángel llevaba vestiduras blancas, como de boda, y oí las palabras: "He venido a dar el mensaje de la boda de la Iglesia con Israel". Con nueva energía y coraje comencé a dar un mensaje sobre el éxodo de los judíos desde la tierra bíblica del norte a su tierra natal en Israel.

Ningún libro que combine los temas de intercesión y el reino profético estaría completo si no incluyera este tema bíblico central de Israel. En este capítulo, entonces, quiero desenvolver esta valiosa gema ante sus ojos, desde un punto de referencia bíblico e histórico.

BREVE REVISIÓN HISTÓRICA

¿Cómo podría el remanente del pueblo judío dispersado y perseguido, que pasó su peor hora con el holocausto de Hitler, surgir de repente como nación soberana dentro de sus ancestrales límites? Sin intervención divina sería imposible, claro, aunque muchos israelitas hoy creen que lo hicieron solos. Veamos esta historia en un breve repaso.

El 29 de noviembre de 1947 la Asamblea General de las Naciones Unidas adoptó una resolución que requería el establecimiento de un Estado judío en Palestina. Lo que sigue es una porción de la Proclamación de la Independencia, leída por David Ben-Gurion el 14 de mayo de 1948:

> La tierra de Israel fue el lugar donde nació el pueblo judío. Aquí se formó su identidad espiritual, religiosa y nacional. Aquí lograron la independencia y crearon una cultura de importancia nacional y universal. Aquí escribieron y dieron la Biblia al mundo. Exiliado de la tierra de Israel el pueblo judío permaneció fiel a ello en todos los países donde fueron dispersados, y nunca dejaron de orar y esperar por su regreso y la restauración de su libertad nacional. Nuestro llamado es para todos los judíos del mundo, para que vengan a trabajar junto

a nosotros en la tarea de inmigración y desarrollo, en la
gran lucha por el cumplimiento del sueño de generaciones, respecto de la redención de Israel. Nuestra confianza está en Dios Todopoderoso, y en esa confianza efec-
tuamos esta Declaración, la noche del sábado del quin-
to año de Iyar, 5708, el día catorce de mayo de 1948.[35]

Solo un día después, el 15 de mayo de 1948, apenas realizada esta
creación, cinco naciones árabes atacaron al bebé judío recién nacido.
Egipto, Siria, Jordán, Líbano e Irak –cuarenta millones de árabes, con
un millón y medio de ellos armados– acometieron contra Israel en lo
que se conoció como la Guerra de la Independencia Israelí. La guerra continuó durante ocho meses, con víctimas fatales en todos los
bandos. El milagro es que Israel, que acababa de nacer de nuevo, no
pudo ser destruida (ver Isaías 54:17).

En 1967 la Guerra de los Seis Días también debería haber terminado en desastres para Israel, pero nuevamente prevaleció la misericordia de Dios. El Sinaí, la franja de Gaza, la Orilla Occidental y el Go-
lán fueron ocupados por los israelíes en solo seis días. Este conflicto
vio también la captura de un sector de Jerusalén por parte de los judíos, y de lo que quedaba del Muro del Templo –de los Lamentos–.
Todos los sitios cristianos y judíos estaban bajo el control de los judíos a partir de ese momento.

Y piense en el resultado del ataque sorpresivo durante el Yom Kippur, en 1973. Los árabes, con el respaldo de uno de los dos superpo-
deres nucleares, la Unión Soviética, atacaron en dos frentes; pero Israel, casi derrotado en un momento, volvió a surgir en victoria. Tomados por sorpresa en su día sagrado más importante, los israelitas
fueron empujados a retroceder en tanto los árabes ganaban territorio.
Sin embargo, y creo que fue por intervención divina, Israel volvió a
recuperar su tierra. Una vez más la mano de Dios, obraba en parte a
través de los seres humanos, protegió a la despreciada y desaventaja-
da nación judía.

PREDICCIONES PROFÉTICAS

La historia de la protección divina de Dios para Israel desde su renacimiento como nación en 1948, es un excelente estudio en sí misma. La

promesa de que Dios reunirá y protegerá a Israel no se basa en algo bueno que este pueblo haya hecho. En cambio, es una declaración de la grandeza de Dios. Eventualmente, Dios y solo Dios será glorificado a través de ello. Si Israel mereciera perdón, no necesitaría de la gracia de Dios. Es solo por medio de recibir su gracia que podrá restaurarle a Dios la gloria que los pecados de su pueblo le han robado.

Pablo, el apóstol judío que predicaba a los gentiles, nos pinta esta imagen de manera brillante en Romanos 11:6: *"Y si por gracia, ya no es por obras; de otra manera la gracia ya no es gracia. Y si por obras, ya no es gracia; de otra manera la obra ya no es obra".*

Veamos algunas importantes profecías del Antiguo Testamento respecto de la dispersión de Israel y su regreso y reunión.

DECLARACIÓN DE JEREMÍAS

Jeremías, el profeta de las lamentaciones, vio a través del lente del tiempo que el Dios fiel de Israel, cumplidor de su alianza, ofrecería sus alas desplegadas como lugar de divina protección para su pueblo durante su regreso a la Tierra Prometida:

> *Oíd palabra de Jehová, oh naciones, y hacedlo saber en las costas que están lejos, y decid: El que esparció a Israel lo reunirá y guardará, como el pastor a su rebaño* (Jeremías 31:10).

Jeremías declaraba en profecía a las naciones gentiles lo que era la voluntad de Dios para sus habitantes. Era esta una declaración que habla de una extracción soberana que se ha hecho –y se hará– visible.

En este versículo de Jeremías encontramos tres verdades. Primero, fue Dios mismo quien dispersó al pueblo de Israel. Segundo, que el mismo Dios que dispersó a Israel reunirá a su pueblo en su propia tierra. Y tercero, que Dios no se remitirá a reunir a Israel nada más, sino que la protegerá, pondrá a su alrededor un cerco de protección divina.

PRONUNCIAMIENTO DE OSEAS

Oseas 1:10 dice:

> *Con todo, será el número de los hijos de Israel como la arena del mar, que no se puede medir ni contar. Y en el lugar*

en donde les fue dicho: Vosotros no sois pueblo mío, les se-
rá dicho: Sois hijos del Dios viviente.

Esta contundente afirmación profética se refiere a la condición de
la casa de Israel en una época en que estaba en estado de rebelión y
pecado (*"No sois pueblo mío"*). Pero la palabra crítica de juicio de
Dios no terminó allí. ¿No es sorprendente? Con cada palabra de juicio hay también un rayo de esperanza. La verdad de La Palabra de
Dios a veces corta con filo afilado, pero las heridas son en última instancia con el propósito de sanar y restaurar.

Después de estas palabras de juicio Dios ofrece una promesa feno-
menal –como lo hace también en nuestras vidas–. En el mismo lugar
–la tierra de Israel– donde les dijo que no eran sus hijos: *"Les será dicho: Sois hijos del Dios viviente"*.

Este versículo habla de la restauración física y la reubicación, y
también del renacimiento espiritual, o reavivamiento, que ocurrirá
en el pueblo de la alianza de Dios cuando haya regresado a la tierra
que la alianza les otorgó. Un milagro de proporciones mayores se declara aquí. ¡Qué reflejo de la asombrosa fidelidad de nuestro Padre!

PREDICCIÓN DE DOS REUNIONES

Con el cimiento necesario de la gracia de Dios y su fidelidad, re-
trocedamos unos pasos más en la historia para ver el tema de la diáspora –la dispersión– del pueblo judío en la historia.

PRIMERA REUNIÓN

Entiendo que las Escrituras hablan proféticamente de antemano,
anunciando que los judíos sufrirían dos grandes dispersiones, que
abandonarían su tierra y se esparcirían, y que luego serían "re unidos" dos veces.

La primera vez fue en los años en que los profetas Daniel y Ezequiel
estaban exiliados en Babilonia, el período en que los judíos del reino
de Judea habían sido desarraigados de su país luego de la destrucción
del templo, de Jerusalén y sus alrededores, a manos de Nabucodono-
sor (ver Daniel 1:1-6). Fue cerca del año 605 aC que Daniel y sus
compañeros fueron llevados a Babilonia. Su restauración de la tierra
que les pertenecía comenzó en el año 538 aC (ver 2 Crónicas 36:22-

23; Esdras 1:1-4), y el templo no fue restaurado sino hasta 525 aC (ver Esdras 6:15), unos setenta años después de su destrucción en 587 aC.

En el último capítulo vimos la vida de Daniel. Tomémonos un momento para repasarlo.

Daniel, profeta del único Dios verdadero, estaba en cautiverio con los hijos de Israel en Babilonia, una tierra extraña, con dioses, hábitos y cultura ajena a la de los cautivos. Quizá fue en el sexagésimo tercer año de su cautiverio, cuando meditaba en La Palabra de Dios (ver Daniel 9:2) que Daniel recibió una revelación basada en las promesas proféticas de Jeremías:

> Toda esta tierra será puesta en ruinas y en espanto; y servirán estas naciones al rey de Babilonia setenta años. Y cuando sean cumplidos los setenta años, castigaré al rey de Babilonia y a aquella nación por su maldad, ha dicho Jehová, y a la tierra de los caldeos; y la convertiré en desiertos para siempre (Jeremías 25:11-12).

> Porque así dijo Jehová: Cuando en Babilonia se cumplan los setenta años, yo os visitaré, y despertaré sobre vosotros mi buena palabra, para haceros volver a este lugar (Jeremías 29:10).

No solo creyó Daniel en esta palabra y la declaró como le fue revelada a Jeremías –que al fin de setenta años de cautiverio en Babilonia los hijos de Israel serían liberados y volverían a su tierra– sino que, además, buscó al Señor, y confió en su apoyo para eliminar las razones u obstáculos para el cumplimiento de la promesa profética (ver Daniel 9:3-19). Entonces Daniel respondió a la palabra profética, se arrodilló sobre ella. Confesó el pecado de su pueblo como si fuera suyo. El versículo que resume esta confesión es Daniel 9:19:

> Oye, Señor; oh Señor, perdona; presta oído, Señor, y hazlo; no tardes, por amor de ti mismo, Dios mío; porque tu nombre es invocado sobre tu ciudad y sobre tu pueblo.

Es interesante notar, como dato aparte, que fue también en el septuagésimo año del comunismo en la ex Unión Soviética que este poder del mal fue derrotado y el Evangelio del Reino de Jesucristo pudo ser proclamado libremente una vez más. La Cortina de Hierro se eliminó y el comunismo se derrumbó justamente después de setenta años.

El hecho de que La Palabra del Señor sucediera precisamente como lo había declarado Él a través de Jeremías, y también el hecho de que Daniel se arrodillara sobre esta promesa, nos da un ejemplo de la intercesión profética en su más acabada expresión. Al término de setenta años los israelitas fueron liberados, en el comienzo de la concreción de la profecía de su primer retorno a la tierra de su alianza. Y se comenzó a trabajar en la reconstrucción de las murallas de Jerusalén.

Siguieron muchos años cíclicos de fe, pecado, arrepentimiento, reavivamiento y restauración, pero La Palabra del Señor se había cumplido y Dios se había mostrado fiel a su promesa.

SEGUNDA REUNIÓN

No fue esta la única dispersión y reunión profetizada por los centinelas de Dios. Isaías 11:11-12 declara que el Señor pondría su mano por segunda vez, para recuperar lo que quedaba de su pueblo:

Asimismo acontecerá en aquel tiempo, que Jehová alzará otra vez su mano para recobrar el remanente de su pueblo que aún quede en Asiria, Egipto, Patros, Etiopía, Elam, Sinar y Hamat, y en las costas del mar. Y levantará pendón a las naciones, y juntará los desterrados de Israel, y reunirá los esparcidos de Judá de los cuatro confines de la tierra (Isaías 11:11-12, frase destacada por el autor).

Esta Escritura claramente retrata una segunda dispersión y, en algún punto, una segunda reunión. La primera dispersión no envió a estos judíos errantes en muchas direcciones en un primer momento. Siguieron juntos como entidad: un pueblo perseguido aunque identificable en una nación extranjera. Pero la segunda dispersión los enviaría a regiones aún desconocidas en los tiempos de Isaías, a los cuatro rincones de la Tierra. Entiendo —como lo hacen muchos otros— que estamos viendo la segunda gran reunión, que se cumple ante nuestros ojos, en nuestra generación.

De manera sencilla digamos que las Escrituras explican que habría una dispersión regional, seguida de una reunificación también regional. Y luego vendría una segunda dispersión por el mundo, seguida de una reunificación que les traería también de distintos lugares del mundo. ¿Cuándo ocurrió la segunda dispersión? Cerca del año 70 dC, bajo el gobierno romano de Tito, cuando el pueblo judío una vez más escapó de su tierra para salvar su vida. Durante siglos se dispersaron, no solo quinientos, mil o mil quinientos años, sino durante unos mil novecientos años. El pueblo judío durante este período no vivió en su tierra, sino que fue dispersado por los cuatro rincones de la Tierra.

En cuanto a la reunificación luego de esta segunda dispersión, Ramon Bennet, en su libro *When Day and Night Cease* [Cuando cesen el día y la noche], escribe:

La segunda reunificación comenzó con cuentagotas, cuando los judíos comenzaron a volver a Palestina a comienzos del último siglo. Este goteo se convirtió en arroyo después de 1948, y en la década de 1950 y 1960 llegó a ser un río. El río ahora está inundándose, y a punto de desmadrarse con las masas de judíos que llegan de los últimos vestigios de la (ex) Unión Soviética.[36]

¡Me causa tanta alegría ver que los propósitos de Dios se van cumpliendo ante nuestros ojos! Desde mi punto de vista, esto es exactamente lo que veo que ocurre hoy en Medio Oriente.

ENCARGO DIVINO, DE SOPETÓN

Permítame desviar el curso durante un momento, para relatarle una historia de la vida real ocurrida al regreso de mi primer viaje a Israel, en 1987. Aunque sucedió hace más de una década, quizá cuando le relate este fascinante encuentro podrá ver un poco más del corazón de Dios para el destino y los propósitos de Israel en nuestros días.

Volaba a casa luego de mi primer viaje a Israel y, por error, me ubicaron en primera clase. ¡Qué bendición accidental! ¡Y qué encargo divino! Resultó ser que mi compañero de asiento era un caballero importante, y mis antenas espirituales comenzaron a zumbar (los dones del Espíritu Santo actuaban). Bajo un tipo de mandato espiritual, comencé a hablar con este caballero, le mencioné lo que había en mi corazón. No lo conocía pero tenía el curioso deseo de hablar con él sobre las Escrituras proféticas.

¿Quiere saber qué sigue en el calendario profético de Dios? –le pregunté.

¡No tenía yo idea de qué le diría!

Me miró con curiosidad. Así que comencé a decirle que desde la perspectiva profética, Rusia y los países del este de Europa serían librados de las garras del comunismo, y que un enorme éxodo de judíos se dirigiría a la bíblica "tierra del norte". Cité a Isaías y los pasajes que mencioné de Jeremías, y le expliqué que las circunstancias de Medio Oriente cambiarían radicalmente como resultado de este retorno a la tierra.

Como mi compañero de asiento parecía interesado, seguí hablando. ¿Qué más le diría yo? ¡Ni siquiera sabía cuáles serían mis siguientes palabras!

PESCADORES Y CAZADORES

Lo llevé a Jeremías 16:14-16, que dice:

> No obstante, he aquí vienen días, dice Jehová, en que no se dirá más: Vive Jehová, que hizo subir a los hijos de Israel de tierra de Egipto; sino: Vive Jehová, que hizo subir a los hijos de Israel de la tierra del norte, y de todas las tierras adonde los había arrojado; y los volveré a su tierra, la cual di a sus padres. He aquí que yo envío muchos pescadores, dice Jehová, y los pescarán, y después enviaré muchos cazadores, y los cazarán por todo monte y por todo collado, y por las cavernas de los peñascos.

¡Pocas veces había tenido yo un auditorio tan atento! El hombre se inclinaba hacia mí, como diciendo "¿hay más?" ¡Casi no podía creer que estuviera yo hablando de esto con un extraño! Aún así, continué, explicando mi entendimiento de estos versículos en tanto que la paloma del Espíritu Santo parecía posarse sobre mí.

Comencé a hablar sobre los términos "pescadores" y "cazadores", según lo establecía Jeremías, y lo que posiblemente pudieran significar. El Señor siempre se mueve primero en misericordia, expliqué, antes de emitir su juicio. Le dije que los pescadores de los que hablaba Jeremías habían sido enviados primero, y usados para llamar al pueblo judío de vuelta a su tierra. De hecho, una de las primeras etapas de "pescadores" sucedió en 1897, hace más de un siglo, cuando el líder secular Theodor Herzl dio un llamado profético primero en el Primer Congreso Mundial Sionista de Basilea, Suiza, para la formación de un estado judío.

Otra movida en el tablero de ajedrez sucedió en 1917, cuando Jerusalén fue liberada por el General Allenby y las fuerzas británicas, luego de cuatrocientos años de dominación turca. Se firmó la Declaración de Balfour, y se llamó a los judíos a su hogar nacional.

Seguí pasando páginas de la historia, explicando que en 1933 Dios envió al pescador Zeb Jabotinsky, uno de los pioneros judíos en Palestina, quien advirtió a los judíos de Alemania: "No hay futuro para ustedes aquí. Vengan de regreso a su tierra, mientras las puertas están aún abiertas". [37] Y entonces salté a julio de 1938, y relaté la reunión de la Liga de las Naciones con líderes de Europa, los EE.UU. y otras naciones, para debatir el dilema judío. Le dije que Hitler había enviado espías a esta reunión, para que le enviaran un informe de la posición de los países en cuanto al tema. Pero como los líderes de las naciones decidieron no expresar una opinión firme, los espías le dijeron a Hitler lo que él quería escuchar. Esto le dio al líder nazi el impulso que quería para avanzar con sus planes.

Los tiempos cambiaron entonces, de los pescadores de la misericordia a los cazadores del juicio. Lo que sucedió luego eventualmente llevó al exterminio de seis millones de judíos y al horroroso juicio de la Segunda Guerra Mundial bajo el reino del terror de Hitler. Los cazadores llegaron, como lo anunciaban las Escrituras, "a cazar desde cada montaña, cada colina y cada grieta entre las rocas".

EL GRAN TESORO DE DIOS

Después de oír sobre los pescadores y cazadores, el caballero sentado junto a mí tomó una libreta, anotó algo y pareció tomar apuntes de ciertas referencias de las Escrituras. Luego cerró su cuaderno y comenzó a indagar con suavidad, preguntándome quién era yo, de dónde venía, qué hacía en este viaje y si había hablado con líderes militares internacionales.

Vi que había pulsado ciertos botones, pero no tenía idea alguna, cuando el Señor me alentó a hablar de esto con un extraño, que evidentemente estaba en posición de responsabilidad y toma de decisiones.

De hecho, resultó ser secretario de la Junta de Jefes de Personal de la administración de Reagan, y a cargo de la estrategia militar en Medio Oriente.

Debo admitir que me sentía excitado. Supongo que el Señor quería que este hombre supiera qué vendría después. Al explicar a este caballero las Escrituras, supe que parte del gran tesoro de Dios había sido puesto en su corazón. Y durante las siguientes semanas y meses me encontré orando porque la Palabra de Dios no volviera vacía al corazón de este hombre, sino que cumpliera los propósitos para los que Él la había enviado (ver Isaías 55:10-11). ¡Mi apetito aumentaba porque se me encargaran nuevos mandatos divinos en nombre de Jesús!

¡Que Él nos lleve hacia las oportunidades que hagan que las personas presten atención a Israel, pieza central en el tablero de ajedrez de Dios!

MÁS SOBRE LA SEGUNDA REUNIFICACIÓN

Los caminos anexos pueden estar llenos de cosa interesantes para ver. Pero volvamos a la avenida principal con Jeremías y veamos en mayor profundidad lo que dicen las Escrituras proféticas sobre la segunda reunificación.

El llamado del clarín para esta segunda reunificación proviene de la trompeta de Jeremías, con toda claridad:

> *He aquí yo los hago volver de la tierra del norte, y los reuniré de los fines de la tierra, y entre ellos ciegos y cojos, la mujer que está encinta y la que dio a luz juntamente; en gran compañía volverán acá. Irán con lloro, mas con misericordia los haré volver, y los haré andar junto a arroyos de aguas, por camino derecho en el cual no tropezarán; porque soy a Israel por padre, y Efraín es mi primogénito. Oíd palabra de Jehová, oh naciones, y hacedlo saber en las costas que están lejos, y decid: El que esparció a Israel lo reunirá y guardará, como el pastor a su rebaño* (Jeremías 31:8-10).

Estos versículos y otros más pintan gráficamente este proceso de reunificación con mención específica del "país del norte", como uno de los principales lugares de éxodo y retorno. Para entender cuáles son las regiones implicadas, debemos ver el contexto geográfico. Es interesante observar que Moscú está ubicada directamente al norte del pequeño pedazo de tierra en Medio Oriente conocido como Israel.

Sí, el Señor sostiene la brújula del entendimiento adecuado de su Palabra. Para comprender correctamente, sin embargo, debemos estar en el lugar indicado. Israel es la pupila del ojo de Dios, el centro de su foco (ver Zacarías 2:8) y debemos leer las Escrituras proféticas con esto en mente.

Algunas de las condiciones específicas del pueblo que retorna se mencionan también en Jeremías: *"He aquí yo los hago volver de la tierra del norte, y los reuniré de los fines de la tierra, y entre ellos ciegos y cojos, la mujer que está encinta y la que dio a luz juntamente; en gran compañía volverán acá"* (Jeremías 31:8).

Pensemos en esto durante un momento; volveré a mencionarlo junto con el cumplimiento dramático contemporáneo.

Jeremías también explicó cómo sería liberado el pueblo de Dios: con súplica. ¿Qué es súplica? Según la Concordancia de Strong, el significado de esta palabra es simplemente "fuerte oración". ¡Asombroso! Una vez más se nos da el secreto del cumplimiento de la promesa profética: la oración desesperada del corazón –llanto– y orar otra vez la promesa a Dios –súplica–.

Aquí otra vez encontramos los propósitos de Dios, nacidos a través de la intercesión profética. ¿Puedo contarle un testimonio vívido que mostrará esto de manera elocuente?

CUMPLIMIENTO CONTEMPORÁNEO

En el capítulo 4 mencioné a mi querido amigo de la República Checa, el pastor moravo Evald Rucky. A comienzos de la primavera de 1991, recordará usted, sufrió un ataque al corazón mientras ministraba en Suecia y debió ser hospitalizado. Los médicos dijeron que había entrado en estado de coma. Pero según lo entiende Evald, el Señor le permitió escapar al cielo durante unos momentos para disfrutar de la presencia del Señor, antes de que las lágrimas de su mejor amigo lo trajeran de vuelta.

Mientras se hallaba envuelto en la presencia del Señor, Evald vivió diversas experiencias y recuerda que se le mostraron algunos eventos que más tarde ocurrieron. En un momento vio un puente blanco que se elevaba desde Etiopía, subía a las nubes y luego bajaba a Israel.

Mientras Evald observaba, unos mil quinientos etíopes de piel oscura cruzaban el puente hacia Israel.

¿Qué es esto? –le preguntó Evald al Señor.

Su guía, el Espíritu Santo, le respondió:

Oh, es mi antiguo pueblo judío, que llevaré a casa desde Etiopía a Israel.

¿Cómo ha de suceder esto? –siguió preguntando Evald.

Nuevamente llegó la respuesta:

Esto, también, sucede en respuesta a las oraciones de los santos.

¡Qué visión y qué explicación! Pero, ¿qué fue lo que vio Evald en realidad?

En mayo de 1991, unas semanas más tarde, ocurrió el histórico evento llamado Operación Salomón. El título del "Jerusalem Post" del 1º de junio de 1991, decía: "Operación Salomón vuela a 14.400 a Israel en 24 horas. Judíos etíopes rescatados".

> Israel hizo historia el sábado con la concreción de masivo éxodo por avión de unos 14.000 judíos etíopes de Addis Abeba hacia su ancestral tierra, en solo veinticuatro horas. La Operación Salomón, conducida por el IDF en coordinación con la Agencia Judía, el ministerio de relaciones exteriores y otras entidades, además del gobierno etíope, hizo llorar a muchos de los miles de israelíes que participaron en la reunificación de los judíos etíopes con sus 20.000 familiares y parientes que ya estaban en Israel.[38]

Ahora citaré una noticia difundida por Associated Press, respecto del mismo histórico evento. El tono de este artículo sonaba mucho como las Escrituras. Los titulares declaraban "Israel rescata 15.000", y el subtítulo: "En masa: judíos etíopes vuelan hacia la seguridad". Aquí transcribo el asombroso artículo:

> Israel trajo a 15.000 judíos etíopes a su tierra prometida, los salvó de la sitiada Addis Abeba en un operativo masivo de vuelos que terminó el día sábado. La Operación Salomón, de 40 vuelos, virtualmente envió a todos los judíos etíopes declarados como descendientes de una de las diez tribus perdidas de Israel, hacia sus nuevas vidas en

el Estado judío. Esta operación es la evacuación más grande que haya llevado a cabo Israel, y trajo a la memoria el éxodo bíblico. Los recién llegados caminaban, rengueaban o eran llevados por otros al salir del avión. Muchos iban vestidos con túnicas, y llevaban consigo las pocas posesiones que podían transportar. Una anciana se arrodilló y besó el suelo de la pista de aterrizaje. Nacieron cuatro bebés a bordo de los aviones. "Es una experiencia muy conmovedora", dijo uno de los pilotos. "No todos los días podemos ser parte de una nueva página en la historia".[39]

¿Dice usted que hoy, esto ya es noticia vieja? ¡A mí me suena como profecía de las Escrituras, cumplida! En nuestros días en que todo se desarrolla con tal velocidad, no olvidemos todo lo que Dios ya ha hecho para cumplir su inmutable Palabra.

Recuerde la predicción de Jeremías: *"He aquí yo los hago volver de la tierra del norte, y los reuniré de los fines de la tierra, y entre ellos ciegos y cojos, la mujer que está encinta y la que dio a luz juntamente; en gran compañía volverán acá"* (31:8). Sí, vinieron rengueando, y a algunos había que cargarlos. Cuatro mujeres dieron a luz durante el vuelo. ¡Asombroso! ¡Hasta el mínimo detalle se cumplió!

Piense también en la profecía de Ezequiel:

> *Y levantaré para ellos una planta de renombre, y no serán ya más consumidos de hambre en la tierra, ni ya más serán avergonzados por las naciones. Y sabrán que yo Jehová su Dios estoy con ellos, y ellos son mi pueblo, la casa de Israel, dice Jehová el Señor* (Ezequiel 34:29-30).

Ya no más consumidos por el hambre, establecidos en su propia tierra. Quizá ahora se levantará el velo ante estos preciosos judíos etíopes y llegarán a conocer a Jesús como su glorioso Mesías.

Mientras tanto, recuerde lo que preguntó mi amigo Evald a su guía celestial:

¿Cómo sucederá esto?

En la respuesta: "Sucede también en respuesta a las oraciones de los santos", vemos una vez más la intercesión profética utilizada para dar cumplimiento a las promesas de Dios. ¿Cómo funciona esto?

La promesa profética pura de Dios, sea en las Escrituras o mediante la auténtica liberación de los dones del Espíritu en nuestros días, es donde se arrodillan en humilde y persistente oración los creyentes en Cristo, y ¡llueven las respuestas!

SE BUSCAN: MEDIDAS DESESPERADAS

Durante una temporada de oración y ayuno especial en 1988, convocada por Clyde Williamson, de Toronto, y llamada Ayuno del Mandato de Ester, los intercesores ubicados en diversas partes del mundo no consumieron comida ni líquidos durante tres días, para clamar al Señor por la liberación de los judíos de la "tierra del norte", y por su regreso a Israel. Los participantes oraban los versículos de Jeremías e Isaías que hemos visto aquí. Una cantidad de creyentes en todo el planeta le recordaban a Dios su Palabra. Y adivine qué fue lo que sucedió: el Señor oyó este ruego de compasión, cayó el comunismo y los versículos se cumplieron.

Esta temporada de ayuno fue similar a lo que hizo Ester para evitar el juicio de muerte sobre la población judía de su tiempo. Las circunstancias desesperantes requieren de medidas desesperadas. Dios oyó los urgentes gritos de oración y ayuno en los días de Ester, y perdonó las vidas de los integrantes de su pueblo.

Hoy Israel es una nación de naciones. La gente ha venido de más de ciento cuarenta países, para vivir en Israel. Más de cien idiomas resuenan en este crisol de judíos que buscan su destino. Se están cumpliendo antiguas promesas proféticas en nuestros días, en que sigue llevándose a cabo esta "re unión". La clave a la oración exacta es orar en la voluntad de Dios, y Él otorga revelación de su Palabra y de su corazón; nos invita a unirnos en el santo acto de estar de acuerdo con Él. El acto de orar una promesa de vuelta a Dios en sus diversas formas, es un grandioso privilegio y una herramienta utilizada para dar curso a la historia.

PROMESAS PROFÉTICAS PARA ISRAEL EN LAS ESCRITURAS

Ahora que su nivel de interés es un poco mayor, permítame mostrarle algunas promesas en las Escrituras que todavía no se han cumplido, y sobre las que podemos arrodillarnos juntos para ver que suceda el destino profético de Dios para Israel.

¿Preparado para la aventura? Si es así, medite la siguiente lista de promesas y citas en el calendario profético de Dios para Israel, y haga que entren en lo más profundo de su corazón. Luego haga una pausa, inspire y sumérjase en las maravillas de la intercesión profética por Israel, a medida que la carga del Señor descienda sobre usted, en beneficio del pueblo elegido de Dios.

La lista de algunas de las promesas que oraremos de vuelta a nuestro maravilloso Señor es:

LA RE-UNIÓN

No temas, porque yo estoy contigo; del oriente traeré tu generación, y del occidente te recogeré. Diré al norte: Da acá; y al sur: No detengas; trae de lejos mis hijos, y mis hijas de los confines de la tierra (Isaías 43:5-6).

Por tanto, he aquí que vienen días, dice Jehová, en que no dirán más: Vive Jehová que hizo subir a los hijos de Israel de la tierra de Egipto, sino: Vive Jehová que hizo subir y trajo la descendencia de la casa de Israel de tierra del norte, y de todas las tierras adonde yo los había echado; y habitarán en su tierra (Jeremías 23:7-8).

SALVACIÓN POR MEDIO DE NUESTRO MESÍAS JESUCRISTO

Y derramaré sobre la casa de David, y sobre los moradores de Jerusalén, espíritu de gracia y de oración; y mirarán a mí, a quien traspasaron, y llorarán como se llora por hijo unigénito, afligiéndose por él como quien se aflige por el primogénito (Zacarías 12:10).

Porque no me avergüenzo del evangelio, porque es poder de Dios para salvación a todo aquel que cree; al judío primeramente, y también al griego (Romanos 1:16).

Hermanos, ciertamente el anhelo de mi corazón, y mi oración a Dios por Israel, es para salvación (Romanos 10:1).

ORACIONES POR JERUSALÉN

Pedid por la paz de Jerusalén; sean prosperados los que te aman. Sea la paz dentro de tus muros, y el descanso dentro de tus palacios. Por amor de mis hermanos y mis compañeros diré yo: La paz sea contigo. Por amor a la casa de Jehová nuestro Dios buscaré tu bien (Salmo 122:6-9).

Por amor de Sion no callaré, y por amor de Jerusalén no descansaré, hasta que salga como resplandor su justicia, y su salvación se encienda como una antorcha (Isaías 62:1).

Hay numerosas promesas proféticas en las Escrituras para Israel y el pueblo judío. Las que enumero aquí son solo un ejemplo, para comenzar. He compilado un apéndice al final de este libro, titulado "Escrituras para orar por Israel", para que usted estudie, medite y ore en intercesión. Confío en que se sentirá entusiasmado al ver la cantidad de promesas proféticas sobre las que puede arrodillarse, y ensayar su oración ante nuestro gran Dios y Rey.

Únanse a mí sobre las murallas y centinelas, y elevemos nuestro clamor por Israel.

PROCLAMAR, ALABAR Y ORAR

Antes de cerrar este último capítulo de la segunda sección del libro, y comenzar con la última sección "Aplicaciones para sacerdotes proféticos", veamos un versículo más de Jeremías para destacar algunas de las aplicaciones bíblicas que cada uno de nosotros puede hacer.

Jeremías 31:7 quizá resume mejor que cualquier otro versículo la respuesta práctica a la invitación profética de Dios:

Porque así ha dicho Jehová: Regocijaos en Jacob con alegría, y dad voces de júbilo a la cabeza de naciones; haced oír, alabad, y decid: Oh Jehová, salva a tu pueblo, el remanente de Israel.

Se señalan tres importantes acciones en este versículo: son las palabras *"haced oír (proclamar), alabad y decid (orar)"*. En este contexto, *decir* significa orar porque se nos exhorta a hablar con Dios mediante el decir. En este versículo, entonces, se le da a la Iglesia tres llaves que han de insertarse en la cerradura de la puerta de la prisión, por el bien del pueblo judío para ayudar a liberarlos hacia el destino que Dios tiene para ellos. Estas llaves son: el poder de la proclamación, el poder de la alabanza y el poder de la oración.

En este momento de nuestro viaje juntos, le exhorto a hacer algo. Gran parte del tiempo esperamos llegar a la perfección antes de actual. Bien ¡solo hágalo! Tome las promesas de La Palabra de Dios y proclámelas. Anuncie el destino de Dios a los cielos. Proclame la buena voluntad del Señor a las ciudades y sus habitantes. Dé al Señor la gloria y el honor que su nombre merece, porque Él es en verdad bueno. ¡Y ore desde su corazón! Deje de buscar teorías, y haga algo, por amor de Dios. Sea uno de los guerreros del Espíritu Santo, esos que Él necesita, que "oran hasta que algo suceda".

Mi esposa y yo tenemos un bellísimo cuadro que lleva escrito lo siguiente: "Proclama, alaba, ora". Nos lo dio Tom Hess, fundador de House of Prayer for All Nations [Casa de la oración para todas las naciones], ubicada en el Monte de los Olivos, en las afueras de Jerusalén.

El cuadro es un maravilloso recordatorio de nuestro privilegio y responsabilidad como centinelas sobre las murallas de Jerusalén. Y la carta por Israel ahora forma parte de lo que somos Michal Ann y yo como intercesores proféticos. Todo lo que hacemos por Israel está conectado a una de estas tres actividades: proclamar La Palabra de Dios, alabar su santo nombre y orar confesando nuestros pecados, como lo hizo Daniel, y recordándole a Dios su Palabra, como lo hicieran nuestros antepasados.

Como Elías, he llamado para que termine la sequía y comience una temporada de misericordia. He orado por la paz de Jerusalén. He despertado en medio de la noche para sentarme a esperar y escuchar la voz de Dios con respecto a sus propósitos para el pueblo judío. He sido llamado al servicio activo de estar alerta en las vigilias de la noche durante la guerra.

Si es usted como yo, querrá ir más allá de la teoría, a la aplicación práctica en la vida real, por el camino. Entonces clame al Señor por su destino profético para el pueblo judío. Como mi amigo Eval, de la República Checa, se preguntará: "¿Cómo sucederá esto?" La voz de

Jesús responde en un susurro: "Oh, esto también sucede por las oraciones de los santos".

Así que, haga una pausa ahora. Aquiete su alma para poder escuchar. Deje que el Espíritu Santo sintonice su corazón para que oiga el canto de los ángeles del cielo ahora mismo. Que *Elohim*, el Creador y Ser supremo le dé a usted el Espíritu de sabiduría y revelación respecto de su calendario profético para Israel, y que el corazón de Dios para Israel pueda latir dentro de su pecho, en tanto ayudamos a cumplir los propósitos de Dios por medio de la intercesión profética.

APLICACIONES PRÁCTICAS, ¡HAGÁMOSLO REALIDAD!

- Tome varias Escrituras de Isaías y Jeremías en cuanto al futuro de Israel, y órelas de vuelta al Padre; ruéguele que cumpla su Palabra.

- Espere en el Señor y pídale que su luz brille en su corazón, para exponer las áreas de antisemitismo o falsas enseñanzas respecto de Israel y los judíos. En confesión y arrepentimiento, preséntelas ante el Señor.

- Medite la lista de promesas y citas en el calendario profético de Dios para Israel, haga que entren en su corazón. Luego sumérjase en la intercesión profética por el pueblo de Dios.

- Ahorre dinero y planifique integrar alguno de los muchos viajes de oración a Israel, orando las promesas en el mismo lugar en que se cumplirán.

LECTURAS RECOMENDADAS

When Day and Night Cease [Cuando cesen el día y la noche], por Ramón Bennett (Arm of Salvation, 1992). No disponible en español.

The Last Word on the Middle East [La última palabra sobre el Medio Oriente] por Derek Prince, (Chosen, 1982). No disponible en español.

PARTE 3

Aplicaciones para sacerdotes proféticos

CAPÍTULO 10

Intervención en la crisis por medio de la intercesión

¿**D**ónde están mis Danieles? ¿Dónde están mis Esteres? ¿Dónde mis Deboras? ¿Dónde mis Josés? Estas palabras resonaban dentro de mí mientras viajaba en el tren desde Heidelberg a Rosenheim, en Alemania, hace unos años. Y permanecieron en mí. Había un ruego, una urgencia en los sonidos de esa noche.

¿Qué busca el Espíritu Santo? Porque a aquellos con "un espíritu extraordinario" como Daniel (Daniel 6:3) Él puede darles el entendimiento de los tiempos postreros. Él barre la Tierra en busca de los centinelas proféticos que surgirán como Ester *"en este tiempo"* (Ester 4:14). Él recorre nuestras iglesias buscando Déboras (ver Jueces 4:4-5) que se levanten y salgan de su zona de comodidad para avanzar hacia el mundo y marcar una diferencia en la sociedad y aún en el gobierno. Y busca a gente como José, intérprete de sueños, sabio administrador que salvó a su pueblo de una terrible hambruna (ver Génesis 41:56-57). ¿Dónde están esos hombres y mujeres valientes de Dios, en nuestra generación?

Cada fibra de mi ser está convencida de que para vivir con éxito las horas venideras hemos de tener la unción de la intercesión en las crisis, así como lo hicieron los personajes bíblicos a lo largo de la historia. ¿Dónde están los Hydes de la oración en nuestros días, que ganan almas en oración y luego las ganan una a una en la rutina cotidiana?

Nos esperan tiempos peligrosos a medida que pasan los días postreros (ver 2 Timoteo 3:1). Necesitamos una nueva generación de quienes caminen en unción, como el intercesor Rees Howells, cuyas oraciones evitaron que Gran Bretaña fuera invadida por los nazis durante la Segunda Guerra Mundial.

En octubre de 1998 tuve el honor de visitar la escuela bíblica que fundó Rees Howells en Swansea, Gales. Me acompañó su hijo mayor, Samuel Howells, aún activo a los 86 años, en su papel de intercesor ante el trono. ¡Qué gozo fue estar en la misma habitación donde la intercesión en tiempos de crisis buscaba proteger al pueblo judío!

Doris M. Ruscoe, estudiante en la escuela bíblica del Sr. Howells, nos dice algo sobre estas reuniones de oración ungidas, en su libro *The Intercession of Rees Howells* [La intercesión de Rees Howells].

> A medida que surgían las crisis durante la guerra, el Espíritu Santo guiaba nuestras oraciones, y cada vez sabíamos que la victoria había sido obtenida en el Espíritu antes de que llegara la noticia por la radio o los periódicos, anunciando la victoria en el campo de batalla.
>
> Tan grande fue la carga, que hubo momentos en que Rees Howells pasaba el tiempo a solas con Dios en su habitación, en tanto los miembros de su personal continuaban con las reuniones. Durante la Batalla de Bretaña, en el otoño del año 1940, cuando Gran Bretaña enfrentaba sola al enemigo y nuestros aviadores peleaban desesperadamente para defendernos del ataque enemigo, en especial sobre Londres, Rees Howells dijo: "La Inglaterra cristiana nunca será invadida".
>
> La ofensiva enemiga, un preámbulo a la invasión, llegó a su punto más álgido el 15 de septiembre, día que recordamos como la seguridad de la victoria. El ataque falló, y la invasión nunca sucedió.[40]

Estoy convencido de que necesitamos un nuevo nivel de poder sobrenatural para trabajar en la intervención en tiempos de crisis; ese trabajo de intercesión santa y valiente en que *"la misericordia triunfa sobre el juicio"* (Santiago 2:13).

Al terminar mi entrevista con Samuel Howells, le pregunté cómo había recibido su padre Rees Howells la revelación de Dios sobre qué debía orar. ¿Eran sueños, visiones, la carga de Dios, o qué cosa? El Sr. Howells me respondió con una observación breve y contundente: Oh, debe entender que el siervo del Señor estaba poseído por Dios.

¡Eso era! Los nuevos niveles de autoridad con Dios y sobre el enemigo provienen de nuevos niveles de posesión por parte de Dios.

Ahora investiguemos la vida de Amós, que combinó los dos grandes énfasis de misericordia y juicio. Sus valientes gritos de intercesión en tiempos de crisis liberaron la intervención del cielo. Para aprender la lección de que la misericordia triunfa sobre el juicio, veamos a este rudo aunque tierno guerrero del Señor, en cuya vida ambas características se hallaban íntimamente conectadas.

VISIONES A AMÓS: REVELACIÓN, ARREPENTIMIENTO Y CAMBIO

Amos era pastor y granjero en un campo de árboles frutales. Venía de Tecoa, una pequeña aldea a unos nueve kilómetros al sur de Belén. Aunque era nacido en Judá, su misión sería el reino del norte. Y aunque no había sido entrenado en las escuelas proféticas, el Señor llamó a Amós a dejar su rebaño; le dijo: *"Vé a profetizar ante mi pueblo, Israel".*

Este joven campesino llegó debajo del barniz de la prosperidad temporal, y expuso la debilidad y decadencia inherente que invitaba a un mal destino. La rectitud –nota dominante en Amós– era lo que se necesitaba para la seguridad de la nación y la estabilización de su fe. Donde faltaba rectitud, no había ritual alguno que pudiera evitar el juicio. Lo mismo vale en nuestros días.

LA LLUVIA DE LANGOSTAS

Así me ha mostrado Jehová el Señor: He aquí, él criaba langostas cuando comenzaba a crecer el heno tardío; y he aquí era el heno tardío después de las siegas del rey. Y

> *aconteció que cuando acabó de comer la hierba de la tie-*
> *rra, yo dije: Señor Jehová, perdona ahora; ¿quién levanta-*
> *rá a Jacob? porque es pequeño. Se arrepintió Jehová de es-*
> *to: No será, dijo Jehová* (Amós 7:1-3).

Por medio de la revelación visionaria el Señor advirtió a Amós de la devastación que sobrevendría sobre la vegetación de la tierra, como manga de langostas. Amós respondió a esta advertencia profética con intercesión inmediata y valiente, apeló a la misericordia de Dios: *"Perdona ahora"* (v. 2).

El clamor pidiendo perdón pareciera haber sido hecho por Amós y por nadie más. Ni Oseas, ni Isaías, ni ninguno de los otros profetas de Dios se unieron a él en su tiempo. A Amós solo se le apareció la visión, y a través de él se realizó la intercesión.

Quizá fuera por la relación entre la responsabilidad y la autoridad. Amós, que trabajaba como granjero, recibió la revelación de la destrucción de las cosechas. Este juicio habría diezmado al pueblo de Dios y a la sociedad, y afectó a Amós en lo personal también. Y desde su lugar de responsabilidad se le otorgó autoridad por medio de la oración. Amós clamó a Dios pidiendo perdón para su pueblo. Reconoció que merecían el juicio que se mostraba, pero rogó porque Dios cambiara de parecer.

Luego de su grito de arrepentimiento le recordó al Señor la condición de "Jacob", refiriéndose a Israel, el reino del norte: *"¿Cómo se levantará Jacob, siendo tan pequeño?"* pregunta Amós (v. 2). Aquí Amós llamaba la atención del Señor sobre el pueblo que llevaba su nombre de alianza en la Tierra. A pesar de su impiedad llevaban el nombre y la reputación de Dios, y Amós rogó en base de la reputación de Dios en la Tierra.

Se paró en la brecha entre el juicio recto de Dios que merecía el pueblo, y su necesidad de recibir misericordia. ¡Cara a cara, ante Dios!

FUEGO QUE CONSUME

> *Jehová el Señor me mostró así: He aquí, Jehová el Señor lla-*
> *maba para juzgar con fuego; y consumió un gran abismo, y*
> *consumió una parte de la tierra. Y dije: Señor Jehová, cesa*
> *ahora; ¿quién levantará a Jacob? porque es pequeño. Se*

arrepintió Jehová de esto: No será esto tampoco, dijo Jehová el Señor (Amós 7:4-6).

Luego de su intervención en el juicio de las langostas, Amós siguió mirando y vio que le seguía un segundo juicio. Esta vez era un fuego consumidor que quemaría la tierra. De nuevo Amós clamó: *"Señor Dios, por favor, ¡detente! ¿Cómo podrá levantarse Jacob, siendo tan pequeño?"* (v. 5). Necesitamos el mismo espíritu tenaz, observador, vigilante y dispuesto a responder. Normalmente cuando la Iglesia obtiene una victoria celebramos y hasta bajamos la guardia durante un tiempo. Amós no lo hizo. Siguió observando y vigilando, preparado para intervenir.

El Señor cambió de parecer acerca del juicio por fuego: *"No será esto tampoco"* (v. 6).

LA PLOMADA

Si pudiéramos leer las condiciones atmosféricas espirituales de los tiempos de Amós, notaríamos algo: aires de cambio. Sí, Dios había evitado enviar un par de juicios, pero la idolatría seguía floreciendo. Había llegado el momento de los resultados. Veamos entonces qué sigue en la historia de Amós:

> *Me enseñó así: He aquí el Señor estaba sobre un muro hecho a plomo, y en su mano una plomada de albañil. Jehová entonces me dijo: ¿Qué ves, Amós? Y dije: Una plomada de albañil. Y el Señor dijo: He aquí, yo pongo plomada de albañil en medio de mi pueblo Israel; no lo toleraré más. Los lugares altos de Isaac serán destruidos, y los santuarios de Israel serán asolados, y me levantaré con espada sobre la casa de Jeroboam* (Amós 7:7-9).

Israel había sido construida, para decirlo de alguna manera, con una plomada. Todo en su cimiento original había sido aplomado. Dios había dado su aprobación. Pero ahora el pueblo había cambiado y la plomada ya no pendía como debía hacerlo. (¿Le suena familiar esto?)

Hacía tiempo Jeroboam, rey de Israel, había introducido la adoración del becerro (ver 1 Reyes 12:25-33). Por ello la gente se volvió mala y se apartó del camino del Señor (ver 1 Reyes 13:33-34). Por eso Dios movió a Amós, le mostró la plomada y le dijo, en efecto: "Veo cómo Israel, como muralla que una vez estuvo derecha, ha estado torciéndose. En el pasado lo dejé pasar por alto, pero ahora ya no puedo hacerlo". Esto es lo que Dios le dice a cada persona, cada generación, institución, sociedad, reino o nación que deja de lado la rectitud.

Las advertencias de Amós a Jeroboam fueron en vano. Amasías, el sumo sacerdote, le dijo a Amós que debía irse: *"Vidente, vete, huye a tierra de Judá, y come allá tu pan, y profetiza allá; y no profetices más en Bet-el, porque es santuario del rey, y capital del reino"* (Amós 7:12-13). Sus servicios ya no eran requeridos.

CÓMO ESTÁN LAS COSAS POR AQUÍ

Lector, abramos los ojos. ¿Qué vemos? Pastor ¿qué sucede a su alrededor? Intercesor profético ¿qué acontece hoy? Los líderes seculares y de la iglesia han caído. El pecado sale a la luz. Los corazones de las personas están a prueba. Los vientos de la presión soplan fuerte. ¿Podrá ser esta una señal?

Dios ve desde lo alto todo lo construido en la Tierra. Mide, observa, pone a prueba. Así como el albañil utiliza la plomada para determinar si una pared está derecha, Dios juzga la rectitud de nuestras acciones humanas, y echa una plomada en medio de su iglesia y de las naciones.

Lo que un hombre ama por sobre todas las cosas será lo que lo gobierne. Si ama el placer, su carácter será sensual. Si ama al dinero, su carácter será mundano. Si ama el conocimiento, será filosófico. Pero si ama a Dios, su carácter será divino.

¿Cuál es la evaluación de Dios del carácter de la Iglesia en nuestros días? ¿De mi carácter, y del suyo, lector? ¿Qué nos pide el Espíritu Santo en nuestros días? Para ser vasijas que puedan contener los dones y el poder de Dios, sin rompernos, debemos entregarnos a la maravillosa –y aún a veces trabajosa– obra de la cruz. Debemos cultivar el temor al Señor, escapar del mal y dejarnos abrazar por los brazos de nuestro misericordioso Mesías.

Al cultivar nuestro temor de Dios recordemos que cuando se trata de juzgar a una nación, el Señor tiene un orden. Evalúa el carácter de su pueblo antes de juzgar el carácter del mundo:

Porque es tiempo de que el juicio comience por la casa de Dios; y si primero comienza por nosotros, ¿cuál será el fin de aquellos que no obedecen al evangelio de Dios? Y: Si el justo con dificultad se salva, ¿En dónde aparecerá el impío y el pecador? De modo que los que padecen según la voluntad de Dios, encomienden sus almas al fiel Creador, y hagan el bien (1 Pedro 4:17-19).

Primero Dios juzga a su hogar; y solo luego pasa a la fase dos, a juzgar a una sociedad alejada de Él. Juzgará al mundo en la Iglesia, y luego al mundo junto a la Iglesia. Como sucedió en tiempos de Amós, así será ahora también. La influencia de la Iglesia del siglo XX tiene poca estima en el mundo, en la santidad personal y en la sincera demostración del poder del Espíritu Santo. Nos hemos hecho rengos y mancos porque oramos poco, creemos poco, somos sectarios, inactivos, egoístas, tenemos peleas internas, intimidamos y asfixiamos a la presencia y el poder del Espíritu con tanto ceremonial. En este nuevo milenio encontraremos que Dios ya no pasa por alto la brecha entre su rectitud y nuestra moralidad nacional. Su esposa lleva un vestido manchado, y Él ha decidido que llegó el momento de limpiarla para hacerla nuevamente pura y santa, sin mancha ni arruga.

De la misma manera en que Dios escuchó el ruego de Amós, y cambió de parecer con respecto a las langostas y el fuego, creo que ha aplazado un gran juicio contra los Estados Unidos y muchas otras naciones en los últimos años, y no a causa de que hayamos cambiado, sino por las oraciones de sus santos. Si estos grandes juicios se hubieran cumplido a comienzos de los 90, la Iglesia habría terminado aplastada. Pero Dios quiere que seamos fuertes en la hora del juicio, un lugar de refugio para quienes buscan guarecerse en medio de la tormenta.

¿Estaremos listos? El reloj del juicio sigue andando. De hecho, creo que nos esperan tiempos difíciles, a menos que una vez más la intercesión haga que Dios cambie de parecer.

En la última década hemos observado que el liderazgo de la Iglesia en el mundo entero se ha visto sacudido, particularmente en los Estados Unidos. Se revelarán todos los secretos. Estoy convencido de que esta limpieza profunda continuará en tanto el Espíritu Santo trate con severidad los motivos de nuestros corazones, en especial de aquellos llamados a liderar. Muchos centinelas proféticos ven, al cierre de esta purificación, la convergencia de una ola de evangelización en medio de las dificultades nacionales, que podría incluir situaciones como la dificultad económica, nuevas epidemias, desastres naturales y la siempre presente posibilidad de guerras regionales.

Aún así, el nuevo milenio podría traer el derramamiento del verdadero espíritu de condena del pecado, no solo en la Iglesia sino en la sociedad en general. La oración en esos días no será una moda carismática. Será la fuente de vida de un pueblo militante que avanza demostrando el poder milagroso pocas veces visto desde los tiempos de la Iglesia del Nuevo Testamento.

¿CUÁL ES LA PLOMADA DE DIOS?

El Gran Libro. El mismo que debiéramos usar para medirnos. Cada pensamiento, cada palabra y cada acción determinan la condición de la muralla moral del carácter de nuestras vidas, a ser evaluado según la Santa Palabra de Dios.

Los albañiles no son tan tontos como para pensar que si construyen una pared que no es perpendicular a la tierra, su trabajo perdurará. De manera similar, cuando una persona, ministerio o nación crecen torcidos, deshonestos o mentirosos, la consecuencia será la misma: la pared eventualmente caerá. Debemos construir las murallas de nuestras vidas con el cemento de la pureza moral, según nos guíe el Espíritu Santo, basarnos en los principios de la Palabra de Dios.

"¡SEÑOR, POR FAVOR, DETENTE!"

Amós recibió cinco visiones respecto del destino de la nación. Primero fue la plaga de las langostas; luego el fuego que arrasaba con la nación. Ambas plagas se evitaron gracias a la oración del profeta. Su tercera visión fue la de la plomada que revelaba los cimientos débiles de la nación. Y en cuarto lugar, la canasta de frutas que mostraba la podredumbre de un pueblo que había repudiado La Palabra de Dios. Entonces se proclamó que habría hambruna, no de pan y agua, sino *de oír la palabra de Jehová"* (Amos 8:11) La quinta y última visión revelaba la futilidad de un intento por escapar de la venganza de Dios (9:1-4).

Tres visiones progresivas. Cada una con una oportunidad para el arrepentimiento. Pero también, cada uno de los juicios parecía más difícil de evitar que el que lo precedía.

"¡Ayuda, Señor!", ha de ser nuestro ruego sincero. Muchas personas hacen sonar la trompeta de la oración en nuestra Tierra. Pero la mayoría no dice por qué. ¿Vamos hacia un peligro grave? Creo que sí. ¿Qué nos espera? Dependerá de si hay Amoses que clamen: "No, Señor Dios, ¡por favor, detente! La Iglesia no está lista; todavía no somos lo que tú tienes pensado que seamos". El Espíritu Santo busca un pueblo destituido, verá usted, que haga lo que dice y obedezca lo que ora. Busca un pueblo con poder de Dios en la oración.

"Jacob es pequeño." Debemos arrepentirnos, confesar nuestro descreimiento en un Dios omnipotente y clamar al Señor por la sanación del quebrantado Cuerpo de su Hijo. Trabajar con esfuerzo y celo para vencer la pasividad. Conquistar el poder del egoísmo, elegir vivir con devoción a la cruz. Arrepentirnos de las peleas y chismes internos, y decir lo que dé gracia a los que nos oyen. Echar al espíritu de la intimidación y levantarnos en la fe de nuestro Dios. Romper la esclavitud del ceremonialismo religioso, y dejar que reine el Espíritu de libertad.

UN EJEMPLO DE INTERCESIÓN EN TIEMPOS DE CRISIS, EN NUESTROS DÍAS

Lo que relataré ahora quizá lo impacte. ¡Por cierto, me impactó a mí! Todos los hechos son reales, y le contaré la historia desde mi punto de vista, así como sucedió.

Con el tiempo he tenido el privilegio de participar de muchas reuniones de intercesión en diversas ciudades y naciones, con propósitos variados. Estuve en Yugoslavia en 1990, por ejemplo, para las cruzadas de evangelización con mi querido amigo Mahesh Chavda, unos meses antes de que estallara el conflicto étnico. Estuve en las calles de Zagreb –Croacia–, Sarajevo, Bosnia, y oré por esas ciudades. Me impactó la belleza del encuentro entre Oriente y Occidente, tanto en su aspecto arquitectónico como en el espiritual.

Me alojaba en un hotel de Sarajevo, y leía un libro sobre intercesión. Al mirar por la ventana de mi habitación en el tercer piso, oré: "Señor, pone en mí la impronta del eterno valor de la oración".

Nunca olvidaré esa oración, por la inmediatez de la respuesta que recibí. En ese momento en que decía mi oración desde la ventana del tercer piso, un clérigo musulmán asomaba por la puerta de un alto minarete –las delgadas torres en las mezquitas– justo del otro lado de la calle. Nuestras miradas se cruzaron. Nos miramos fijamente a los ojos. Luego él comenzó a dar uno de los cinco llamados diarios a los fieles islámicos, clamaba a Alá.

Me impactó que mi corta oración fuera respondida de inmediato con la impronta de esta imagen tan impactante.

"Si los que sirven a un falso Dios pueden clamar a su Dios cinco veces al día –pensé estremeciéndome– seguramente el Señor preservará para Sí una generación de Danieles que hinquen la rodilla y clamen al único y verdadero Dios, y no se den descanso hasta tanto Él establezca el gobierno de su Reino en la Tierra."

El Señor me dio un corazón para esa gente durante las cruzadas de evangelización, y cientos de ellos llegaron a la fe, recibieron el toque sanador de Jesús. Más tarde, cuando partí de Belgrado con Mahesh, algo más vino conmigo. Parecía que una diminuta porción del corazón de Dios hubiera sido depositada en mí por esa región del mundo y por su gente.

Cuatro años más tarde, en febrero de 1994, me encontraba en la República Checa: asistía a la Conferencia de Reconciliación de Europa Central. Sentía entusiasmo por estar de regreso en la bella tierra de la historia de la Iglesia, donde habían actuado personas como John Hus, el reformador excomulgado por revelar corrupción en el clérigo; o John Amos Comenius, obispo de los Hermanos de Bohemia, que anhelaba la unidad de todos los cristianos; y el Conde Zinzendorf, apasionadamente devoto de Jesús, que deseaba implantar el cristianismo en el mundo.

La guerra de Sarajevo –el sitio donde comenzó la Primera Guerra Mundial, donde fue asesinado al archiduque Francisco Fernando– había llegado a su punto más violento y amenazaba con una escalada aún mayor. La guerra étnica, religiosa y religiosa era volátil. Los católicos de Croacia, los ortodoxos de Serbia y los musulmanes de Bosnia Herzegovina luchaban ferozmente, y los horrendos crímenes contra la humanidad eran cosa de todos los días.

Antes de la conferencia de oración en Praga ministré durante unos días a los líderes de las iglesias de allí. Un amigo estadounidense, Jeff Karas, era mi compañero de intercesión durante el viaje.

Una noche Jeff recibió un sueño en el que vio a tres cazadores con arco y flechas, listos para disparar. El último dio en el blanco. Y después, había nieve en el suelo.

Jeff me relató su sueño y quiso saber mi opinión.

Tiene que estar relacionado con la conferencia de oración a la que asistiremos –dije– pero no tengo tiempo de procesarlo ahora. Tengo que prepararme para la reunión. De algún modo, lo sabremos.

Y casi no volví a pensar en el sueño.

Unos días después fuimos al norte de Praga para participar en la conferencia de oración de reconciliación. El propósito de esta reunión era el de traer delegados de toda Europa para buscar el rostro de Dios por medio de acciones de reconciliación e intercesión, para que interviniera en la horrenda guerra de la antigua Yugoslavia. Los delegados intercesores y pastorales provenían de diversos países, como Hungría y Gran Bretaña, Croacia y Bélgica, Alemania y Bulgaria, y muchas otras naciones. Jeff y yo éramos los únicos delegados del Hemisferio Occidental. La cumbre estaba presidida por Johannes Facius, coordinador de la Comunidad Internacional de Intercesores, y Dan Drapal, líder de equipo de la Comunidad Cristiana de Praga, en la República Checa.

UN PATRÓN DE ORACIÓN PROGRESIVA

La oración surgió como modelo según lo que había funcionado a partir del ensayo y error a lo largo de los años. No fue como cualquiera otra reunión de oración a la que hubiera asistido, no porque fuera tan intensa o por su evidente y tangible unción, sino por su paciencia.

El primer día de oración fue pasado en arrepentimiento personal. Nos separamos en grupos pequeños y confesamos nuestros pecados al Señor, y entre nosotros. Las enseñanzas eran espaciadas, pero la agenda principal era limpiar el suelo, esta vez, el suelo de nuestros corazones.

Pasamos el día siguiente confesando los pecados de la Iglesia. Una vez más, en grupos pequeños nombramos los pecados presentes e históricos de nuestras congregaciones y denominaciones. Las enseñanzas provenían de la historia de la Iglesia, para iluminarnos en cuanto a nuestro pasado manchado, y para darnos buenas municiones para el lugar de identificación colectiva del pecado. A menudo debíamos volvernos hacia alguien para humillarnos y pedir perdón. A veces no parecíamos avanzar demasiado, pero la paciencia se mostró vencedora.

El tercer día comenzamos confesando nuestros pecados nacionales. Luego, una vez cubiertos podíamos penetrar más profundamente en los pecados de nuestra historia étnica y de nuestras naciones.

Allí es cuando se puso todo más interesante. Surgieron rencillas entre personas de una nación que mostraba prejuicios en contra de otra nación. Aunque mientras continuaba derramándose sobre nosotros la gracia, llegaba la luz y declarábamos: "Oh, Señor, por favor perdónanos porque hemos pecado". Avanzábamos lentamente. No hubo fuegos artificiales espirituales, solo un patrón de progresiva confesión del pecado.

El cuarto y último día, cuando había estado ausente de mi hogar ya más de veinticinco días porque había pasado tres semanas en Albania antes de la conferencia, y no había leído periódicos porque estaban en idiomas diferentes al mío, ansiaba oír la radio o ver la TV para saber qué sucedía, oír alguna noticia. Estaba un tanto cansado y durante la tarde descansé en mi habitación del hotel. Busqué el rostro del Señor.

ENCUENTRO ESTRATÉGICO

Entonces sucedió. En mi habitación pude oír que había aviones sobrevolando el área. Zumbaban. No podía saber de dónde venían porque el aeropuerto estaba lejos. Pero parecían aviones de guerra. ¿Qué sucedía?

Luego oí una voz que resonaba en la habitación del hotel. No era la voz calma y quieta de Dios en mi corazón, sino la voz externa del Señor que hablaba en la habitación: "Si no oras, vendrán los aviones". Luego, en una visión de lo que parecían letras sobre la pared, leí el nombre Klaus.

Mis antenas espirituales intentaron detectar los "conocimientos" o razonamientos divinos que me llegaban. De algún modo, además de mi conocimiento de lo que sucedía, no sabía bien qué pasaba. Sabía que las armas de Serbia apuntaban desde las montañas que rodeaban a Sarajevo, listas para disparar. Sabía internamente que la OTAN les daba a los serbios cuarenta y ocho horas para retirar sus armas de las montañas, porque en caso contrario bombardearían sus puestos. También sentía que los serbios planeaban un ataque, y que también podrían enviar aviones a bombardear Sarajevo en las próximas cuarenta y ocho horas.

Fue una hora crucial.

Espere y oré, y luego salí de mi habitación para buscar a los dos líderes de la conferencia, Johannes Facius y Dan Drapal. Era yo un centinela, no un anciano a las puertas de la ciudad, y sabía que debía someterme a la experiencia reveladora de los que tenían autoridad delegada. Secretamente esperaba que lo único que pudiera hacer yo fuese darles la información.

Primero le hablé a Dan del evento.

¿Conoces los nombres de los líderes en el gobierno de nuestra nación?

Me preguntó. Le dije que no.

El apellido del líder del gobierno checo es Klaus –dijo.

¡Qué interesante! ¿Era esto una señal a los líderes, de que la experiencia venía de Dios?

Luego encontré a Johannes y le relaté el encuentro. Él también me preguntó si había escuchado la radio. Aparentemente, habían oído un informe de emergencia unos minutos antes, mientras estaba yo en mi habitación; anunciaba que la OTAN le había dado a Serbia cuarenta y ocho horas para quitar su artillería de las montañas que rodeaban a Sarajevo, porque de lo contrario vendrían con sus aviones a bombardear sus trincheras. Me impactó esto.

El Señor había dicho, sin embargo: "Si no oras, vendrán los aviones". Y ahora nos preparábamos para la última noche de reunión.

LOS TRES CAZADORES

Luego de la adoración y las enseñanzas, Johannes me llamó al frente y me pidió que explicara la palabra recibida. Con calma relaté la actividad de revelación y volví a mi asiento.

Luego llegó el momento de la oración. Habíamos pasado tres días arrodillados sobre las promesas, con arrepentimiento personal, humildad y confesión de pecados. Ahora llegaba el momento de ponernos de pie y pelear. Para mi sorpresa Johannes llamó a tres hombres para que nos lideraran en agresiva intercesión: un líder de oración de Inglaterra, otro de Ámsterdam y a mí.

Uno tras otro, los tres dábamos las oraciones de intervención que el Señor nos daba. Fui el último llamado a disparar sus municiones.

Mientras oraba, algo descendió sobre mí, y durante unos segundos me vi vestido de confianza sobrenatural y con la autoridad de Dios. Quizá fuera el don de la fe en operación en una dimensión de intercesión. En todo caso, era como si proféticamente se me hubiera dado un arco y una flecha. Me recordó a mi encuentro de oración en la ciudad de Nueva York, en 1987, cuando oré con una explosión de autoridad sobre una acción militar iraní contra la presencia estadounidense en Bahrain.

Al sentirme un tanto apartado de lo que sucedía alrededor de mí, tensé mi arco y disparé una poderosa flecha de oración: ordené a los poderes de las tinieblas que retrocedieran de las montañas, y le pedí a Dios que interviniera.

"En el nombre de Jesús –me oí declarar– ordeno a los poderes de las tinieblas a ser atados sobre las montañas de Sarajevo, y que no vengan los aviones."

La autoridad que había descendido sobre mí, se fue.

La reunión terminó y una vez más sentí esa sensación familiar de "¿qué fue todo esto?"

Cuando volví a mi asiento Jeff sonaba excitado:

¿Recuerdas el sueño del que te hablé hace poco? –preguntó– . ¿Recuerdas los tres cazadores, y el que dio en el blanco? Bueno, acaba de suceder. ¡Tú fuiste ese tercer cazador!

Entonces Jeff me recordó que al final del sueño había nieve en el suelo. A ambos nos pareció interesante. Porque la temperatura era cálida, aún siendo febrero.

Archivamos la anécdota y la reunión terminó. Estábamos cansados, nos fuimos a dormir.

Esa noche la temperatura bajó dramáticamente y a la mañana siguiente el suelo estaba cubierto de nieve. ¿Una señal de Dios? Quizá. Habíamos confesado nuestros pecados –personales, eclesiásticos y nacionales– e intercedido por la lucha étnica. Isaías 1:18 nos dice:

Venid luego, dice Jehová, y estemos a cuenta: si vuestros pecados fueren como la grana, como la nieve serán emblanquecidos; si fueren rojos como el carmesí, vendrán a ser como blanca lana.

Quizá el Señor nos daba una indicación en el reino natural, con ese manto de blanca nieve, de que la limpieza había sucedido en el reino espiritual.

EL RESULTADO

Si bien todo esto es subjetivo, no podrá negarse la exactitud y lo intrincado de los eventos de 1994. ¿Qué trascendió entonces? Que la bendición y los problemas de la oración son que uno no puede medir los efectos científicamente, por peso y medida. Permítame contarle lo que pienso que sé.

Primero, los serbios retiraron sus armas de las montañas. Segundo, no hubo aviones bombarderos en represalia. Y finalmente, el conflicto regional en lugar de convertirse en una guerra, comenzó a calmarse desde ese momento. La intervención divina ocurrió por medio del poder de la intercesión y la misericordia triunfó sobre el juicio.

Esto no fue el resultado de una conferencia de oración y reconciliación, claro. Fue resultado de que el pueblo de Dios en todo el mundo clamó por intervención en la crisis, y luego, posiblemente –solo posiblemente– la autoridad de Dios fue liberada en un lugar específico, para que fuera representada.

No digo que el conflicto en la ex Yugoslavia haya terminado. No. Porque es como una burbuja en una pared empapelada; se mueve, se corre de lugar. La oración, la vigilia, el ayuno y la intercesión deberán continuar por el bien de ese histórico campo de batalla. Tomemos coraje a partir de este encuentro, sin embargo, y sigamos en nuestra lucha de intercesión humilde, santa y valiente.

APLICACIONES PARA NOSOTROS, HOY

Ya sabe usted que creo en el poder de la oración para intervenir en situaciones de crisis. La intercesión traza una línea y ordena a las tinieblas que se retiren para que se haga la luz. Aunque el juicio está pendiente sobre las naciones y se acercan tiempos de peligro, no hemos de quedarnos sentados en el valle de la desesperación.

Amós, como todos los verdaderos profetas, no dejó a quienes lo escuchaban sumidos en la desesperación, sino que les reveló la brillantez de un nuevo día. En la última palabra de su discurso declaró la promesa de Dios de liberar a su pueblo del cautiverio: *"Pues los plantaré sobre su tierra, y nunca más serán arrancados de su tierra que yo les di, ha dicho Jehová Dios tuyo"* (Amós 9:15).

En los días de Amós el juicio se evitó parcialmente. Pero eventualmente llegó. ¿Cuál será el resultado para nosotros, hoy? Sí, la plomada pende ante nuestros ojos. ¿Somos lo que Dios espera? ¿Cómo responderemos? ¿Ha caído la plomada en su corazón? Rinda su corazón y quizá Dios rendirá su ira y en cambio deje una bendición.

CON LA PERSPECTIVA DE DIOS

Debemos ver todo esto, tan intenso, desde la perspectiva de Dios. Recuerde que hasta el juicio es, en última instancia, con propósito de redención. Escuche al escritor de Hebreos: *"Y habéis ya olvidado la exhortación que como a hijos se os dirige, diciendo: Hijo mío, no menosprecies la disciplina del Señor, ni desmayes cuando eres reprendido por él; porque el Señor al que ama, disciplina, y azota a todo el que recibe por hijo"* (Hebreos 12:5-6). Sepa también que Isaías 26:9 dice: *"Con mi alma te he deseado en la noche, y en tanto que me dure el espíritu dentro de mí, madrugaré a buscarte; porque luego que hay juicios tuyos en la tierra, los moradores del mundo aprenden justicia"*.

Y aunque yo clamo al Señor por su intervención, llega un momento en que los juicios de Dios son su misericordia. En este sentido debemos hacernos a un lado y dejar que Dios sea Dios. Él sabe qué es lo que hace falta, y qué es lo mejor, y cuándo. Pero sigamos clamando siempre por misericordia.

Para "elevar nuestros ojos a las montañas" (Salmo 121:1) debemos levantar el mentón, dejar de mirarnos a nosotros mismos y ver hacia arriba. En otras palabras, mientras nuestra atención esté centrada en nosotros mismos no veremos desde la perspectiva de Dios. Así que, en medio de la crisis –sea personal, congregacional o nacional– mire hacia arriba y vea qué dice y hace su Padre celestial.

AGREGUE UNA DOSIS DE PACIENCIA

Mientras en esta sección del libro nos dedicamos a las "Aplicaciones para sacerdotes proféticos", debemos agregar una palabra a nuestro vocabulario: paciencia.

Hoy nuestra mentalidad de "comidas rápidas", hace que lo último que queramos oír sea: "Espera", o "Todavía no". Y lo último que queremos hacer es comprometernos con un patrón de oración progresiva, como sucedió en la conferencia de oración de reconciliación en Praga. Solemos pensar que la oración es como una lista donde anotamos nuestro pedido, vamos a la ventanilla y retiramos la comida… ¡lista al momento!

A veces el Señor nos abre el apetito con servicio rápido. Y otras veces, sin embargo, encontramos que Él no se dedica a darnos una respuesta, sino a ponernos como parte de la solución. Esta receta lleva tiempo y tiene un antiguo ingrediente, pasado de moda: la paciencia.

Aunque en la conferencia de Praga hubo un resultado evidente, lo que llevé conmigo a casa fue una nueva mirada de lo que es la paciencia en el patrón de oración progresiva.

ASEGÚRESE DE PERDONAR

El perdón que damos y recibimos es una de nuestras más poderosas armas en la guerra espiritual. Porque desarma al enemigo y le anula el derechazo. Es verdad esto en todos los niveles, el personal y el colectivo. Si vamos a pelear hasta el final, el perdón no es un lujo, sino una necesidad. (Tocaré este tema en mayor profundidad en el próximo capítulo, "Sabiduría para intercesores".)

Muchos podemos contar historias de guerra, sobre personas, iglesias y ministerios que entraron a la lucha para ganar, y terminaron vencidos. En lugar de sacudir el campo del enemigo, terminamos sacudidos. La llave del perdón abre muchos tesoros que, de otro modo, permanecen en la oscuridad.

BUSQUE LA SABIDURÍA

¿Recuerda una de las tres oraciones que el Señor me dio cuando era pequeño? "Señor, dame sabiduría más allá de mis años". Hay muchas historias horribles sobre personas bien intencionadas que terminan como perros, atropellados junto a la ruta. Ha de haber protección para quienes son llamados al campo de la intervención en tiempos de crisis.

Para ser un intercesor de crisis se requiere sabiduría. Así que, Proverbios 4:7 nos recuerda: *"Sabiduría ante todo; adquiere sabiduría; y sobre todas tus posesiones adquiere inteligencia".*

SIGAMOS CONSTRUYENDO

Al acercarnos al capítulo que sigue, confío en que está usted ya incentivado para la acción. Dios examina a su Iglesia, con la plomada de su Palabra, de su verdad y de sus parámetros, tanto a la Iglesia como a las naciones de hoy. No retroceda. Tome su lugar sobre su muro y espere, escuche, apunte y dispare.

Recuerde que Dios busca Danieles, Esteres, Déboras, Josés, en nuestra generación, en tiempos como estos. Él lo busca a usted. Es hora de que la gracia de la intercesión en tiempos de crisis sea derramada una vez más. ¡Únase a mí para la aventura de su vida! Y unámonos con quienes nos han precedido sobre las murallas de la intercesión en tiempos de crisis, cuando la misericordia vence al juicio.

APLICACIONES PRÁCTICAS, ¡HAGÁMOSLO REALIDAD!

- Pídale al Señor que lo ayude a ver su corazón por la intervención en tiempos de crisis, a través de la intercesión. Busque al Señor para que le revele su autoridad en la oración.
- Tome una tragedia del mundo de hoy y comience a clamar por misericordia por los afectados.
- Luego tome la promesa de las Escrituras en Jeremías 29:11, y medite en ella. Ahora, recuérdele al Señor su Palabra sobre esta situación actual y ore la promesa de vuelta a Él.
- Pídale al Señor un espíritu de fe, y reprenda al enemigo y su obra devoradora en el nombre de Jesús, en cuanto a esta situación de crisis.

LECTURAS RECOMENDADAS

Intercesor, Rees Howells, Norman Grubb (CLC). No disponible en español.

Shaping History Through Prayer and Fasting [Dando forma a la historia, por medio de la oración y el ayuno], por Derek Prince (Spire, 1973). No disponible en español.

CAPÍTULO 11

Sabiduría para intercesores

Hace poco, sentado a la mesa de la cena con Michal Ann y nuestras cuatro pequeñas flechas, les pregunté algo importante:

Si el Señor les permitiera pedir una sola cosa, y supieran que Él se las otorgaría, ¿qué pedirían?

¡Sí que logré captar su atención! Los niños se iluminaron como arbolitos de Navidad, con brillo en los ojos.

¿En serio lo preguntas, papá? –preguntó Rachel, la más pequeña, con los ojitos echando luces.

Sí. Quisiera saber qué hay en lo profundo de sus corazones. Si Dios te concediera un pedido ¿qué sería?

Grace Ann, la segunda de nuestros hijos, fue la primera en responder:

Un caballo, claro.

Rachel entonces dijo:

¡Seguro! Un caballo.

Tyler entonces dijo que quería un auto de carrera. Creo que

también dijo que quería que fuera veloz.

Justin, el mayor, con tendencia estudiosa y filosófica, meditó durante un momento:

Ahora, una cosa, papá.

Sí, ¿qué pedirías?

Justin respondió diciendo que pediría un millón de dólares.

Todos los demás entonces dijeron que cambiarían su pedido por un millón de dólares, claro.

Entonces llegó el turno de mi querida esposa.

Sé lo que elegiría –dijo Michal Ann–. Le diría a Dios "Elige tú por mí. Elijo lo que tú elijas".

Bueno, los niños entendieron la idea. Suspiraron como diciendo: "Aquí van de nuevo, mamá y papá". Pero quizá sí comprendieron la idea.

Sí, elijamos lo que Dios elija. ¿Qué sería? ¿Qué cosa elegiría Él para nosotros?

En diversos momentos de mi vida he pedido el poder de Dios para liberar a los oprimidos. Y sigo pidiendo más poder de su Espíritu Santo en mi ministerio. Y en otros momentos he clamado porque tuviera dinero suficiente como para extender el Reino de Dios. Y también sigo necesitando esto. Otras veces he pedido en medio de la noche la liberación del pecado, y poder impartir la santidad de Dios. Y lo sigo pidiendo con desesperación. Muchas veces le he pedido al Señor un corazón misericordioso y lleno de compasión. De verdad, sigo pidiendo esto también.

Pero debo seguir hasta el final, y no solo brillar como una velita de adorno, o como un fuego artificial o una bengala que destella durante un segundo, arrancándonos un "Ah", o un "Oh", para desaparecer y esfumarse enseguida. Si se me diera una única cosa, pediría seguir el ejemplo del rey Salomón: sabiduría para el viaje de mi vida. Es el ingrediente que todos necesitamos para llegar hasta el final.

Esa oración de mi juventud, inspirada por el Espíritu Santo: "Dame sabiduría más allá de mis años", es una oración que seguiré elevando hasta mi último día. Necesito hoy más sabiduría que ayer, y de seguro, mañana necesitaré más de la que tenga hoy.

Veamos este conocido pedido del corazón de Salomón.

LA SABIA ELECCIÓN DE SALOMÓN

Cuando murió su padre, David, Salomón subió al trono. Leemos en 2 Crónicas 1:1 que *"Salomón hijo de David fue afirmado en su reino, y Jehová su Dios estaba con él, y lo engrandeció sobremanera"*. Una de las primeras acciones como rey fue la de restaurar el altar de bronce utilizado en las ofrendas ceremoniales de adoración. Después de que estuvo el altar en su lugar, se ofrecieron mil ofrendas quemadas a Dios.

Esa noche Dios apareció ante Salomón: *"Y aquella noche apareció Dios a Salomón y le dijo: Pídeme lo que quieras que yo te dé"* (2 Crónicas 1:7).

Salomón respondió con este pedido asombroso: *"Dame ahora sabiduría y ciencia, para presentarme delante de este pueblo; porque ¿quién podrá gobernar a este tu pueblo tan grande?"* (v. 10).

Dios le otorgó a Salomón este pedido. ¿Cómo podría negarse? Cuando le pedimos a Dios más de Él, siempre responde. Por eso Salomón fue uno de los más sabios gobernantes en la historia del mundo.

¿Cómo supo Salomón pedir sabiduría? ¿Se le ocurrió nada más, al llegar a cierta edad? No lo creo. Proverbios 4 nos da una clave. Aquí Salomón les dice a sus hijos cómo lo instruyó David mientras aún era joven y tierno, en el valor de la sabiduría. ¿No debiéramos seguir su ejemplo y pasarle a la generación que nos sigue las cosas que son verdaderamente importantes, para vivir esta vida con significado?

> *Y estad atentos, para que conozcáis cordura.*
> *No desamparéis mi ley.*
> *Porque yo también fui hijo de mi padre, delicado y único delante de mi madre.*
> *Y él me enseñaba, y me decía: Retenga tu corazón mis razones, guarda mis mandamientos, y vivirás.*
> *Adquiere sabiduría, adquiere inteligencia; no te olvides ni te apartes de las razones de mi boca;*
> *no la dejes, y ella te guardará; ámala, y te conservará.*
> *Sabiduría ante todo; adquiere sabiduría; y sobre todas tus posesiones adquiere inteligencia.*
> *Engrandécela, y ella te engrandecerá; ella te honrará, cuando tú la hayas abrazado.*

Adorno de gracia dará a tu cabeza; corona de hermosura te entregará (Proverbios 4:1-9).

Piense en las acciones que aparecen aquí, aquello que se le enseñó a Salomón que debía hacer para ganar eso que se llama sabiduría: oír, prestar atención, no abandonar, aferrarse, seguir y vivir, adquirir, no cejar, amar, adquirir, obtener, preciar, adoptar. ¡No hay pasividad aquí! Me gustan "preciar" y "adoptar".

Cuando uno aprecia algo, estima su valor. Lo protege sabiendo que es algo poco frecuente, precioso y hasta sin precio. Hasta estaría dispuesto a vender todas sus posesiones para obtenerlo.

Cuando uno adopta algo, lo acepta y lo tiene cerca de su corazón, atesora su esencia. Uno sabe que debe entregarse por completo para poder ser aceptado por ello.

Cuando apreciamos y adoptamos la sabiduría, en realidad nos convertimos en expresión de esta.

LECCIONES DESDE LAS TRINCHERAS

Ahora, ¿dónde comenzamos nuestra búsqueda de la sabiduría como intercesores y soldados de Dios? Quizá amemos y deseemos la sabiduría, pero ¿cómo la adquirimos? Muchas veces le pedimos a Dios que nos dé sabiduría para encontrar que los caminos de la intercesión y la guerra espiritual quedan llenos de víctimas fatales. Nuestros tanques y Jeeps espirituales avanzan ignorando las señales de advertencia que avisan de una curva, y terminamos en la pila de los "vehículos de Dios". O quizá nos encontremos en un zanjón, o atascados en la banquina, exhaustos por Jesús a causa del sobrecalentamiento.

En el extremo opuesto hay predicadores, maestros y autores inspirados que no parecen vivir en el mismo planeta que nosotros. Vienen como gurúes súper espirituales, a quienes nada detiene ni asusta. Nada parece darles entre los ojos. Nada parece detenerlos siquiera por un tiempo. Quiero decirle algo: detrás de muchas de esas sonrisas hay familias que han quedado en el camino, desilusionadas, listas para tirar la toalla.

¡Tiene que haber otra manera!

Como recorrí esta montaña ya varias veces y he visto mucha gente rodando como hámsteres en la interminable rueda del infortunio, permítame hablarle de algunas lecciones que aprendí –¡y sí que las aprendí!– en las trincheras, respecto de los peligros de la guerra de intercesión. Es así, de hecho, cómo adquirimos sabiduría: en las trincheras, haciendo. Disparamos, nos disparan y luego aprendemos a buscar otra posición. Esto es la sabiduría.

¿Ve la conexión entre nuestro tema de arrodillarnos sobre las promesas y esto? La sabiduría es algo vital para quienes son llamados a hacer cumplir los propósitos de Dios por medio de la intercesión profética. Dios nos dará la sabiduría si se la pedimos (ver Santiago 1:5), pero como todo soldado en entrenamiento, debemos aprender a usarla.

COPIA VERSUS RELACIÓN

En el comienzo uno puede buscar al Señor con todo su corazón, y Dios le tocará con gracia especial, para un llamado en particular. Por medio del ensayo y el error el Señor perfecciona su plan a través de esta persona, a medida que perfecciona a la persona. Relación. Luego viene alguien más, ve su aparente éxito y pregunta: "¿Cómo es que haces tan buen trabajo para Dios?" El que está aprendiendo explica el plano de acción que Dios le da. Pero otros convertirán el proceso de transformación en una máquina de hacer. Y entonces, alguien más verá el principio y escribirá un libro sobre ello. Luego viene otro, lee el libro e intenta implementar la visión. Copia. Años más tarde encontramos el vehículo a un lado del camino, abandonado: "No funciona".

Y muy a menudo, por apurados, tomamos un principio del Espíritu e intentamos producirlo en serie. La predicación de la cruz no está en ningún punto de este tipo de emprendimientos "comerciales". En algún punto del camino hemos perdido la vitalidad de la "relación", y la reemplazamos con el sustituto barato de la "copia". Apurados por lograr éxito, copiamos e imitamos lo que otro ha recibido.

INTIMIDAD VERSUS LUCHA

Aunque nunca cumplí servicio militar, he peleado en muchas guerras "aéreas". He pasado noches sin dormir, vigilando al enemigo para ver su siguiente movida, esperando órdenes de mi Comandante en

210 &. ARRODILLADOS SOBRE SUS PROMESAS

Jefe, alerta por lo que pudiera suceder. Me he agachado en las trincheras, pensando que quien estaba a mi lado era mi camarada, para terminar apuñalado por la espalda por el enemigo vestido con piel de oveja.

He pasado días ayunando, no solo porque mi corazón estaba sobrecogido por la belleza de Jesús, sino porque desesperadamente buscaba ayuda, o porque sentía profundo dolor por alguien.

Esta parte de la vida cristiana no tiene que ver con el vino y las rosas, con momentos de intimidad y con andar con Jesús. Me gusta mucho, y prefiero, el romance de ser la esposa de Cristo. Pero eso no es todo. De hecho, una vez tuve una interesante visión de la esposa de Cristo en su bellísimo vestido. El Espíritu Santo me hizo mirar detenidamente, y vi que llevaba ¡botas de soldado!

Necesitamos ser la esposa luchadora (ver Efesios 5:25-27; 6:13-18). Debemos aferrarnos a la mano de Dios –intimidad– mientras nos movemos con su autoridad –lucha–. No es que sea una o la otra. La intimidad es lo que se requiere para combatir con efectividad.

Hace falta tener agallas para luchar en el ejército. El coraje es lo que necesita la blanda sociedad cristiana de hoy. ¿Por qué? Porque la milicia es dura. Cuando uno le pega al enemigo, este pega de vuelta. Una de los secretos para sobrevivir en la batalla es que hay que ser un rinoceronte con piel dura y corazón grande. Creo que aún no lo he logrado. Muchos solemos tener corazón blando y piel delgada. Pero a medida que crecemos en sabiduría debemos aprender a ser rudos y tiernos a la vez.

HONRAR AL VETERANO

Cuando era niño se nos enseñaba a honrar a los veteranos de guerra. Cada día de la Memoria y el Armisticio mi padre y muchos otros hombres y mujeres que habían peleado por nuestra nación, eran honrados en nuestra pequeña Iglesia Metodista del campo. Se apartaba una sección especial para que tomaran asiento. Estaban orgullosos de haber ayudado a su país en tiempos de necesidad. Llevaban sus uniformes y entraban marchando. No importa en qué rama hubieran servido, todos formaban ahora un mismo cuerpo: los veteranos de guerra y conflictos.

Amo y respeto a los veteranos del ejército de Dios. Han intentado algo, por la gloria de Cristo. Quizá no hayan ganado todas las batallas, pero se aseguraron de que el enemigo no diera el golpe final.

Me gusta encontrar a estos veteranos, acercarme a ellos y ungir con aceite sus heridas, por el honor del Espíritu Santo.

Estos héroes del Cuerpo de Cristo son mis amigos, y les digo que sus viajes han sido importantes. Cuando el Espíritu Santo lo permita, verá que abren los cofres del tesoro de sus vidas.

Algunos de los veteranos que más aprecio son los que tienen las cicatrices más profundas. Las cicatrices no son resultado de estar nada más sentado mirando la batalla, sino de estar en el frente, luchando. Observe que no dije heridas. Las heridas siguen infectándose, porque no hay sanación. La cicatriz solo aparece cuando la infección desaparece y la herida sana. Los golpes que recibimos al servir en el ejército de Dios son heridas de guerra, y Él las sana. Limpia nuestras heridas, y se convierten en cicatrices, y estas cicatrices son medallas de honor para los que pelean con valentía en tiempos de guerra.

Una pareja de mayores que mi esposa y yo amamos mucho son Bob y Nina Lyons. Quizá nunca haya oído hablar de ellos, pero son veteranos de guerras pasadas, y en mi libro figuran como generales de Dios. Tienen más de ochenta años ahora, con más de cincuenta de soldados. ¡Su historia de pentecostales les ha dejado muchos recuerdos de incidentes que harían que se nos ponga la piel de gallina! Como la presencia de Dios en las reuniones con Aimee Semple McPherson, A. A. Allen, Jack Cole, William Branham, Martha Wing Robinson, el Hermano Waldvogel y muchos otros nombres, grandes y pequeños.

Hay tres cosas principales que amo en estas dos luces que nos guían. Primero, que Bob y Nina hablan constantemente de Jesús; nunca de un ministerio o ministro en particular. Segundo, aman la presencia de Dios y la oración más que su propia vida. Y tercero, que aunque han visto y vivido mucho, jamás levantaron campamento. Saben que ha de haber "¡Más, Señor!"

Sí, Señor, cuando todo haya terminado, que haya más aún. Que sea yo como mis amigos Bob y Nina, luces brillantes que guían y señalan el camino hacia el Hombre, Cristo Jesús, amén.

PRINCIPIOS QUE NOS GUÍAN EN TANTO CRECEMOS EN SABIDURÍA

Después de todo lo que acabo de decir quisiera avanzar con cautela hacia el plano de ofrecer principios para la obtención de la sabiduría. No me interesa darle una lista de "diez pasos para el éxito", o un atajo fácil. Sí hay principios que he aprendido durante la batalla. Si observa que son solo carteles a lo largo del camino, lecciones que aprendí durante el proceso, entonces vamos bien.

Sigamos, con diez aplicaciones de sabiduría para los intercesores, entonces.

1. ¡VIVA SU VIDA!

A menudo pareciera que las personas comprometidas en la guerra espiritual y la intercesión profética están tan ocupadas con lo serio de su tarea, que se pierden las alegrías de la vida, de lo de cada día. Algunos nos esforzamos tanto por discernir cada brisa que sopla, por interpretar el significado de cada pájaro que vuela junto a nuestra ventana, de cada serpiente que hay en el suelo, que nos volvemos cristianos de latón: vacíos, ruidosos, pero sin contenido.

Mi consejo básico es: viva su vida. Salga a caminar, le hará bien al alma. Encuentre un *hobby*: le hará bien. Haga ejercicio, libere tensiones. Su cuerpo natural se lo agradecerá, y es posible que les agrade más a las personas que lo rodean. ¿Quién sabe? Quizá hasta conozca amigos nuevos. No olvide lo básico en el cuidado de sí mismo: descanse, haga ejercicio, coma bien y no abandone sus amistades ni la diversión. Uno de mis amigos dijo: "Aprende a reírte de la vida, de ti mismo y del enemigo. Levanta los pies y diviértete durante el viaje".

Hay más en la vida, mucho más que conferencias, cumbres y convenciones. Tómese un recreo. Ordene una banana *split*. Salga con los niños. Vaya al cine, al teatro, a un partido de fútbol. No se remita a ver cómo pasa la vida: ¡vívala! Por amor de Dios, de su familia y de usted mismo, viva.

¡Oh! El punto uno sí es algo grande, ¿verdad?

2. EVITE CRITICAR, A TODA COSTA

¿Sabe qué es lo que rompe los grupos de intercesión, más que ninguna otra cosa? No es la falta de visión, de liderazgo o el contraataque espiritual. Es la aplicación inmadura del discernimiento del problema del otro, que se expresa a través de la crítica. Y entonces se instalan las traiciones. Sin más aviso, sin limpieza, el grupo se astilla y el diablo gana. ¿Cómo? A través de la vieja y conocida crítica. Es imposible orar juntos si hay crítica en medio de nosotros.

Una vez asistí a una conferencia de Intercesores por América, en Washington, D.C. En una de las sesiones el celo del espíritu Santo descendió sobre mí y comencé a profetizar. Recuerdo la palabra con toda claridad: "Estamos viviendo en el tiempo de la coexistencia de la casa de David y la casa de Saúl. Han estado esperando, anhelando, creyendo y orando porque avance la casa de David, y pueden ser descalificados para formar parte de aquello por lo que han orado, anhelado, orado y esperado si siembran acusación y palabra de crítica hacia la casa de Saúl, mientras aún está en pie. Porque recuerden que ustedes también vienen de las entrañas de Saúl".

No debemos permitir que nuestro discernimiento de problemas y necesidades se convierta en crítica a través de la impaciencia y la frustración. De algún modo, lo expresaremos en forma verbal. O convertimos este discernimiento en intercesión, o eventualmente se filtrará, saldrá de nuestra boca como crítica y mala habladuría. La crítica no solo afecta a quien la oye; cuando se transmite, impide que nuestra fuerza avance.

Cuando discernimos al enemigo, un modo de responder es orar al Padre para que eche al espíritu oponente. Si discernimos un espíritu de división, por ejemplo, debemos orar por la unión y el amor de los hermanos. El amor cubre una multitud de pecados. Evite la crítica a toda costa.

3. EL PERDÓN ES UNA NECESIDAD

Veamos 2 Corintios 2:10-11: nos muestra una gran aplicación de la sabiduría en todas las áreas de la vida cristiana, y es tanto más importante para los intercesores y líderes: *"Y al que vosotros perdonáis, yo también; porque también yo lo que he perdonado, si algo he perdonado, por vosotros lo he hecho en presencia de Cristo, para que Satanás no gane ventaja alguna sobre nosotros; pues no ignoramos sus maquinaciones"*.

Porque si la crítica permanece se convierte en incubadora de amargura y falta de perdón. Una de las mayores armas en la guerra espiritual es el perdón, el que damos y el que recibimos. Así que, perdone. Cuando perdone dará gracia a alguien. De hecho, una de las mejores maneras de dar gracia a un amigo, su familia, su iglesia, a usted mismo y al liderazgo secular y espiritual, es a través del perdón.

Pedro escribió: *"Igualmente, jóvenes, estad sujetos a los ancianos; y todos, sumisos unos a otros, revestíos de humildad; porque: Dios resiste a los soberbios, y da gracia a los humildes"* (1 Pedro 5:5). Cuando uno confiesa sus pecados a otro, es candidato para recibir gracia. La confesión es un acto de humildad. El orgulloso nunca confiesa que se ha equivocado. Porque no ve sus propios defectos. El humilde, sin embargo, confiesa su pecado y por ello recibe gracia. La sanación fluye a través de las vasijas de gracia. Es por eso que Santiago 5:16 nos dice: *"Confesaos vuestras ofensas unos a otros, y orad unos por otros, para que seáis sanados. La oración eficaz del justo puede mucho"*.

¿Cómo sanamos? La confesión de pecados individuales y colectivos es una actitud y una acción de humildad que atrae la gracia de Dios. Y donde hay atmósfera de gracia, llegan los dones del Espíritu Santo.

Lo opuesto también es cierto. La falta de perdón es un acto de orgullo. Dios se opone a la persona que se niega a perdonar por amor, para traerla de vuelta hacia Él a través de la santa resistencia. La falta de perdón es como dejar abierta la puerta trasera, darle permiso a Satanás para que entre y use sus estrategias en contra de nosotros.

Ya he dicho que el perdón no es una opción sino una necesidad. Creo, personalmente, que es una de las mayores armas en la guerra espiritual. El apóstol Pablo nos dice en 2 Corintios 2:10-11, que cuando perdonamos le quitamos ventaja a Satanás. Como Pablo, entonces, no ignoremos los ardides de Satán. Perdonemos y pateemos su tablero. Cerremos la puerta de acceso y demos gracia a los demás, andemos en el perdón.

4. CONSERVE SUS ARMAS MÁS PODEROSAS

El Espíritu Santo me ha dado consejos, meses antes de febrero de 1992, para que liberara mi calendario. Sentí que me decía: "Quiero que seas hombre de oración durante tiempos de guerra en el mes de febrero de 1992".

De seguro, era el momento en que –luego de que Irak invadiera Kuwait– las tropas de coalición lideradas por los EE.UU. entraban en el conflicto que se llamó Guerra del Golfo. Una vez más, aunque no llevaba uniforme militar, yo –como tantos otros– estaba en las trincheras de la oración.

Durante una de esas semanas fui a Atlanta a orar con mis amigos Pat y Gene Gastineau y su ministerio de oración. Mientras estaba allí Pat y yo hablamos sobre tácticas de guerra espiritual, y ella me dio un sabio consejo:

"El Señor les ha dado a ti y a Michal Ann una unción en adoración y alabanza. No intentes ponerte nuestros zapatos. Usa lo que Dios te ha dado. Debes conservar tus armas más poderosas".

¡Eso es sabiduría! Era como si estuviera oyendo la voz de mi Maestro en esas palabras.

Como en la guerra natural, así en la espiritual. Antes de enviar las tropas de tierra, uno envía la patrulla aérea. ¡Seamos sabios! Bombardeemos las trincheras del enemigo con las armas de la alabanza. Y conservémoslas para que el Espíritu Santo se exprese: paz, conocimiento, certidumbre. Luego enviemos las tropas de tierra, que disparan con la artillería sobre objetivos determinados.

Me gustaría agregar algo más sobre la alabanza, ya que es mi arma más poderosa. La alabanza, como la oración, es un arma que todos podemos blandir. Recuerde que Dios utiliza nuestra alabanza para atar y encadenar al enemigo. El Salmo 149:5-9 poderosamente lo expresa así:

> *Regocíjense los santos por su gloria, y canten aun sobre sus camas. exalten a Dios con sus gargantas, y espadas de dos filos en sus manos, para ejecutar venganza entre las naciones, y castigo entre los pueblos; para aprisionar a sus reyes con grillos, y a sus nobles con cadenas de hierro; para ejecutar en ellos el juicio decretado; gloria será esto para todos sus santos. Aleluya.*

Como a la mayoría de los cristianos, me gusta mucho este pasaje. Vea que no dice que la tarea de elevar alabanza apasionada –utilizada para atar reyes y nobles– es reservada para una elite. Es un honor para todos los que pertenecen a Dios. ¿Quiénes son estos? Atamos al enemigo, declaramos que la Palabra de Dios, la espada de dos filos, dice que ya se ha cumplido por medio de la sangre de la cruz, alabamos al Señor.

Enumerará algunas cualidades bíblicas sobre el poder de la alabanza y la gratitud:

1. La alabanza es donde reside Dios (Salmo 22:3).

2. La alabanza es el camino a la presencia de Dios (Salmo 100:4; Isaías 60:18).

3. La alabanza es vestidura del Espíritu (Isaías 61:1-3).

4. La alabanza es una poderosa arma de liberación (Salmo 50:23; Hechos 16:25-26).

5. La alabanza es un medio para silenciar al diablo (Salmo 8:2; Mateo 21:16).

6. La alabanza es el camino hacia la victoria de Cristo (Salmo 106:47; 2 Corintios 2:14).

7. La alabanza es sacrificio (Jeremías 33:11; Hebreos 13:15).

Sí, la alabanza es una de nuestras más poderosas armas. Como Fáivel en *Un cuento americano*, se nos ha dado el privilegio de declarar: "¡Usen el arma secreta!" Sepa cuál es su arma más poderosa, y utilice su poder.

5. PERMANEZCA CERCA DE LA SANGRE

Hay un principio que está presente a lo largo de las Escrituras: *"Porque la vida de la carne en la sangre está, y yo os la he dado para hacer expiación sobre el altar por vuestras almas; y la misma sangre hará expiación de la persona"* (Levítico 17:11). No solo hay vida en la sangre, sino que la sangre inocente cuando es derramada tiene un atributo en particular: grita. La sangre de Abel derramada en el suelo, solo pudo ser oída por el Señor. Y Él acudió corriendo para ver qué pasaba. Quizá la sangre de Abel gritara: "¡Venganza! Quiero venganza".

Ante la presencia de nuestro Juez en el cielo, hay sangre que habla con más fervor que la sangre de Abel. ¿Qué dice esta sangre? La sangre de Jesús le recuerda continuamente al Padre el sacrificio de su Hijo, sin pecado. La sangre de Jesús grita: "¡Misericordia! ¡Misericordia!"

Las Escrituras nos presentan muchos beneficios efectuados por la sangre de Jesús por nuestro bien. Apocalipsis 12:11 habla de los creyentes: *"Y ellos le han vencido por medio de la sangre del Cordero y de la palabra del testimonio de ellos, y menospreciaron sus vidas hasta la muerte".* Veamos algunos de estos beneficios bíblicos:

1. Por la sangre de Jesús hemos sido perdonados (Hebreos 9:22-28).
2. La sangre de Jesús nos limpia de todo pecado (1 Juan 1:7).
3. Hemos sido redimidos por la sangre del Cordero (Efesios 1:7).
4. Por su sangre somos justificados como si nunca hubiéramos pecado (Romanos 5:9).
5. Por su sangre hemos sido apartados –santificados– para ser santos (Hebreos 13:12).
6. La paz ha sido traída a nosotros por medio de la sangre en la cruz (Colosenses 1:20).
7. Tenemos confianza de entrar en el lugar santo por la sangre de Jesús (Hebreos 10:19).

¿Sabe cuál es el lugar más seguro donde estar? Junto a la sangre de Jesús. Quédese con lo más importante de las Escrituras. Quédese cerca de la sangre. Vencemos cuando testimoniamos lo que ha cumplido la sangre de Jesús. Su triunfo sobre los poderes de las tinieblas se ve reforzado cuando aceptamos y declaramos los beneficios de su preciosa sangre. Sí, quedémonos junto a la sangre de Jesús y adhiramos, testimoniemos sobre lo que ha logrado.

6. EQUIVÓQUESE POR COMPASIÓN

Si ha de equivocarse, hágalo del lado de la compasión y la misericordia. Sé que podemos ir demasiado lejos en todos los aspectos, pero la intercesión profética necesita alejarse de juzgar, en todo lo posible, y por ello será mejor equivocarse por compasión.

Siempre que sea posible permita que el pronunciamiento del juicio de Dios respecto de algo sea maduro y probado.

¿Qué es la compasión? El ingrediente necesario para moverse en la obra de Cristo. El diccionario indica que es la conciencia del dolor de otro, junto al deseo de aliviarlo. Ken Blue, en su libro escrito con sensibilidad, *The Authority to Heal* [La autoridad para sanar] dice: "El tipo de compasión que Jesús decía sentir por las personas no era una simple expresión de su voluntad, sino la erupción de su ser interior. De esta compasión Jesús obró su poderoso rescate, salvación y liberación".[41]

Todo lo que hizo y hace Jesús se relaciona con quién es Él. Todo lo que hacemos se conecta con quién es Él en nosotros y a través de nosotros. Para ser efectivos –sea para la evangelización puerta a puerta, las misiones pastorales o el ministerio en que trabajemos– debemos tener la revelación presente de la naturaleza de Dios en y hacia nosotros. Debemos conocer el amor del Padre para poder movernos en su amor. De otro modo, lo único que estaríamos cumpliendo es un conjunto de obras obligatorias, estériles, religiosas.

Piense en los siguientes versículos, presentados en dos versiones, para alimentar su fuego de compasión:

Salmo 78:38-39 (RVR) *Pero él, misericordioso, perdonaba la maldad, y no los destruía; y apartó muchas veces su ira, y no despertó todo su enojo. Se acordó de que eran carne, soplo que va y no vuelve.*

Salmo 78:38-39 (NVI): *Sin embargo, él les tuvo compasión; les perdonó su maldad y no los destruyó. Una y otra vez contuvo su enojo, y no se dejó llevar del todo por la ira. Se acordó de que eran simples mortales,   un efímero suspiro que jamás regresa.*

Salmo 86:15 (RVR): *Mas tú, Señor, Dios misericordioso y clemente, lento para la ira, y grande en misericordia y verdad.*

Salmo 86:15 (NVI): *Pero tú, Señor, eres Dios clemente y compasivo, lento para la ira, y grande en amor y verdad.*

Lamentaciones 3:21-23 (RVR): *Esto recapacitaré en mi corazón, por lo tanto esperaré. Por la misericordia de Jehová no hemos sido consumidos, porque nunca decayeron sus misericordias. Nuevas son cada mañana; grande es tu fidelidad.*

Lamentaciones 3:21-23 (NVI): *Pero algo más me viene a la memoria, lo cual me llena de esperanza: el gran amor del Señor nunca se acaba, y su compasión jamás se agota. Cada mañana se renuevan sus bondades; ¡muy grande es su fidelidad!*

¿Entiende usted? La naturaleza de nuestro Padre es de amor, paciencia, generosidad y misericordia. Aprenda la compasión. Libere compasión. ¡Eleve un clamor por misericordia! El corazón de Dios está lleno de gracia y misericordia hacia nosotros, pero debemos sentir su corazón de compasión, sea cual fuere nuestro ministerio antes de extender su corazón de compasión a los demás.

7. NO PERMITA QUE EXISTA TERRENO COMÚN

Este punto merecería un capítulo entero, o quizá hasta un libro. En Juan 14:30 hallamos un versículo esclarecedor: Jesús habla de su autoridad sobre el diablo: *"No hablaré ya mucho con vosotros; porque viene el príncipe de este mundo, y él nada tiene en mí"*. La versión de la Biblia Amplificada en inglés echa luz sobre este pasaje; explica así la última frase: "Él no tiene poder sobre mí, no tiene nada en común conmigo, no hay nada de mí que le pertenezca".

¿Ve usted la correlación? Terry Crist en su libro Interceding against the Powers of Darkness [Intercediendo contra los poderes de las tinieblas] echa luz sobre el tema:

La razón por la que Jesús era tan efectivo en la guerra espiritual (...) por qué podía confrontar tan efectivamente contra el diablo (...) en el encuentro del desierto [fue que] Jesús reconocía la ley de purificación. La razón por la que Jesús esgrimía tal poder y autoridad para lidiar tan efectivamente con el malvado opresor de las naciones, fue porque no existía terreno común entre Él y su adversario. Cuando el diablo atacó a Jesús, no había nada en Él que pudiera recibir el golpe. Cuando Satanás lo examinó no había nada que encontrar. Jesús y Satán no tenían relación alguna, no había terreno común. No había en Jesús nada que diera testimonio de las obras de las tinieblas. Una de las razones por las que tantos ministros e intercesores han sido golpeados por los dardos del enemigo, es porque no han respondido a la ley de purificación.[42]

Permítame explicar qué es lo que entiendo de este tema tan vital.

Cuando Dios nos da discernimiento genuino y auténtico, o cuando derrama sobre nosotros el don de discernimiento de espíritus ¿qué hemos de hacer con él? Antes de salir a perseguir los dragones externos y los espíritus territoriales, debemos asegurarnos de que no haya nada en común entre nosotros y el enemigo. Que el dedo de Dios llegue a lo profundo de nuestro corazón, mente y acciones. Que la convicción se establezca respecto de nuestra vida, familia, iglesia o ministerio. Arrepintámonos cuando haga falta. Limpiemos nuestra propia vida con el poder de la sangre de Jesús, y entreguémonos a la obra de la cruz. Derribemos la base legal –el derecho del enemigo– de atacar primero. Luego podemos tomar autoridad sobre los enemigos externos sin recibir horrendas repercusiones de los coletazos de la guerra espiritual.

Hay creyentes sinceros y ungidos que tienen terreno común con el enemigo, y proceden –tonta y prematuramente– a hacer la guerra contra el principado o el poder de las tinieblas que tiene acceso activo en sus vidas. La puerta trasera, como dije antes, quedó abierta. Primero debemos cerrar esta puerta, y solo entonces podremos ir a liberar a otros cautivos.

Esto no disminuye en nada la obra de la cruz. Jesús derrotó al diablo en el Calvario y somos llamados a reafirmar su victoria. Pero cuando vamos tras el enemigo y tenemos terreno común con él, abrimos la puerta a los problemas. Esta es una de las principales razones por las que algunos intercesores y sus familias terminan exhaustos y agotados. La puerta trasera queda abierta, ¡y el diablo puede tomar represalias! Recuerde lo que dijo Pablo en 2 Corintios 2:11: *"Pues no ignoramos sus maquinaciones"*.

Estoy convencido de que si cooperamos primero con las leyes de la purificación por medio del arrepentimiento, la santificación y el ministerio de la liberación, haremos algo de vital importancia. Que el dedo de Dios conquiste a nuestros enemigos personales, que llegue a lo más profundo de nuestro interior. Entonces tendremos la seguridad de que podemos enfrentar a los espíritus de la maldad en los lugares santos, ¡y ganar!

8. EVITE LOS SEÑUELOS

¿Alguna vez ha ido a pescar? El pez astuto no morderá todo lo que pase flotando. Me gusta pescar truchas. Tienen muy buena vista, y no van tras cualquier señuelo. Las truchas necesitan estar convencidas de que la carnada es la correcta, antes de comprometerse.

Quizá tendríamos que ser "truchas" para aprender una lección de sabiduría. No vaya tras cada señuelo que aparezca. Los señuelos pueden ser distracciones. Cuando el diablo asome, mantenga la vista en Jesús. A veces el enemigo astutamente se disfraza de objetivo, para desviarnos de aquel otro hacia el cual nos dirige el Señor. A veces el enemigo con toda intención manifiesta su presencia para desalentar nuestros intentos de pura devoción a Jesús, y para que vayamos tras cualquier demonio. Es que intenta capturar y mantener nuestra atención.

Recuerde que cuando el diablo llama a la puerta, debemos enviar a Jesús para que la abra. ¿Suena tonto? Es que no me refiero a la puerta de casa. Una de las maneras en que podemos enviar a Jesús a abrir la puerta, es simplemente no dándole ni siquiera la hora al diablo. ¡No lo siga! Somos llamados a seguir a Jesús. Hay muchas reuniones de oración que se transforman en seguimiento del diablo. Debemos tener *"puestos los ojos en Jesús, el autor y consumador de la fe"* (Hebreos 12:2).

Este es un principio de sabiduría simple pero poderoso. Si mantenemos nuestros ojos en el Señor, su presencia será derramada sobre nosotros y vencerá al enemigo. No digo que el poder de la oración en represión del enemigo en nombre de Jesús, pierda autoridad. Simplemente llamo a que –cuando sea posible– elijamos las peleas. Evitemos los señuelos y su atractivo. Mantengamos la mirada en Jesús.

9. ROMPAMOS LA PENALIDAD

Con esto quiero decir "cerremos la puerta a los coletazos de la guerra espiritual".

Tomé esta gema del cofre de tesoros de la vida de Gedeón:

Entonces Gedeón tomó diez hombres de sus siervos, e hizo como Jehová le dijo. Mas temiendo hacerlo de día, por la familia de su padre y por los hombres de la ciudad, lo hizo de noche. Por la mañana, cuando los de la ciudad se levantaron, he aquí que el altar de Baal estaba derribado, y cortada la imagen de Asera que estaba junto a él, y el segundo toro había sido ofrecido en holocausto sobre el altar edificado. Y se dijeron unos a otros: ¿Quién ha hecho esto? Y buscando e inquiriendo, les dijeron: Gedeón hijo de Joás lo ha hecho. Entonces los hombres de la ciudad dijeron a Joás: Saca a tu hijo para que muera, porque ha derribado el altar de Baal y ha cortado la imagen de Asera que estaba junto a él. Y Joás respondió a todos los que estaban junto a él: ¿Contenderéis vosotros por Baal? ¿Defenderéis su causa? Cualquiera que contienda por él, que muera esta mañana. Si es un Dios, contienda por sí mismo con el que derribó su altar. Aquel día Gedeón fue llamado Jerobaal, esto es: Contienda Baal contra él, por cuanto derribó su altar (Jueces 6:27-32).

Aquí encontramos que una penalidad –maldición o consecuencia– fue puesta de modo que cayera sobre el que derribara los altares demoníacos. Las Escrituras no especifican esto directamente, pero podemos inferirlo en la orden que los hombres de la ciudad le dieron al padre de Gedeón: *"Saca a tu hijo para que muera"* (v. 30). El padre de Gedeón, propietario del altar de Baal, quizá hubiera liberado una fortaleza o fuerza demoníaca para luchar contra quien derribara el altar al falso dios Baal. Llamó entonces a su hijo Jerobaal: *"Contienda Baal contra él"* (v. 32).

Algunos especialistas en guerra espiritual nos informan que los que practican profesionalmente la brujería pronuncian maldiciones –o penalidades– en particular contra quienes son amenaza para su reino. El Antiguo Testamento nos muestra la vida de Gedeón, nos da entendimiento de la necesidad de orar un cerco de protección alrededor de nosotros y de nuestras familias, rompiendo en nombre de Jesús toda maldición o penalidad que el enemigo intente hacer caer sobre el pueblo de Dios al luchar contra las tinieblas.

Observe también la recompensa de Dios para sus valientes guerreros: *"Entonces el Espíritu de Jehová vino sobre Gedeón"* (Jueces 6:34). Literalmente, esto significa que el Espíritu de Dios "vistió" a Gedeón. Es decir que tomó posesión de él. Así que, anímese. ¡La recompensa de Dios puede ser espectacular!

Luego de enfrentarme con el enemigo, lo cual hago en muchos de mis viajes y reuniones, ofrezco una oración que rompe la maldición del enemigo –todo coletazo o contraataque– que pudiera venir contra mí y mi familia: nuestra salud, esperanzas, futuro, llamado, finanzas, posesiones, vehículos, mascotas, etc. La oración es:

> "En el nombre de Jesús y por el poder de su sangre derramada en la cruz, ordeno a la penalidad del enemigo, toda maldición pronunciada contra mí y todo contraataque del malvado contra mí y mi familia, que se rompa. No prosperará porque anulo su efecto en el poderoso nombre de Jesús. Proclamo una bendición a todo lo que soy, espero ser e intento ser, y sobre todo lo que ataña a mi vida, salud, hogar, finanzas, ministerio y familia. Llamo a la fuerza, al vigor, la protección y la providencia del Señor, para honor y gloria de su nombre. Amén".

Tiene sentido ¿verdad? ¿Ha bloqueado usted los contraataques del enemigo?

10. LA RED DE SEGURIDAD: ANDAR JUNTO A OTROS

Esta es una parte importante de la sabiduría. Eclesiastés 4:9-12 observa:

> *Mejores son dos que uno; porque tienen mejor paga de su trabajo. Porque si cayeren, el uno levantará a su compañero; pero ¡ay del solo! que cuando cayere, no habrá segundo que lo levante. También si dos durmieren juntos, se calentarán mutuamente; mas ¿cómo se calentará uno solo? Y si alguno prevaleciere contra uno, dos le resistirán; y cordón de tres dobleces no se rompe pronto.*

224 &. Arrodillados sobre sus promesas

Veamos esto con mayor detenimiento. Todos pasamos por momentos en que por alguna razón somos golpeados. ¿No es maravilloso que el Señor nos provea otras personas que nos ayudarán cuando seamos derribados?

Veamos otro aspecto de esta red de seguridad. *"Dos le resistirán"*. Es esta una poderosa promesa para recordar, proclamar, y sobre la cual arrodillarnos. *"Cinco de vosotros perseguirán a ciento, y ciento de vosotros perseguirán a diez mil, y vuestros enemigos caerán a filo de espada delante de vosotros"* (Levítico 26:8). El efecto multiplicador contra el enemigo se da cuando nos unimos a otros.

¿Tiene usted un compañero de oración con quien andar? ¿Quién le cuida las espaldas? La armadura de Dios protege nuestra parte delantera, y somos la protección para las espaldas de otros. Cubrámonos mutuamente con consejos, compañía y oración.

Los líderes también necesitan la protección y el cuidado que dan las oraciones de sus seguidores. Es allí cuando los demás se unen en intercesión organizada para blandir *"el escudo de la fe"* (ver Efesios 6:16), por sus líderes espirituales.

"Todo Finney necesita un padre Nash —escribe Dick Eastman— y todo predicador necesita un intercesor".[43] Creo que es cierto, y me he entregado a otros ministerios a lo largo de los años, para ser un Aarón o un Hur que les ayude a través del poder de la oración permanente. Y hoy estoy agradecido porque hay quienes están con Ministry to the Nations, en muchas de nuestras obras.

Hay una pareja especialmente preciosa que coordina su escudo de oración por nuestra familia y nuestro ministerio. Desde que erigieron este escudo, hubo menos ataques de enfermedad sobre nuestros hijos. Quienes han andado con nosotros, vigilando y orando por nosotros con regularidad, se han convertido en una red de seguridad para nuestras vidas.

¡Que todo ministerio tenga un escudo de oración que lo protege en nombre de Jesús!

¿DE QUIÉN ES LA BATALLA?

Antes de llegar juntos a la última esquina, para echar un vistazo al tema de los guardianes de las puertas que dan paso a la presencia de Dios, permítame destacar un pensamiento más sobre las aplicaciones de sabiduría para intercesores: no todas las batallas serán suyas. Algunas lo serán, y otras serán para otras personas. Algunas simplemente ni siquiera requerirán de su participación.

En última instancia no es el diablo quien indicará cuándo ha de pelear con él. En 2 Corintios 2:14 se proclama con majestuosidad: *"Mas a Dios gracias, el cual nos lleva siempre en triunfo en Cristo Jesús, y por medio de nosotros manifiesta en todo lugar el olor de su conocimiento"*. Donde Él lidera, siempre nos hará triunfar. Donde Él no lidera –donde vamos solos– allí no necesariamente tendremos la misma salvaguarda, ni triunfaremos necesariamente. Así que no seamos presuntuosos. Busquemos la sabiduría. Aprendamos a ser sensibles a la voz de Dios. Andemos con otros. Obtengamos confirmación y luego avancemos, sabiendo que tenemos buenas noticias.

¿Cuál es esta buena noticia? Que donde Él nos lleve, nos dará gracia, protección y triunfo. Es importante que al poner nuestras manos a trabajar en el arado de los propósitos de Dios por medio del arte de la intercesión profética, que nos aferremos a estas simples verdades.

La pregunta crucial es, entonces: ¿quién me guía a la pelea: mi celo del alma, mi carne no santificada, un espíritu que me seduce, o Jehová-nissi, el Señor Nuestro Estandarte?

Recuerde, la victoria de Cristo se manifiesta donde Cristo nos lleva. ¿De quién es la batalla? Primero del Señor, y luego nuestra.

Ofrezca conmigo una de estas oraciones que el Señor me dio en la niñez. Quizá debiera unirse a mí, como un niño, arrodillándose en humilde adoración. Arrodillémonos sobre las promesas para que la sabiduría sea nuestra.

Señor, dame sabiduría más allá de mis años. Padre, otórgame el espíritu de sabiduría y revelación en el conocimiento del glorioso Señor Jesucristo. Que sea yo preservado por tu mano para llegar a ser veterano para la siguiente generación, y para pasarles las maravillas de tu gran amor. En el nombre de Jesús. Amén.

APLICACIONES PRÁCTICAS, ¡HAGÁMOSLO REALIDAD!

- Ore del libro de Proverbios, pídale al Padre que le dé sabiduría más allá de sus años.

- En sus momentos de oración de intercesión pídale al Señor que le revele áreas de sabiduría que aún le faltan, y que le enseñe aquellas cosas que debiera usted incorporar en su vida.
- Obtenga mayor sabiduría: formule preguntas a quienes han aprendido en las trincheras de la oración. Entreviste a un creyente en Cristo que sea mayor.
- La confesión de los pecados es una actitud de humildad que atrae la gracia de Dios. Pídale al Señor que entre en las áreas de crítica y falta de perdón, para que pueda usted ser un mayor canal de bendición para los demás.
- Si los dardos de fuego del enemigo le están espiritualmente "dando", pídale al Espíritu Santo que ponga su dedo de convicción en su corazón. Confiese y arrepiéntase para cerrarle al enemigo todas las puertas de su vida y la de su familia. Luego ore las oraciones en nombre de Jesús, cancele la penalidad contra su vida, familia y ministerio.

LECTURAS RECOMENDADAS

The Spiritual Fight, [La pelea espiritual] Pat Gastineau (Word of Love, 1997). No disponible en español.

Pasión por Jesús, por Mike Bickle (Casa creación, 2000).

CAPÍTULO 12

¡Abramos camino!

¡Están llegando los "abre puertas"! Son los intercesores pro-féticos que ayudan a nacer a los propósitos de Dios para su generación, y hoy aparecen nuevamente. Necesitamos y deseamos esto en la sociedad de hoy, pero no será posible sin que haya "abre puertas".

Miqueas 2:13 describe la actividad a la que nos referiremos en es-te capítulo:

> Subirá el que abre caminos delante de ellos; abrirán cami-no y pasarán la puerta, y saldrán por ella; y su rey pasará delante de ellos, y a la cabeza de ellos Jehová.

En verdad el Señor Jesús mismo es nuestro abre caminos, aquel que ha ido antes de nosotros y ha abierto las puertas del cielo y el infier-no. Él ya lo ha hecho. Pero hoy, como en los días de Juan el Bautista y otros abridores estratégicos, el Espíritu Santo busca a quienes tienen el espíritu de avanzada, los que irán delante del rebaño, pioneros en

228 &. Arrodillados sobre sus promesas

la senda del espíritu que abren el camino para que el Señor pueda "pasar la puerta".

CÓMO ME ENTERÉ DE LOS ABRE CAMINOS

Recuerdo la primera vez que preste atención a este versículo de Miqueas. Acababa de regresar de la cruzada de Haití de 1987, que mencioné en el capítulo 4, aquella en que se sanó la abuela ciega, y cuando conocí a Dick Simmons. Mahesh Chavda había conocido a Dick en una conferencia de ministerio en Virginia, y lo había invitado a venir con nosotros para participar de nuestra campaña. Mi corazón se unió a este inusual pionero de la intercesión cuando nos hicieron trabajar juntos en la misión.

Al volver a casa de esa cruzada, pasé muchas horas en silencio en mi oficina del sótano, en comunión con mi Señor, aprendiendo –como tantos otros– a practicar la presencia de Jesús.

Mientras esperaba al Señor un día de febrero de 1988, la voz del Espíritu Santo habló dentro de mi corazón: "¿Dónde están los abre caminos que irán delante y abrirán la puerta de la ciudad de Nueva York?"

Ahora, ¡esta palabra era algo extraña para un hombre que había crecido en un pueblo de doscientos cincuenta y nueve personas, en los campos de Missouri! Aunque algo dentro de mí se sintió conmovido. Sentí que debía escribir una carta –todavía no había correo electrónico– a mi nuevo amigo en oración, que vivía en Bellingham, Washington. Le escribí a Dick: "Estando hoy en oración el Espíritu Santo me preguntó algo con lo que creo que tú estás relacionado: '¿Dónde están los abre caminos que irán delante y abrirán la puerta de la ciudad de Nueva York?'"

El mismo día en que escribí esta carta, resultó ser que Dick oraba del libro de Miqueas: "¿Dónde están los abre caminos que irán delante y abrirán las puertas de la ciudad de Nueva York?" ¡Increíble! Así que cuando Dick recibió mi carta, me llamó inmediatamente y me invitó a ir con él a la Gran Manzana.

Salimos por una ventana llena de citas divinas.

En ese viaje a la ciudad de Nueva York conocí a Richard Glickstein, quien entonces era pastor de la comunidad One Accord de Maniatan. Eventualmente, Richard y uno de sus amigos más cercanos,

David Fitzpatrick –pastor de Michigan– y yo, llegamos a unirnos en las trincheras de la intercesión profética. Fue durante una de estas reuniones de intercesión que vi el mapa de la pequeña nación de Bahrain, que describí en el capítulo 6. Hoy, más de diez años después, mi familia vive a dos minutos de los Fitzpatricks en Antioch, Tennesee, y Richard y su familia residen en Moscú, para llegar a los judíos de Europa Central y Oriental. No teníamos idea de lo que Dios tenía preparado para nosotros. Simplemente intentábamos seguir la nube que nos guiaba.

En los siguientes dieciocho meses, aproximadamente, Dick, Richard, David y yo nos reuníamos cada dos o tres semanas para pasar días en oración, para clamar ante el Señor sobre diversas asignaciones de oración en la ciudad de Nueva York. Así es como aprendí acerca de la "unión del abre caminos".

Clamábamos ante el Señor porque enviara hombres y mujeres a los campos de cosecha de esta enorme ciudad, tan necesitaba. Nos encontramos trabajando por los propósitos de Dios para el pueblo judío en todo el mundo, y llamamos el nombre del Dios de Abraham, Isaac y Jacob en la Iglesia Pentecostal Ucrania donde se reunía la Comunidad One Accord.

En tanto esperábamos a Dios, Él nos daba diferentes asignaciones de oración. A menudo en 1987 nos encontrábamos orando porque David Wilkerson pudiera regresar a la ciudad de Nueva York, la "tierra de su unción". Le recordábamos a Dios su Palabra en Mateo 9:37-38: *"A la verdad la mies es mucha, mas los obreros pocos. Rogad, pues, al Señor de la mies, que envíe obreros a su mies"*.

El Señor de la mies oyó nuestra súplica, mientras nos arrodillábamos sobre las promesas. En pocos meses, por ejemplo, David Wilkerson vendió su propiedad de ministerio en Lindale, Texas, a Youth With a Mission, y volvió a mudarse a la ciudad de Nueva York, donde abrió la Iglesia Times Square.

En esta hora crucial el Espíritu Santo sigue buscando pioneros, gente profética de intercesión que siga el modelo de su Mesías y ande delante de los demás para abrir camino a sus familias, iglesias, regiones, ciudades, grupos étnicos y naciones. ¿Podría ser que estos guerreros que no buscan más que el honor y la gloria del santo nombre del Señor, ya estén avanzando?

¡Que se levanten los abridores de caminos! ¡Que sea derramada la unión de apertura de caminos! ¡Que llegue el momento de abrir las puertas!

CIELOS ABIERTOS

Al leer literatura de reavivamiento, encuentro un término peculiar que se relaciona con el tema de la apertura: cielos abiertos. En estos últimos días y meses me he encontrado meditando el tema de los cielos abiertos. Una vez más, he buscado en mi Biblia. Permítame darle algunos pasajes de las Escrituras relacionados con este tema.

Ezequiel 1:1 dice: *"Los cielos se abrieron, y vi visiones de Dios"*. Cuando se abren los cielos Ezequiel describe una gran nube enviada por Dios para protegerlo de su brillo. ¿Puede usted imaginar la escena? Entonces Ezequiel ve: *"un fuego envolvente"*, luz brillante, relámpagos, ángeles y otros detalles gloriosos y fascinantes.

Diversos pasajes del Antiguo Testamento describen situaciones y experiencias similares en las que el cielo se abre y baja a la Tierra, o donde una persona es envuelta en cielo. Piense en la experiencia visionaria transformadora de Isaías, en la que vio la gloria de Dios, la trascendente majestad de su presencia, el fuego de purificación y el mensaje: *"¿A quién enviaré, y quién irá por nosotros?"* (Isaías 6:8). Del mismo modo Daniel, al recibir visiones en la noche, vio al Señor *"como hijo de hombre"*, viniendo entre *"nubes del cielo"* tomando su trono ante el Anciano de días (Daniel 7:13). ¡Asombroso!

Avancemos al Nuevo Testamento. En el mismo bautismo de Jesús, según lo registra Mateo 3:16-17: *"Los cielos le fueron abiertos"* y el Espíritu Santo descendió sobre el Hijo de Dios con la forma de una paloma. Luego el Padre dice de manera audible: *"Este es mi Hijo amado, en quien tengo complacencia"* (v. 17).

En Hechos encontramos a Esteban, el fogoso diácono, apedreado hasta morir por predicar el Evangelio. Mientras ocurre esto, ve *"los cielos abiertos, y al Hijo del Hombre que está a la diestra de Dios"* (Hechos 7:56). El cielo se abre, las nubes se corren y Jesús está allí, listo para recibirlo. ¡Qué imagen! ¡Qué costo! ¡Y qué privilegio!

Juan, el discípulo que apoya la cabeza en el corazón de Jesús, tiene una profunda experiencia que se registra en el Apocalipsis. Juan está preso y tiene ochenta años ya, y está: *"En el Espíritu en el día del*

Señor" (1:10). Medita en su Amado y ve *"una puerta abierta en el cielo"*, y oye que una voz lo llama. No solo llega a ver el reino de los cielos, sino que se le dice *"Sube acá"* (4:1). Al hacerlo, ve a Aquel que está sentado en el trono en medio de la majestad de su gran presencia, en tanto los ancianos, ángeles y cuatro criaturas vivientes adoran en la belleza de la santidad. Como resultado Juan recibe muchos mensajes detallados del Señor Jesucristo glorificado. El Salmo 24:7-10 pinta con poesía un tiempo histórico en que los coros celestiales de ángeles claman porque se abran las puertas del cielo y se levanten las antiguas puertas:

> *Alzad, oh puertas, vuestras cabezas, y alzaos vosotras,*
> *puertas eternas, y entrará el Rey de gloria.*
> *¿Quién es este Rey de gloria? Jehová el fuerte y valiente,*
> *Jehová el poderoso en batalla.*
> *Alzad, oh puertas, vuestras cabezas, y alzaos vosotras,*
> *puertas eternas, y entrará el Rey de gloria.*
> *¿Quién es este Rey de gloria? Jehová de los ejércitos, él es*
> *el Rey de la gloria.*

Este salmo registra la petición de las huestes celestiales por recibir a su glorioso Mesías, y así el cielo ahora espera porque los habitantes de la Tierra clamen que se abran una vez más las puertas del cielo a la Tierra.

ABRAMOS LAS PUERTAS EN EL ESPÍRITU

¿Qué son los cielos abiertos, y cómo es que sucede esto? ¿Hay cielos abiertos hoy? Este es un tema en el que el Espíritu Santo echará su luz en los días venideros. Permítame darle una definición posible de este fenómeno.

En este tipo de experiencia visionaria, pareciera hacerse un "agujero" en el cielo inmediato. Se revela el reino celestial y se hacen visibles las imágenes de Dios. El acceso del hombre a Dios y de Dios al hombre se abre, o así parece, y su presencia manifiesta aparece.

Algunos llaman a estos portales "umbrales" o "puertas" en el reino espiritual. Creo que son puntos de entrada, puntos espirituales calientes en que la presencia manifiesta de Dios se hace casi tangible durante cierto período de tiempo. ¿Recuerda la lección referida a los que esperaban junto al pozo de Betesda? En determinadas temporadas un ángel del Señor era enviado a mover las aguas, y la primera persona que entrara en las aguas ungidas era sanada (ver Juan 5:1-4). Estoy convencido de que hay puertas en las que la presencia de Dios parece invadir el espacio y tiempo terrenales de manera poderosa.

En lo natural se usan las puertas para mantener afuera algo, y hacer que otras cosas queden dentro. Los ancianos han de sentarse a las puertas de la ciudad (ver Proverbios 31:23) y permitir o negar la entrada a las regiones que les han sido confiadas como administradores. Así también es en el reino espiritual. Isaías 60:18 dice: "*A tus muros llamarás Salvación, y a tus puertas Alabanza*". Así, alrededor de la vida de cada creyente, y alrededor del perímetro de cada iglesia, necesitamos muros de protección. El Salmo 100:4 nos dice: "*Entrad por sus puertas con acción de gracias, por sus atrios con alabanza*".

No solo somos llamados a entrar en la presencia del Rey por las puertas de la alabanza, sino que también hemos de vencer las puertas del enemigo. "*Sobre esta roca edificaré mi iglesia; y las puertas del Hades no prevalecerán contra ella*" (Mateo 16:18).

Un maravilloso libro de Cindy Jacobs, de Generals of Intercession, *Possessing the Gates of the Enemy* [Conquistemos las puertas del enemigo], nos enseña algo al respecto: "*Tu descendencia poseerá las puertas de sus enemigos*" (Génesis 22:17). Quizá ahora el Espíritu Santo nos lleve del otro lado de la moneda, en cuanto a la reapertura de estas puertas proféticas de visitación del cielo a la Tierra. El enemigo ha venido, como hizo en tiempos de Abraham e Isaac, y llenó los pozos de salvación. Ahora es el momento en que los abre caminos deberán volver a cavar estos antiguos pozos, para permitir que las aguas de la presencia sanadora de Dios vuelvan a fluir (ver Génesis 26:15-22).

En Génesis 28 leemos sobre el encuentro de Jacob en Bet-el. Acostado sobre el duro suelo, con una piedra a modo de almohada, se reveló ante él una escalera entre la Tierra y el cielo, en un sueño en que había ángeles que subían y bajaban. El Señor estaba en el extremo superior de la escalera, en tanto la línea de comunicación entre Dios y el hombre se abría. Jacob declaró: "*¡Cuán terrible es este lugar! ¡No es otra cosa que casa de Dios, y puerta del cielo!*" (Génesis 28:17).

¿Qué había cambiado? ¿Había cambiado Dios su visión del desierto de Beersheba-Haran? ¿Había cambiado el aspecto de la Tierra, y era ahora un lugar verde y exuberante, que agrada a los ojos naturales?

En Génesis 28:16 cuando Jacob despierta, dice: *"Ciertamente Jehová está en este lugar, y yo no lo sabía"*. Cuando se abren los cielos sobre una región nuestros ojos espirituales se abren y vemos con los ojos de Dios. Jacob ahora vio este lugar de Bet-el –"casa de Dios"– como una puerta del cielo, abierta, y la presencia manifiesta de Dios descendiendo sobre este. Después de todo, ¿no les enseñó Jesús a sus discípulos a orar: *"Venga tu reino. Hágase tu voluntad, como en el cielo, así también en la tierra"* (Mateo 6:10)? Recuerde, las llaves pequeñas abren puertas grandes, y las llaves de la oración santa, valiente, perseverante, son las que se ponen en las puertas del cielo para que los recursos de Dios bajen a la Tierra (ver Mateo 16:19; 18:18-20).

Isaías tomó la trompeta y nos da un grito estridente para que haya *"cielos abiertos"*:

> *¡Oh, si rompieses los cielos, y descendieras, y a tu presencia se escurriesen los montes, como fuego abrasador de fundiciones, fuego que hace hervir las aguas, para que hicieras notorio tu nombre a tus enemigos, y las naciones temblasen a tu presencia!"* (64:1-2).

A lo largo de la historia de la Iglesia los intercesores han tomado estos y otros versículos, los han orado de vuelta al Padre, para que se abrieran los cielos para sus generaciones.

Uno de estos ejemplos es el histórico reavivamiento que sucedió en 1949 en la aldea de Barvas, en la isla más grande de las Hébridas, junto a la costa noroeste de Escocia. Se ha escrito mucho sobre el impacto de la predicación y las reuniones del pastor y evangelista Duncan Campbell, quien lideraba el camino ante los ojos de todos. Pero poca atención se ha dado a los guerreros de la oración que abrieron el camino antes y durante la poderosa movida de la presencia de Dios.

Detrás de la escena obraban dos hermanas ancianas, Peggy Smith, ciega y de 84 años, y su hermana Christine, de 82 y casi doblada por la artritis. No podían asistir a los servicios regulares de la iglesia, pero durante meses oraron en su hogar porque Dios enviara el reavivamiento a Barvas. Estas dos persistentes intercesoras oraban nombrando a los habitantes de la aldea, desde cada una de las cabañas. Le recordaban a Dios su Palabra de Isaías 44:3: *"Porque yo derramaré aguas sobre el sequedal, y ríos sobre la tierra árida"*. Clamaban esta promesa profética ante el Señor, día y noche.

En la aldea, además de las hermanas Smith, siete jóvenes se reunían tres noches a la semana en un granero para orar por el reavivamiento. Hicieron una alianza con Dios y entre ellos, según Isaías 62:6-7, de que no le darían tregua hasta que Él enviara el reavivamiento a su aldea. Mes tras mes, persistieron en oración.

Una noche oraron con fervor el Salmo 24:3-4: *"¿Quién subirá al monte de Jehová? ¿Y quién estará en su lugar santo? El limpio de manos y puro de corazón; el que no ha elevado su alma a cosas vanas, ni jurado con engaño. él recibirá bendición de Jehová, y justicia del Dios de salvación"*.

Instantáneamente, parece, el granero se llenó con la gloria de Dios y los hombres que oraban los Salmos cayeron postrados al suelo. Les sobrecogió la presencia de Dios y se vistieron con un poder sobrenatural que jamás habían conocido.

En se momento el Señor le dio a una de las hermanas Smith una visión. Peggy Smith vio las iglesias llenas de gente, y cientos de personas llevadas al Reino de Dios. Le enviaron un mensaje a su pastor, diciendo que habían "abierto el camino" y que el cielo estaba a punto de descender sobre la Tierra.

Y así fue. Toda la región parecía estar saturada de Dios. Dondequiera que estuvieran las personas –en el trabajo, en sus casas o en los caminos– se sentían sobrecogidas con la presencia del Dios todopoderoso. El agua mojó el suelo seco a medida que la convicción del Espíritu Santo se vertía sobre todos. Un río de bendición fluyó, y trajo a cientos a la salvación durante los días de esa histórica visitación.[44]

Ahora permítame ser vulnerable ante usted, y contarle un encuentro dramático de mi vida, que ilustra lo que es una puerta del Espíritu.

ENCUENTRO EN EL LAGO

Era una noche tranquila de miércoles, en mayo de 1989. Michal Ann yo ya acabábamos de volver de una reunión en la ciudad de

Kansas, a poca distancia. Me sentía intranquilo y ambos lo sabíamos. Necesitaba estar a solas con el Señor, algo estaba por suceder. Así que Michal Ann me bendijo, subió al auto y salió a dar un paseo. Eran cerca de las 21:00.

Podía oír la suave y calma voz de la Paloma de Dios hablando en mi corazón. Decía: "Da vuelta aquí. Hacia la derecha. Ve allí". Su presencia estaba muy cerca. Eventualmente, llegué a una laguna artificial de recreación, llamada lago Longview, no muy lejos de casa, al sur de la ciudad de Kansas. Hasta los nombres de los caminos parecían proféticos: Camino de larga vista; Ruta del terreno alto. Y más tarde esa noche sentí que miraba lejos a un lugar elevado, al que Jesús quiere llevar a su Cuerpo.

Mientras avanzaba llegué a una parte del lago que nunca había visto antes. Estacioné y bajé del auto. Inmediatamente a mi izquierda vi un camino que me parecía conocido. Había visto ese camino de piedritas en una visión, más temprano el mismo día. Así que avancé por el estrecho sendero que llevaba a una lengua de tierra que entraba en el lago. Allí, al final de este camino, había un edificio de cemento con un alto cerco de alambre que lo rodeaba. Parecía una usina o un generador.

Luego algo –o debiera quizá decir Alguien, ese maravilloso Guía y revelador de la verdad, el Espíritu Santo– pareció apoderarse de mí. Oí su suave voz dentro de mí diciendo: "Camina alrededor de la usina siete veces, mientras oras en el Espíritu".

Así que obedecí.

No había nadie en el lago esa noche, ni botes, ni pescadores. Era una noche hermosa y serena, aunque había llovido antes. Caminé alrededor del edificio una vez, oraba en voz muy baja, con el don de lenguas. Lo hice una segunda y tercera vez. Mientras seguía en mi viaje de obediencia, me encontré orando más y más fuerte con cada vuelta. Para cuando di la séptima vuelta, estaba orando en voz muy fuerte, en la lengua que me daba el Espíritu Santo.

Cuando completé mi séptima vuelta, oí la voz otra vez del Espíritu: "Camina alrededor de la usina por octava vez y decláralo a los cielos".

No sabía muy bien qué querría decir, pero lo hice. Al llegar a la primera esquina del cerco, miré hacia el cielo y levanté mi brazo derecho. De mi boca salió una poderosa declaración, no pensada:

"¡Abran camino! ¡Abran camino! ¡Abran camino al comienzo de una gran visitación!"

Luego de esta proclamación, avancé hacia la segunda esquina, me detuve, elevé mi brazo, miré al cielo y declaré otra vez: "¡Abran camino! ¡Abran camino! ¡Abran camino al comienzo de una gran visitación!"

Hice lo mismo al llegar a la tercera y la cuarta esquina.

Cuando hube acabado mi cuarta proclamación, creí que quizá fuera esto únicamente lo que tenía que hacer, así que me di vuelta y comencé a caminar hacia el auto. Pero la voz de la paloma volvió a mi corazón: "Quiero que bajes a la orilla del lago y golpees el agua".

Bien, mi razonamiento humano estaba apagado, y su divino razonamiento estaba encendido. Así que dije: "Si voy a golpear el agua, entonces de seguro cualquier camino que elija tendrá una rama que podré tomar para golpear con ella el agua".

Y sí, avancé y en el camino vi una rama grande. La tomé y Jeremías 23:5-6 se encendió en mí: "Hay uno que se llama la rama recta", pensé mientras seguía avanzando hacia la orilla barrosa del lago.

Cuando llegué allí vi una tabla sobre la orilla del lago artificial, y me paré sobre ella.

De pie, allí, con la rama en mi mano, el Espíritu Santo me dijo: "Otro pescador ha estado aquí antes que tú" (recuerde eso, porque volveré a mencionarlo).

Luego, de pie sobre la tabla y con la rama alzada hacia el cielo, oí estas palabras: "Golpea el agua".

Bajé la rama sobre el agua quieta, directamente enfrente de mí. Luego comenzó a suceder algo extraño. Se formaban líneas oscuras en medio del lago, y venían hacia mí. Comenzaron a formarse olas. Seguí mirando y vi que el agua me mojaba los pies. La atmósfera a mi alrededor estaba cargada de miedo.

"Señor ¡tengo miedo!", grité.

En ese momento cesaron las olas. El lago instantáneamente volvió a parecer un espejo. Estaba yo asustado, sorprendido y con miedo, todo al mismo tiempo.

El Cordero persistente volvió a hablar dentro de mí: "Canta una canción de amor al Espíritu Santo para llamar el regreso de su presencia".

Así que, parado sobre esa tabla, comencé a cantar una canción de amor al Espíritu Santo, invité a su presencia para que regresara.

Luego lo oí otra vez: "Golpea el agua".

Otra vez, bajé la rama y entonces, inmediatamente ante mí se formaron líneas oscuras que desde el medio del lago formaban olas. Crecían en intensidad, fuerza y potencia. Las olas golpeaban la orilla y mis pies. Esta vez la atmósfera a mi alrededor estaba cargada de gozo, fe y excitación. Allí estaba yo, alabando al Señor en voz alta, celebrando y disfrutando de su presencia.

Cuando las olas se calmaron y la presencia manifiesta de Dios cesó, decidí volver a casa por el camino de piedritas.

Entonces Él me habló por última vez esa noche: "Todo lo que le he pedido a mi pueblo son dos cosas: que crean en mí y que hagan hasta la cosa más pequeña que yo les ordene hacer".

Entonces lo personalizó, imprimió su mensaje en mi conciencia. "Todo lo que te pido son dos cosas: que me creas para el comienzo de esta gran visitación y que obedezcas hasta la cosa más pequeña que te ordene hacer".

Seguí por el sendero, subí al auto y volví a casa. Era tarde ya y Michal Ann ya dormía cuando llegué. Al entrar en la cama la unción de la presencia manifiesta de Dios comenzó a esfumarse.

"¿Qué fue todo eso?" me pregunté.

Elevé una oración del tipo: "¡Señor ayúdame!" y me dormí.

LA INTERPRETACIÓN DEL ENCUENTRO

El día siguiente, martes, le relaté a Michal Ann todo sobre este encuentro. No recuerdo habérselo contado a nadie más.

Y el sábado por la mañana recibí una llamada telefónica de un caballero cristiano mayor, que tiene el don de las visiones proféticas: Bob Jones. Jamás olvidaré la conversación.

Te vi en una visión esta mañana –observó–. Íbamos caminando por un sendero de piedritas que llevaba a una usina, o un generador. Luego había olas que te mojaban los pies. ¿Te dice algo esto?

Suspiré y respondí enseguida:

Sí, me dice dos cosas: una, que no estoy loco; y dos, confirma el significado de un profundo encuentro divino que acabo de vivir.

Luego le expliqué a Bob lo que había sucedido tres días antes y le agradecí su palabra de confirmación. El buen Bob me escuchó, soy uno de los más jóvenes hombres con llamado profético que albergó bajo sus alas. Sabía casi todos los detalles, ¡antes de que yo los dijera!

¿Qué significaba este inusual encuentro? Primero, que el Señor llama a intercesores proféticos "capturados", como Elías en 1 Reyes 18, por un sonido del Espíritu que aún no se ha oído en el plano natural. (Recuerde la lección del capítulo 3: Elías oía el ruido de la lluvia en el plano espiritual mucho antes de que cayera y mojara la tierra). Estos guerreros de terciopelo entonces se arrodillan en el suelo y dan a luz a su revelación, hacen que sea. Y continúan hasta que aparece.

Sí, las respuestas, como en los tiempos de Elías, parecen venir primero como una nube del tamaño de un puño. Pero jamás hemos de menospreciar *"el día de las pequeñeces"* (Zacarías 4:10).

Muchos pequeños y nuevos comienzos de reavivamiento y de los propósitos de Dios para nuestra generación han surgido en diversos lugares y naciones a lo largo de los últimos años. Sin embargo, debemos discernir correctamente el día de la aparición de Cristo y no permitir que la plenitud de lo que el Padre ha planeado nos pase de largo. Tengamos discernimiento en estos tiempos de su presencia y cultivemos y cooperemos con el Espíritu Santo. Mantengamos encendido el fuego en el altar hasta que se complete la plenitud de sus propósitos, y no dejemos nuestra posición ante Él a causa de la mucha actividad.

Con una palabra que quema dentro de ellos, estos abre caminos sacerdotales miran al cielo y, como Dios: *"Llama[n] las cosas que no son, como si fuesen"* (Romanos 4:17). Están cautivados por una visión de lo que ha de suceder. Ven las nubes cargadas de lluvia, toman el cuchillo del Espíritu y cortan una abertura en el cielo, elevan un llamado por la prometida lluvia de la presencia del Señor.

Por eso, el llamado es: "Abran camino. Abran camino". Este grito no va dirigido a multitudes de hombres y mujeres, sino a los balcones del cielo. Debemos proclamar la voluntad y la Palabra de Dios, y cortar las tinieblas de los poderes del enemigo que buscan impedirnos, clamar porque las puertas del cielo se abran una vez más. Este grito de intercesión debe persistir hasta que la gracia de la intimidad y la comunión hayan abierto el camino para un tiempo de nuevos comienzos.

¿Recuerda cómo encontré la rama? Representa la obra de la cruz que cada uno de nosotros está llamado a cargar. El Espíritu Santo busca a quienes están dispuestos a llevar la obra completada en la cruz, solo la cruz y nada de sí mismos. Cuando esta rama recta se eleva, Jesús atrae a todos los hombres a sí mismo (ver Juan 12:32).

Sí, levantemos a Jesús. La primacía de nuestro mensaje no es la de los movimientos, corrientes y denominaciones. De hecho, nuestro mensaje no es siquiera la predicación de la Iglesia. Es Jesucristo crucificado y resucitado de entre los muertos (ver 1 Corintios 2:2; 2 Corintios 4:5; Gálatas 6:14). No hay mensaje más profundo que la sencilla y lo que parece "tonta" predicación de la cruz (ver 1 Corintios 1:18-25). ¡Seamos extravagantes al alzar a Jesús!

LAS DOS OLAS

Cuando bajé la rama dos veces para tocar el agua en el lago Longview, y aparecieron las olas, así también estoy convencido de que hay dos grandes olas de la presencia y gloria manifiestas de Dios, que vienen hacia la Iglesia en esta generación.

Primero es la ola de su presencia que restaura el temor del Señor. Oh, ¡cómo necesitamos la fragancia del perfume de Dios, salpicando a la Iglesia contemporánea! Ha sido un ingrediente faltante en una generación que buscó la mano de Dios –su bendición– a veces, pero no su rostro.

Esta magnífica primera ola de gracia se verá seguida, creo, de una extraordinaria oleada de evangelización con poder, nación tras nación. Cuando el temor del Señor sea restaurado a la esposa de Cristo, el poder de Dios fluirá como rara vez se ha visto desde los días del libro de los Hechos. Podríamos estar al borde de una marejada de su presencia.

La combinación de estos dos grandes movimientos dará lugar a una gran cosecha de los últimos tiempos, para gloria del Señor. ¡Oh, Señor, que venga ya!

UNAS SIMPLES PALABRAS

La primera vez que describí mi experiencia en el lago Longview en público –le dije que volvería a mencionarlo– un hombre se me acercó al finalizar el servicio en la iglesia. Nunca había asistido a esa iglesia antes.

Sé cuál es la tabla a la que se refiere –me dijo-. Soy el pescador que se paró allí antes que usted.

Parece que ese lugar era el preferido del pescador. Había estado parado sobre esa tabla mucho antes de que yo supiera de su existencia.

Oré con este hombre para que recibiera a Jesús como su Salvador, esa misma mañana. Y este pescador de la vida real le dio su corazón a Jesús.

Sí ¡el Señor nos hará pescadores de hombres!

La realidad de mi experiencia en el lago Longview puede resumirse en unas pocas y simples palabras: "Todo lo que le he pedido a mi pueblo son dos cosas: que crean en mí y que hagan hasta lo más pequeño que les haya ordenado hacer".

¿Cuántos estamos esperando que Dios nos mande hacer algo "grande"? "Vende todo lo que tengas y ve a ayudar a las tribus de Nepal". Claro que puede ser una palabra auténtica para algunos creyentes, pero ¿entiende cuál es el punto? Aún si uno siente que lo que Dios nos pide es algo tonto o insignificante, obedezca a la impresión y observe cómo se mueve el Espíritu Santo.

Muchos esperamos una gran palabra de comisión, cuando Él ya nos ha dicho en su Palabra que amemos a nuestro prójimo o alimentemos al pobre que está en la esquina de casa. No tengo duda de que al hacer algo con el poder de la presencia del Señor, ya hemos recibido, y obtendremos más palabra.

¿Pero cuántos recibimos palabras como sugerencias, y no como órdenes? ¿Cuáles son las "pequeñas cosas" que Dios le ha ordenado hacer? ¿Ha oído estas órdenes? ¿Suena a que el de arriba se adueña de su vida porque se cree Dios? Bueno, así es. Él ha venido para tomar el mando. La buena noticia es que su voluntad es buena. Nuestros pequeños actos de bondad pueden ser una muestra del amor de Dios para alguien más.

Hagamos las cosas pequeñas que nos tocan, entonces, para que Él pueda hacer las cosas grandes. Que una generación apasionada de violentos, humildes, obedientes guerreros se levante y se adueñe de la Palabra de Dios, en tanto el Dios de su Palabra se adueña de nosotros.

ES LA HORA DE LOS ABRE CAMINOS

Es hora de que los abre caminos de esta generación avancen. Es hora de encender la luz, como medio de confrontación con las tinieblas. Hora de que los guardianes a las puertas de la presencia del Señor inserten las llaves pequeñas de la oración en acuerdo, en las grandes puertas del cielo, y abran paso al Rey de gloria para que pase ante nosotros. ¡Que se abra camino al comienzo de una gran visitación! Es hora de que los centinelas sobre las murallas y los ancianos junto a las puertas caminen juntos para prepararse para lo que sucederá en esta generación.

Los abre caminos vienen para abrir los caminos. Una generación de auténticos hombres, mujeres, niños, niñas, ancianos y jóvenes proféticos caminarán en estos principios y verán *"el conocimiento de la gloria de Jehová"* (Habacuc 2:14).

Ahora mismo quizá sienta usted que su corazón late más fuerte en su pecho, al leer estas líneas. "¿Qué es lo que me está pasando?", se preguntará. Su corazón acelera el ritmo con el corazón de Dios, cuando usted medita en las palabras de este extraño libro. ¿Lo siente acercándose? Es el Espíritu Santo que lo llama a ser uno de los tambores que Dios, el Jefe de todos los guerreros, quiere hacer sonar. Él lo llama a ser un abre caminos. ¿Responderá usted al llamado?

Deténgase aquí y ahora. Dígale a Dios que con todo lo que hay dentro de usted, desea que Él sea honrado y glorificado. Preséntese como voluntario para ser centinela sobre las murallas, un intercesor profético, sacerdotal. Para esto es que usted ha sido creado. Ofrézcase nuevamente a Cristo y a sus propósitos. Dígale a su Padre de gracia que desea su gobierno sobre su vida. No espere. Dígaselo ahora.

Siento, sin embargo, una última pregunta que merodea en su alma: ¿Y si no es este mi llamado, esto que llama usted intercesión profética?

Echemos luz sobre esta pregunta, aquí al final de este libro; le formulo una pregunta más: ¿en qué parte de la Biblia se menciona que la oración, la alabanza, la adoración o la intercesión sean un don espiritual especial? Sí, sé que los levitas del Antiguo Testamento eran una tribu que el Señor apartó para ministrarlo. También sé que están los dones de la fe, del discernimiento de espíritus, de evangelización y demás. ¿Pero dónde aparece la oración, la alabanza, la adoración o la intercesión como don especial en la Biblia?

Le daré la respuesta: en ninguna parte. ¿Y sabe usted por qué? Porque estas actividades son derecho de todo sacerdote. Si cree usted en Jesús, eso es exactamente lo que está llamado a ser. Su certificado de nacimiento en el Reino de Dios viene con una descripción de tareas: sacerdote y profeta del Señor.

"Un momentito, Jim —dice usted—. Sacerdote, eso quizá lo acepto, pero... ¿profeta?"

Recuerde lo que dijo Moisés cuando Josué lo urgió a reprimir a Eldad y Medad porque profetizaban en el campamento: *"Ojalá todo el pueblo de Jehová fuese profeta, y que Jehová pusiera su espíritu sobre ellos"* (Números 11:29). Dios está respondiendo a la oración de Moisés. Pondrá el asombroso espíritu de sabiduría y revelación también en usted. Lo dijo y lo creo. De hecho, creo que puedo oír que alguien se une a mí y dice: "Lo oraremos y luego veremos".

¡Ahora sí lo ha entendido! El lugar íntimo donde oír la voz del Señor y el lugar apasionado de la intercesión, no son para un pequeño grupo de elite; son para usted, mi amigo. Así que tome su lugar, sacerdote profético, y haga aquello para lo cual ha sido creado.

UN ÚLTIMO TIRO

En este libro he intentado establecer un fundamento bíblico para la intercesión profética, sacerdotal, y he buscado relacionarlo con la historia de la Iglesia; le he ofrecido detalles de mi propio viaje personal, todo esto con la intención de cultivar en usted un corazón para la oración y el alumbramiento profético de los propósitos de Dios en nuestra generación. He pensado mucho en este material durante más de dos décadas. Y durante años he querido escribir este libro.

Y ahora que lo hice, siento que es bueno, pero al mismo tiempo parece inadecuado. Todo lo que acabo de presentar, me parece solo el primer capítulo en el libro de una vida entera llena del tesoro de la oración.

¿Con qué, entonces, puedo dejarlo? ¿Qué más puedo darle, mi nuevo amigo y camarada en este poco transitado camino? ¿Cuál será mi último tiro?

Tengo todavía una última bala en mi arsenal. Si hay algo que quisiera contagiarle es un corazón que sienta hambre de Dios. Deseo para usted un corazón siempre hambriento de su Creador. Confío en que quedará usted tan sobrecogido con el amor de Jesucristo, que no podrá sino caer de rodillas ante su majestuosa gracia. Él es Amor. Es el Príncipe de Vida. Es el gran YO SOY. Es la razón de la vida. Es la vida misma. Es nuestra magnífica obsesión y nuestra trascendente majestad.

Para cerrar el bendito privilegio de escribir un libro llamado *Arrodillados sobre sus promesas*, he decidido orar una bendición profética por usted, en mis propias palabras, a veces románticas.

Téngame paciencia si esto le parece demasiado íntimo, pedante quizá, o hasta extraño. Solo quiero que el Espíritu Santo le revele el esplendor del maravilloso Dios y Rey que ha elegido residir entre nosotros y dentro de nosotros.

Todo tipo de oración, verá, es más que una metodología; es el medio por el cual nos relacionamos con nuestro Padre Dios a través de su único Hijo, Jesucristo nuestro Señor. Así que, que lo que sigue sea una oración personal profética de bendición:

> Padre, mi Padre, mi santo y majestuoso Creador y Hacedor, inclino mi corazón ante tu majestad y presencia. ¡Qué gloriosa, qué hermosa, qué magnificente es la maravilla de tu querido Hijo! ¡Cómo amo la antesala de tu presencia al acercarme a ofrecer este sacrificio de gratitud y alabanza a tu grande y honorable nombre! Que tu nombre sea exaltado en la Tierra así como en los cielos. Santo Padre, a través de Cristo Jesús y solo a través de Él traigo ante ti a estos hijos tuyos, hambrientos, anhelantes de conocerte. Como si estuviera caminando con ellos de la mano, los presento ante ti ahora. Que sean santificados por tu palabra viviente, lavados por el poder de la sangre de Cristo en la cruz. Que sus conciencias sean limpiadas de las obras muertas, para servir al Dios viviente.

> ¿Anotarías tú sus nombres en la lista de tu escuela de oración? Enrólalos para que sean tus guerreros de terciopelo de los últimos tiempos. Ahora, aún ahora, que tu Espíritu Santo descienda sobre ellos y los llene con el corazón compasivo de tu Hijo, su amoroso Mesías. Que su corazón lata más fuerte y en mayor unión con

los corazones de ellos. Que sus corazones palpiten con el ritmo del cielo. Unge a estos para ser sacerdotes que ministren en tu presencia.

Ante tu majestuosa luz están, y te pido que pongas tus proféticas gracias sobre y dentro de ellos. Derrama sobre ellos el conocimiento revelador de tu glorioso Hijo y Rey. Dales el Espíritu de sabiduría y revelación de este hombre, Cristo Jesús. Pon tu mano sobre ellos ahora y dales una revelación de tu apasionado corazón. Este es mi ruego.

Rodéalos con el temor del Señor y permite que conozcan tu celo por ellos. Que sean siervos tuyos como sacerdotes guerreros proféticos, que te ofrezcan de vuelta tus ungidas oraciones desde corazones en unión con el tuyo. Ahora, por la autoridad y el poder del nombre de Cristo Jesús, que sean apartados para arrodillarse sobre las promesas y cumplir los destinos para gloria de su nombre en la Tierra.

Te pido, Padre, que les impartas el poder de tu grande y brillante presencia. Que huelan como la dulce fragancia de tu Hijo, y avancen en el mundo para liberar su fragancia y realizar obras para la gloria de tu nombre en la Tierra. En el poderoso nombre de Jesús. Amén.

¡SÍ, ESTAMOS ARRODILLADOS!

Sé que esto puede sonarle meloso, pero gracias por tomarse el tiempo de leer este libro. ¡Agradezco al Señor el privilegio que me ha dado, de inmiscuirme en las vidas de otras personas por amor del cielo!

Al componer estas últimas palabras, estoy llorando por usted. Que estas lágrimas caigan a su vez sobre su corazón, y lo desarmen con la invitación del Señor para cambiar la historia en su trono.

Lo invito a seguir conmigo en el viaje, para ser uno de los que se arrodillan sobre las promesas en tiempos como estos. Que vea usted a Jesús, y la bondad de su rostro. Y al hacerlo, que mire usted a través de sus ojos y vea lo que Él ve. Vea una generación que muere, quebrantada, perdida, enferma, que se aparta de Dios y de sus caminos.

Entonces, por amor de Cristo, que esta compasión surja en usted hasta que no pueda más que dar a luz a sus propósitos, arrodillándose sobre las promesas.

Arrodillado, arrodillado,
Arrodillado sobre las promesas de Dios, mi Salvador;
Arrodillado, arrodillado,
estoy arrodillado sobre las promesas de Dios.

Ahora ya ha aprendido usted la melodía. De hecho, creo que lo oigo cantar conmigo. Que un coro de voces se eleve para que el Rey venga.

APLICACIONES PRÁCTICAS, ¡HAGÁMOSLO REALIDAD!

- Dios busca intercesores proféticos pioneros que avancen delante de otros para abrir camino para sus familias, iglesias, regiones y naciones. ¿Se levantará usted para unirse a las filas? Aparte un tiempo para acercarse ante el Señor y pedirle que encienda el fuego de este llamado.

- Lea libros sobre la historia de la Iglesia y el reavivamiento. Visite un lugar histórico donde Dios haya derramado su presencia en el pasado, y llame a la reexcavación de ese antiguo pozo.

- Visite un lugar donde hoy haya reavivamiento, donde parezca que el cielo se abrió, o donde haya una puerta en el Espíritu por la cual la presencia de Dios se esté manifestando.

- Medite y pregunte qué es lo pequeño que el Señor le ha ordenado hacer últimamente. Venga ante Él con nueva pasión para cumplir lo que Él le ha llamado a hacer.

LECTURAS RECOMENDADAS

Revival Fire [Fuego de reavivamiento] (Zondervan, 1995). No disponible en español.

Welcoming a Visitation of the Holy Spirit [Demos la bienvenida a la visitación del Espíritu Santo] (Creation House, 1996). No disponible en español.

Digging the Wells of Revival [Excavando los pozos del reavivamiento] (Destiny Image, 1998). No disponible en español.

Promesas de las Escrituras para recordarle a Dios

1. PROMESAS PROFÉTICAS DE RESTAURACIÓN

Hechos 3:21 nos dice que Jesús no regresará *"hasta los tiempos de la restauración de todas las cosas"*, prometido por los santos profetas de la antigüedad. ¿Cuáles son exactamente estas promesas dichas por los santos profetas? Isaías 62:6-7 nos dice, hablando específicamente sobre Jerusalén, que estos centinelas han de recordarle al Señor las promesas y citas aún no cumplidas (ver capítulo 8 para más detalles).

Lo que sigue es una compilación –de los dieciséis profetas, desde Isaías a Malaquías– de muchas de estas promesas de restauración o reavivamiento. Entiendo que son promesas que han de cumplirse tanto por el Israel físico y natural –el pueblo judío y su tierra de la alianza– y por el Israel espiritual –la Iglesia–. Ver Romanos 2:28-29; 4:11-17; 9:6-8; Gálatas 3:28-29; 4:29 y Hebreos 12:22-23.

Esta lista de promesas en las Escrituras ha sido adaptada con permiso del ministerio de enseñanza de Mike Bickle, pastor principal de la Metro Christian Fellowship y director de Friends of the Bridegroom, Grandview, Missouri.

A. Isaías

1. Isaías 4:2-6: Dios purificará a su pueblo, y Jesús en la Iglesia será glorioso.
2. Isaías 5:16: Dios quitará el pecado y demostrará su poder.
3. Isaías 27:6: El reavivamiento cubrirá la Tierra en ese día –es decir, en los últimos tiempos–.
4. Isaías 28:5: El poder reinante de Dios será demostrado.
5. Isaías 29:14, 17-24: El reavivamiento incluye señales y milagros, con muchos niños –nuevos conversos–.
6. Isaías 30:18-26: Dios quiere dar gracia; cuando se ofrezca oración, vendrá el reavivamiento.

7. Isaías 32:12-20: Oren y golpeen sus pechos en duelo hasta que llegue el reavivamiento.
8. Isaías 33:13-14: La convicción de la Palabra aumentará grandemente.
9. Isaías 33:21-24: La sanación para todos fluirá como un río.
10. Isaías 34:16-17: Dios declara que sucederá según su Palabra.
11. Isaías 35:1-10: El reavivamiento vendrá con poder y milagros, y con gracia para hacer santa a la Iglesia.
12. Isaías 37:14-20: Ejemplo de oración por la liberación de la oposición –asirios = enemigo de Dios–.
13. Isaías 40:30-31: Dios ungirá a los que oren y esperen en Dios.
14. Isaías 41:8-20: Dios nos ha elegido para destruir al diablo y para traer ríos de unción para los afligidos.
15. Isaías 42:6-9: Dios dijo que veremos sanación y que surgirá cosa nueva.
16. Isaías 43:5-7: Habrá un reavivamiento mundial con protección del mal –ver vv. 1-2–.
17. Isaías 43:18-21: Esta nueva movida de Dios vendrá con ríos de unción.
18. Isaías 44:1-5: Los ríos de unción fluirán sobre una Iglesia sedienta.
19. Isaías 45:8: Dios intercede por la Iglesia y la nación de Israel.
20. Isaías 45:22-25: Dios elevará el nombre de Jesús y salvará muchas almas (ver v. 14).
21. Isaías 46: 8-11: Dios lo hará.
22. Isaías 46:13: La gloria y la salvación de Dios vendrá al Israel físico y espiritual.
23. Isaías 49:4: Dios mostrará justicia por la muerte y resurrección de Jesús.
24. Isaías 49:6: La luz y salvación de Jesús a través de la Iglesia cubrirán el mundo.
25. Isaías 49:7-13: Los reyes se inclinarán ante Jesús cuando su pueblo restaure la Tierra por el Espíritu.
26. Isaías 49:14-26: Dios no nos olvidará, habrá muchos nuevos conversos y nuestro enemigo será derrotado.
27. Isaías 51:3-6: El poder de Dios será demostrado.
28. Isaías 51:9-11: Isaías le pide a Dios que despierte y que haga ahora lo que Él hizo a través de Moisés.
29. Isaías 51:14-16: Los que están en pecado y enfermedad serán salvados por la unción de la Iglesia.
30. Isaías 52:13-15: el nombre de Jesús será exaltado en esta ciudad.
31. Isaías 53:10-12: La Iglesia de Jesús prosperará y dividirá los despojos.
32. Isaías 54:4-17: El reavivamiento vendrá a través del amor de Dios.
33. Isaías 58:6-12: La luz y gloria de Dios vendrán en reavivamiento si damos a los pobres.
34. Isaías 59:19-21: Dios será como un arroyo correntoso, a través de nosotros.
35. Isaías 60:1; 62-12: Aquí hay una imagen de reavivamiento –pídale a Dios versículos específicos para orar de vuelta a Él–.
36. Isaías 63:7-14: Isaías le recuerda al pueblo y a Dios sus gloriosas acciones vistas en Éxodo a través de Moisés. Para nosotros se refiere a las acciones de Pedro y Pablo, según lo registrado en el libro de los Hechos.

37. Isaías 63:15; 64:12: Isaías lidera la oración de intercesión por el reavivamiento.

38. Isaías 65:1-7: Dios responde a 64:12, en efecto, con "No me resistiré ante los que oran porque yo he respondido aún a quienes no me buscaron".

B. Jeremías
  1. En el libro de Jeremías
     a. Jeremías 1:12: Dios dice que Él vigilará sobre su Palabra –promesas de restauración– para cumplirla.
     b. Las cargas de intercesión de Jeremías.
        I. Jeremías 8:18
        II. Jeremías 10:19
        III. Jeremías 13:17
        IV. Jeremías 14:17
        V. Jeremías 23:9
     c. Jeremías 14:7-9, 19-22: Jeremías ofrece oración de intercesión por el reavivamiento.
     d. Jeremías 17:12-18: Jeremías expresa adoración y oración personales.
     e. Jeremías 23:29: La Palabra de Dios bajo unción es como fuego y martillo.
     f. Jeremías 24:6-7: El reavivamiento sucede cuando el pueblo de Dios regresa a Él.
     g. Jeremías 29:10-14: El reavivamiento vendrá a través de la oración.
     h. Jeremías 30:3, 9-11, 16-22: El pecado será conquistado y fluirán las bendiciones.
     i. Jeremías 30:24: La sabiduría de Dios será derramada en los últimos tiempos.
     j. Jeremías 31:1-4, 17, 20-26, 31-40: Las promesas de reavivamiento son dadas tanto para el Israel físico como el espiritual.
     k. Jeremías 32:17-25: Jeremías ofrece oración de intercesión por el reavivamiento.
     l. Jeremías 33:3: La oración es la llave al reavivamiento.
     m. Jeremías 33:6-26: Las bendiciones y el poder vendrán cuando Dios restaure a su pueblo.
     n. Jeremías 50:4-7, 17-20, 33-34: Seremos perdonados y restaurados a donde estaban los santos en el libro de los Hechos.
     ñ. Jeremías 51:20-23: Dios nos hará su arma.
  2. En el libro de Lamentaciones. Aquí la Iglesia de Jesús sin reavivamiento hace duelo por la plenitud de Dios. El enemigo es el retrato del diablo. El duelo es por más poder y gracia. Sion es la Iglesia. Los versículos clave son: Lamentaciones 2:18-20.
     a. Lamentaciones 1:9, 11, 16.
     b. Lamentaciones 2:12-13.
     c. Lamentaciones 2:18-20.
     d. Lamentaciones 3:20-26
     e. Lamentaciones 3:31-33
     f. Lamentaciones 5:1-22.

C. Ezequiel
1. Ezequiel 11:14-21: Dios reunirá a los de todo el mundo para redimirlos.
2. Ezequiel 16:60-63: Dios restaurará y nunca más volveremos a la vergüenza.
3. Ezequiel 33:1-9: Tenemos la responsabilidad de decir lo que dice Dios, a pesar de la oposición.
4. Ezequiel 34:11-16: El reavivamiento afectará al plano espiritual y al físico.
5. Ezequiel 34:25-31: La restauración viene; Dios lidera a su pueblo.
6. Ezequiel 36:8-15: Los nuevos conversos se acercan y todos encuentran éxito por sobre los enemigos, en el Espíritu Santo.
7. Ezequiel 36:22-32: Dios exaltará el nombre de Jesús ante nuestros ojos.
8. Ezequiel 36:33-38: los impíos verán la bendición de Dios sobre nosotros.
9. Ezequiel 37:24-28: La alianza y bendiciones de Dios se manifestarán en unidad y poder.
10. Ezequiel 39:25-29: Sabremos que Dios está en medio de nosotros en poder.
11. Ezequiel 47:1-9: Fluirán ríos desde el Templo celestial sobre nosotros.

D. Daniel
1. Daniel 7:18-27: Los santos prevalecerá sobre el diablo por gracia de Dios.
2. Daniel 9:1-19: Daniel, el gran intercesor, registra su oración que liberó a Israel del cautiverio al reavivamiento.

E. Oseas
1. Oseas 1:7, 10: La gracia nos liberará y seremos llamados Hijos de Dios.
2. Oseas 2:19-23: Seremos unidos íntimamente a la gracia de Dios; fluirá la lluvia y el vino nuevo.
3. Oseas 3:5: Los judíos serán salvados en el reavivamiento de los últimos tiempos.
4. Oseas 5:15, 6:3. Al buscar a Dios Él no se reservará, sino que vendrá como la lluvia.
5. Oseas 6:11: Dios restaurará plenamente a la Iglesia.
6. Oseas 10:12. Lloverá la rectitud sobre nuestros corazones.
7. Oseas 11:1, 3-4, 8-11: Hemos de recordarle a Dios estos hechos, de su amor por Israel.
8. Oseas 12:10. Recordarle a Dios. Él da numerosas visiones, bajo la vieja alianza.
9. Oseas 14:4-7: Dios sanará libremente y su Iglesia florecerá.

F. Joel
1. Joel 2:17: aquí está el llamado de Joel a la oración de intercesión.
2. Joel 2:18-20: Dios será celoso.
3. Joel 2:23-29: Dios hará que suceda un reavivamiento de poder de alcance mundial.
4. Joel 3:1: Dios restaurará.
5. Joel 3:17-20: La Iglesia será santa y establecida por Dios.

G. Amós.

Amós 9:11-15: Dios reconstruirá el Tabernáculo de David y restaurará la adoración en el Espíritu.

H. Abdías.

Abdías 1:17-21: La Iglesia vivirá el poder y prevalecerá contra todo pecado (Esaú).

I. Miqueas

1. Miqueas 2:12: Israel y la Iglesia serán restaurados.
2. Miqueas 2:13: La unción del abre caminos abrirá los caminos.
3. Miqueas 4:12-13: Dios derribará y pulverizará a la oposición a través de la Iglesia.
4. Miqueas 5:3-4: Dios retornará a su pueblo en poder, para guiarlos.
5. Miqueas 5:7-9: Lloverán las bendiciones del cielo.
6. Miqueas 7:7-20: Aquí está la oración de intercesión de Miqueas, por el reavivamiento.

J. Habacuc

1. Habacuc 2:14: La Tierra será llena de la gloria de Dios; reavivamiento mundial.
2. Habacuc 3:2: Oración de intercesión de Habacuc.

K. Sofonías

1. Sofonías 3:9: Vendrán la santidad y la unidad.
2. Sofonías 3:12-20: La Iglesia purificada y próspera se regocijará.

L. Hageo.

Hageo 2:4,9: Dios estará con nosotros para que su Iglesia de los últimos tiempos sea más gloriosa que la Iglesia del siglo primero –ver también Isaías 61:7; Zacarías 9:12–. Tendremos porción doble.

M. Zacarías.

1. Zacarías 1:3: Dios retornará a nosotros con poder y gracia cuando nos volvamos a Él.
2. Zacarías 1:12: El ángel del Señor ofrece una oración por el reavivamiento.
3. Zacarías 1:12-17: Dios está celoso y retornará a su pueblo.
4. Zacarías 2:4-5: La gloria protegerá a la Iglesia.
5. Zacarías 2:9-13: El reavivamiento viene a través de la presencia de Dios entre nosotros.
6. Zacarías 6:12-15: Jesús construirá su Iglesia con gran autoridad.
7. Zacarías 8:2-3: Dios buscará con celo el reavivamiento en la Iglesia.
8. Zacarías 8:7-13: Dios tratará a su pueblo con favor.
9. Zacarías 8:20-23: El reavivamiento será mundial.
10. Zacarías 9:11-17: imagen del reavivamiento.
11. Zacarías 10:1: Pide a Dios por lluvia –es decir, unción–.

12. Zacarías 10:3-5: Los santos serán poderosos en Dios.
13. Zacarías 10:6-9: El reavivamiento viene en tanto Dios trae de vuelta a su Pueblo.
14. Zacarías 10:12: El pueblo será fortalecido por gracia –ver también Efesios 3:16–.
15. Zacarías 12:3-11: El reavivamiento será acompañado de fuego y poder, y el Espíritu de gracia y oración.
16. Zacarías 13:1-4, 9: Durante el reavivamiento el Señor reúne a su pueblo.
17. Zacarías 14:9: su nombre solamente será exaltado en la Tierra.

N. Malaquías
1. Malaquías 1:11: El nombre de Jesús será grande en toda la Tierra.
2. Malaquías 3:1: Jesús visitará repentinamente a su pueblo.
3. Malaquías 3:7, 10-12: Proveerá hasta que no haya más necesidad.
4. Malaquías 4:2-3: Jesús será exaltado con sanación.
5. Malaquías 4:5-6: Elías viene con gran poder.

2. ORACIONES APOSTÓLICAS DEL NUEVO TESTAMENTO PARA LA IGLESIA

A. Oraciones por el derramamiento de los dones, fruto y sabiduría del Espíritu Santo sobre el Cuerpo de la Iglesia.
1. Efesios 1:17-19: El espíritu de sabiduría y revelación se expresa a través de los dones de revelación y poder, el espíritu de convicción de la predicación de La Palabra y el derramamiento de sabiduría para instruir y guiar a la Iglesia y sus ministerios.
2. Colosenses 1:9-11; 4:12; Santiago 1:5: Estas oraciones dan a conocer la voluntad y Palabra de Dios para nosotros. Esto también ocurre por medio de los dones, la convicción y la sabiduría.
3. Efesios 3:16-19: Esta oración pide fuerza en el hombre interior de los santos. Se cumplirá mediante la presencia de Dios dentro de los hombres. Esto incluye los dones del Espíritu, el poder de convicción y la sabiduría.
4. 2 Tesalonicenses 2:17; 3:5; Hebreos 13:9: Estos versículos hablan del fortalecimiento del corazón. Se cumplirá mediante el poder, la convicción y la sabiduría de Dios derramados sobre nosotros.
5. Filipenses 1:9-11; 1 Tesalonicenses 3:12; 2 Tesalonicenses 3:5: Estas oraciones piden que nuestros corazones crezcan en amor mediante el Espíritu. Nosotros también creceremos en amor cuando el Espíritu de convicción nos revela la carnalidad y la falta de quebranto. Somos capaces de expresar amor a los demás mediante los dones del Espíritu. También Dios otorgará sabiduría para revelar cómo caminar en amor más específica y efectivamente.
6. 1 Corintios 1:8; 2 Corintios 13:9; 1 Tesalonicenses 3:19; Hebreos 13:20-21: Estas son oraciones para que la Iglesia se establezca, confirme y complete. Será hecha completa mediante los dones, la convicción que lleva al fruto

del Espíritu Santo y mediante la sabiduría recibida en nuestras vidas individuales y colectivas.

7. Juan 17:20-23; Romanos 15:5-6. Son oraciones por la unidad en la Iglesia, especialmente por su liderazgo. Esto ocurrirá mediante los dones, la convicción y la sabiduría entre nosotros.

8. Romanos 15:13; 2 Tesalonicenses 2:16-17; 3:16: Estas son oraciones para dar paz, gozo y esperanza –ver también Hechos 9:31; Romanos 14:17–.

9. Juan 17:11-12, 15; Romanos 16:20; 2 Tesalonicenses 3:3; Santiago 4:7: Estas son oraciones para vencer y resistirse a Satanás, el malvado.

10. Hechos 4:29-31; Efesios 6:19. Estas son oraciones para dar valentía a los santos de Dios. La valentía es una manifestación específica del Espíritu Santo, recibida mediante la oración.

11. Juan 17:11-17; 2 Corintios 13:7-9; Filipenses 1:9; 1 Tesalonicenses 3:10-13; 5:23. Estas son oraciones para llevar a la Iglesia a la pureza, el amor y la santificación. El Espíritu de convicción y revelación producirá esto en las vidas de los santos. El poder y los dones serán de gran ayuda en ello –ver también Hechos 5:1-11; 1 Corintios 5:1-5; 2 Corintios 10:4-6–.

12. Mateo 9:37-38; Lucas 10:2: Estas son oraciones al Padre por los obreros ungidos. Solo aquellos ungidos con dones, convicción y sabiduría responderán por completo a esta oración.

13. 2 Tesalonicenses 3:1-2: El aumento de la palabra se producirá únicamente por medio de los dones, la convicción y la sabiduría –ver también Hechos 6:7; 12:24; 13:48; 19:20–.

14. Hechos 14:1-28; Colosenses 4:3-4: Se abren las puertas para el Evangelio, con milagros.

15. 2 Tesalonicenses 1:11-12: Oración para que el cuerpo sea maduro al experimentar la gracia y siendo encontrado merecedor de cumplir con su soberano llamado.

16. Efesios 3:18-19; 2 Tesalonicenses 3:5; La revelación del amor de Dios viene por el Espíritu de revelación y convicción. El amor de Dios se vive mediante el poder del Espíritu Santo.

17. Colosenses1:11; 2 Tesalonicenses 3:5; La Iglesia es llamada a crecer en paciencia, firmeza y longanimidad.

B. Oraciones por la salvación de los pecadores.

1. Hechos 13:12, 48; 19:20; 2 Tesalonicenses 3:1-2: Oraciones para que la Palabra aumente.

2. Colosenses 4:3-4: Oraciones porque se abra una puerta para el Evangelio.

3. Romanos 10:1: Oraciones por la salvación de los pecadores.

4. Mateo 9:37-38: Oraciones porque las obras sean ungidas con poder y convicción.

C. Oraciones por personas, en especial por los ministerios viajeros.

1. 2 Corintios 1:11; Efesios 6:18; Filipenses 1:19; 1 Tesalonicenses 5:25; Hebreos 13:18: Oraciones por los demás.

2. Hechos 12:5,12; Romanos 15:31; 2 Tesalonicenses 3:2; Filemón 22: Oraciones pidiendo protección.
3. Colosenses 4:3: Oraciones pidiendo unción –que se abra una puerta de poder–.
4. Mateo 6:31; Lucas 22:31-32; 2 Corintios 13:7: Oraciones pidiendo liberación de la tentación y del mal.
5. Filipenses 4:7, 19: Oraciones por necesidades personales.
6. Efesios 6:19: Oraciones pidiendo coraje.
7. Colosenses 4:3, 12: Oraciones pidiendo sabiduría.
8. 2 Timoteo 1:16-18: Oraciones pidiendo misericordia para una casa.
9. Santiago 5:14-15: Oraciones referentes a la enfermedad.
10. 2 Timoteo 4:14-15: Oraciones para estar en guardia.

D. Oraciones por Israel.
   Salmo 79; 80; 83; 85; 86; 122:6-7; Isaías 62:1-2, 6-7; Jeremías 31:7; Romanos 10:1; 11:26-27. (Más sobre este tema en el apéndice 2.)
E. Oración por lo que están en autoridad secular.
   1 Timoteo 2:1-3.
F. Oraciones para vengar y librar de la persecución al Cuerpo.
   Salmo 7; 54-59; 94; 109; Apocalipsis 6:10.
G. Oraciones por visitaciones personales de Dios a nosotros como individuos y como Cuerpo de la Iglesia.
   Hechos 1:8; 2:1-4; 26:13-18; Gálatas 1:12-17. (Ver también Mateo 17:21 en cuanto a la oración que nos ayuda a crecer en la fe y prevalecer por sobre la enfermedad y los demonios.)
H. Oraciones para magnificar o reivindicar el nombre de Jesús en nuestras ciudades.
   Salmo 2:7-9; 110; Isaías 45:22-25; 52:13-15; Ezequiel 36:22-32, 37.
I. Otras oraciones de intercesión.
   Esdras 9:5-15; Nehemías 1:4-11; Isaías 63:15; 64:12; Daniel 9; Habacuc 3:2.

3. ORACIONES EN LOS SALMOS

A. Alabanza a Dios por sus grandes bendiciones.
   Salmo 45:3-5; 65; 67; 85; 86; 90:13-17; 102:12-22; 110:1-5; 132.
B. Para tiempos de derrota personal y necesidad de ayuda contra los enemigos.
   Salmo 6; 13; 25; 44; 51; 69; 80; 83; 88; 137.
C. Para momentos de devoción personal.
   Salmo 25; 26; 27; 40; 41; 42; 43; 45; 63; 65; 69; 84; 86; 88; 130; 138.
D. Ore los Salmos y sepárelos por categorías, personalmente. Pídale a Dios que haga los Salmos 5-10 especiales para usted. (Nota: al interpretar los Salmos con propósito de oración la palabra *enemigo* puede referirse al poder del pecado, la enfermedad y Satanás en la Iglesia. La palabra *naciones* puede referirse a regiones geográficas, grupos étnicos y aún a los no creyentes en una sociedad determinada. La ira y el juicio en los Salmos pueden referirse a la retención de la plenitud de la gracia en la Iglesia, o de la ira de Dios contra una ciudad, nación, etc., impíos.)

4. LA GRACIA DE DIOS, MULTIPLICADA POR TRES
(1 TESALONICENSES 1:2, 5)

"Damos siempre gracias a Dios por todos vosotros, haciendo memoria de vosotros en nuestras oraciones (...) pues nuestro evangelio no llegó a vosotros en palabras solamente, sino también en poder, en el Espíritu Santo y en plena certidumbre, como bien sabéis cuáles fuimos entre vosotros por amor de vosotros."

Esta oración general de pedido puede separarse en tres aspectos: los dones, el fruto y la sabiduría del Espíritu Santo:

A. Los dones del Espíritu, el poder de Dios en nuestras vidas.
  1. 1 Corintios 12:7-9. Se enumeran nueve dones.
  2. Mateo 17:21; Lucas 9:1. Se le da al Cuerpo una medida de unción especial sobre los demonios.
  3. Hechos 2:1-4: Hay una liberación colectiva del poder del Espíritu Santo.
  4. Hechos 2:17: El Espíritu de revelación es derramado.
  5. Hechos 8:18: El Espíritu Santo cae sobre aquellos sobre quienes imponemos las manos.
  6. Hebreos 1:14: Sobre el Cuerpo desciende el ministerio de ángeles.

B. El fruto del Espíritu, el carácter de Dios en nuestras vidas.
  1. Se llama al Cuerpo a orar por la convicción que resulta en carácter de Dios en quienes lo oyen. Juan 16:8 explica que Jesús trae la convicción o revelación del pecado, de la rectitud y del juicio.
  2. El Cuerpo es llamado a orar por el temor de Dios, la rectitud, la paz y el gozo –consuelo– del Espíritu Santo. Ver Hechos 9:31; Romanos 14:17; 15:13; 2 Corintios 1:3-4; 2 Tesalonicenses 2:16-17; 3:16.
  3. Ver Hechos 2:37-41. El Cuerpo ha de orar también por el poder de la Palabra sobre los que oyen:
    a. Salmo 45:5. En la flecha que perfora los corazones de los que oyen.
    b. Isaías 33:13-14: En el fuego que consume los corazones de los que oyen.
    c. Jeremías 23:29. En el martillo que rompe los corazones de los que oyen.
    d. Hebreos 4:12: en la espada que perfora los corazones de los que oyen –ver Hechos 2:37-41–.

C. La sabiduría de Dios, administración de los propósitos de Dios.
  1. Juan 14:16, 26; 16:13-15, 26-27: El Cuerpo recibirá el ministerio de enseñanza del Espíritu Santo.
  2. Efesios 1:17; 3:9-10: La Iglesia recibirá la administración de los propósitos de Dios.
  3. Colosenses 1:9-10; 4:12: el Cuerpo puede orar pidiendo guía para una iglesia o ministerio específicos.
  4. Salmo 25:5; 43:3-4; Santiago 1:5: Las personas pueden recibir guía personal.
  5. Apocalipsis 3:18: Dios da ungüento a los ojos para que el Cuerpo pueda ver.

Escrituras para orar por Israel

Aprecio la ayuda de Avner Boskey de Final Frontier Ministries en Beersheva, Israel, por su contribución en la preparación de este plan de enseñanzas.

1. SIETE RAZONES DE LAS ESCRITURAS PARA ORAR POR ISRAEL.

A. Israel sigue siendo la niña de los ojos de Dios, y su herencia, y está muy cerca de su corazón.

   1. Deuteronomio 32:9-11: *"Porque la porción de Jehová es su pueblo; Jacob la heredad que le tocó (…) Lo trajo alrededor, lo instruyó, lo guardó como a la niña de su ojo (…) Extiende sus alas, los toma, los lleva sobre sus plumas".*

   2. Salmo 33:11-12: *"El consejo de Jehová permanecerá para siempre; los pensamientos de su corazón [proceden] por todas las generaciones…".*
   "Bienaventurada [o] (…) el pueblo que él escogió como heredad para sí."

   3. Salmo 148:14: *"Él ha exaltado el poderío de su pueblo; alábenle todos sus santos, los hijos de Israel, el pueblo a él cercano."*

   4. Zacarías 2:8: *"Porque el que os toca, toca a la niña de su ojo".*

   5. Romanos 11:29: *"Porque irrevocables son los dones y el llamamiento de Dios".*

B. Dios dice que sus siervos deben orar con compasión por la condición de Israel. Salmo 102:13-14: *"Te levantarás y tendrás misericordia de Sion, porque es tiempo de tener misericordia de ella, porque el plazo ha llegado. Porque tus siervos aman sus piedras, y del polvo de ella tienen compasión"* (ver también vv. 15-17).

C. Dios nos ordena no darle tregua, ni a Él ni a nosotros, hasta que Él establezca a Jerusalén y haga que la Tierra la alabe. Isaías 62:1, 6-7: *"Por amor de Sion no callaré, y por amor de Jerusalén no descansaré, hasta que salga como resplandor su justicia, y su salvación se encienda como una antorcha (…) Sobre tus muros, oh Jerusalén, he puesto guardas; todo el día y toda la noche no callarán jamás. Los que os acordáis de Jehová, no reposéis, ni le deis tregua, hasta que restablezca a Jerusalén, y la ponga por alabanza en la tierra".*

D. El corazón de Dios trabajará a través de nosotros por la salvación de Israel.
   1. Romanos 9:2-3: *"Que tengo [Pablo] gran tristeza y continuo dolor en mi corazón".*
   2. Romanos 10:1: *"Ciertamente el anhelo de mi corazón, y mi oración a Dios por Israel, es para salvación".*

E. Dios nos ordena buscar el bien espiritual y físico del pueblo israelí, y a orar por la paz de Jerusalén.
   1. Salmo 122:4, 6-7, 9: *"Y allá [en Jerusalén] subieron las tribus, las tribus de JAH, conforme al testimonio dado a Israel (…) Pedid por la paz de Jerusalén; sean prosperados los que te aman. Sea la paz dentro de tus muros, y el descanso dentro de tus palacios. Por amor a la casa de Jehová nuestro Dios Buscaré tu bien".*
   2. Romanos 1:16: *"Porque no me avergüenzo del evangelio, porque es poder de Dios para salvación a todo aquel que cree; al judío primeramente, y también al griego".*
   3. Romanos 2:9-11: *"Tribulación y angustia sobre todo ser humano que hace lo malo, el judío primeramente y también el griego, pero gloria y honra y paz a todo el que hace lo bueno, al judío primeramente y también al griego; porque no hay acepción de personas para con Dios".*
   4. Romanos 15:25-27: *"Mas ahora voy a Jerusalén para ministrar a los santos. Porque Macedonia y Acaya tuvieron a bien hacer una ofrenda para los pobres que hay entre los santos que están en Jerusalén. Pues les pareció bueno, y son deudores a ellos; porque si los gentiles han sido hechos participantes de sus bienes espirituales, deben también ellos ministrarles de los materiales".*

F. La aceptación del pueblo judío del Mesías Jesús llevará de la muerte a la vida, un reavivamiento mundial de magnitud sin precedentes.
   1. Isaías 27:6: *"Días vendrán cuando Jacob echará raíces, florecerá y echará renuevos Israel, y la faz del mundo llenará de fruto".*
   2. Romanos 11:15: *"Porque si su exclusión es la reconciliación del mundo, ¿qué será su admisión, sino vida de entre los muertos?"*

G. Jesús vinculó su segunda venida al retorno nacional de Israel hacia Él:
   Mateo 23:39: *"Porque os digo que desde ahora no me veréis, hasta que digáis: Bendito el que viene en el nombre del Señor".*

2. OCHO INTERCESORES BÍBLICOS Y SUS ORACIONES POR ISRAEL

A. Moisés
   1. Éxodo 32:11-13, 32: Moisés clama al Señor en base en la reputación y alianza de Dios, así como por el bien de su gloria.
   2. Números 14:13-19: La intercesión de Moisés es seguida de un intenso clamor por el perdón, según la gran bondad de Dios.
   3. Deuteronomio 9:18-19, 25-29: Moisés ayuna durante cuarenta días por la intervención de Dios en tiempos de gran crisis.
   4. Deuteronomio 30:1-10: La proclamación de la restauración es enseñada a los hijos.

B. Salomón.
   1 Reyes 8:46-53: Salomón ofrece una oración a Dios para perdonar, como lo ha hecho antes.

C. Nehemías.
   Nehemías 1:4-11: Nehemías hace un ruego de compasión por el perdón de su pueblo.

D. Asaf y los hijos de Coré
   1. Salmo 44: Se ofrece un ruego porque Dios haga surgir y redima a su pueblo.
   2. Salmo 74: Apelación contra la devastación de la tierra por parte del enemigo.
   3. Salmo 79: Lamento por la destrucción de Jerusalén y ruego por ayuda.
   4. Salmo 80: Se implora a Dios que rescate a su pueblo.
   5. Salmo 83: Oración al Señor para que confunda al enemigo.
   6. Salmo 85: Oración por la misericordia de Dios por la nación.

E. Isaías
   1. Isaías 58:1: *"Clama a voz en cuello"* dice Dios a través del profeta, *"no te detengas"*.
   2. Isaías 62:1, 6: Los que interceden han de orar día y noche por Jerusalén.
   3. Isaías 63:15-19; 64: Isaías ofrece una desesperada oración pidiendo misericordia y ayuda.

F. Jeremías.
   1. Jeremías 9:1: Su corazón de intercesor anhela llorar día y noche.
   2. Jeremías 14:7-9, 17:22: Jeremías reconoce los muchos pecados de su pueblo e implora al Señor para que actúe por el bien de su nombre.
   3. Jeremías 15:5: Ruego en medio del juicio.
   4. Lamentaciones 3:43-51: Jeremías dice que sus ojos lloran lágrimas incesantemente, hasta que el Señor mire hacia abajo y vea desde el cielo.
   5. Lamentaciones 5:19-22 Jeremías ofrece una oración por misericordia, para que su pueblo pueda ser restaurado.

G. Daniel. Daniel 9:1-19: Daniel ofrece una oración de confesión en representación de su pueblo.

H. Joel
1. Joel 1:8, 13-14: Joel llama al pueblo a solemne asamblea.
2. Joel 2:12-17: Joel llama al pueblo a reunirse y a dar un grito de intercesión a Dios para perdonar a su pueblo.

3. VIAJE DE ORACIÓN POR ISRAEL

A. Dispersión y reunión
1. Jeremías 31:8-10: *"He aquí yo los hago volver de la tierra del norte, y los reuniré de los fines de la tierra, y entre ellos ciegos y cojos, la mujer que está encinta y la que dio a luz juntamente; en gran compañía volverán acá. Irán con lloro, mas con misericordia los haré volver, y los haré andar junto a arroyos de aguas, por camino derecho en el cual no tropezarán; porque soy a Israel por padre, y Efraín es mi primogénito. Oíd palabra de Jehová, oh naciones, y hacedlo saber en las costas que están lejos, y decid: El que esparció a Israel lo reunirá y guardará, como el pastor a su rebaño".*
2. Oseas 1:10: *"Con todo, será el número de los hijos de Israel como la arena del mar, que no se puede medir ni contar. Y en el lugar en donde les fue dicho: Vosotros no sois pueblo mío, les será dicho: Sois hijos del Dios viviente".*

B. Escritura por el *Aliyah*, el retorno a la tierra. Obsérvese que entre 1989 y 1991 unos 400.000 realizaron el *aliyah* desde la tierra del norte. Y desde 1991 a 1998 aproximadamente, otros 300.000 han llegado a Israel. El ruso es hoy el segundo idioma más hablado en Israel.
1. Isaías 11:11-12: *"Asimismo acontecerá en aquel tiempo, que Jehová alzará otra vez su mano para recobrar el remanente de su pueblo que aún quede en Asiria, Egipto, Patros, Etiopía, Elam, Sinar y Hamat, y en las costas del mar. Y levantará pendón a las naciones, y juntará los desterrados de Israel, y reunirá los esparcidos de Judá de los cuatro confines de la tierra".*
2. Isaías 43:5-6: *"No temas, porque yo estoy contigo; del oriente traeré tu generación, y del occidente te recogeré. Diré al norte: Da acá; y al sur: No detengas; trae de lejos mis hijos, y mis hijas de los confines de la tierra".*
3. Jeremías 16:14-15: *"No obstante, he aquí vienen días, dice Jehová, en que no se dirá más: Vive Jehová, que hizo subir a los hijos de Israel de tierra de Egipto; sino: Vive Jehová, que hizo subir a los hijos de Israel de la tierra del norte, y de todas las tierras adonde los había arrojado; y los volveré a su tierra, la cual di a sus padres".*
4. Jeremías 23:7-8: *"Por tanto, he aquí que vienen días, dice Jehová, en que no dirán más: Vive Jehová que hizo subir a los hijos de Israel de la tierra de Egipto, sino: Vive Jehová que hizo subir y trajo la descendencia de la casa de Israel de tierra del norte, y de todas las tierras adonde yo los había echado; y habitarán en su tierra".*

C. Nuestra respuesta bíblica. Las tres llaves bíblicas que pondremos en la puerta como intercesores proféticos con: la proclamación, la alabanza y la oración. Entonces las promesas de Dios serán liberadas y cumplidas.

1. Jeremías 30:3: *"Porque he aquí que vienen días, dice Jehová, en que haré volver a los cautivos de mi pueblo Israel y Judá, ha dicho Jehová, y los traeré a la tierra que di a sus padres, y la disfrutarán".*

2. Jeremías 31:7: *"Porque así ha dicho Jehová: Regocijaos en Jacob con alegría, y dad voces de júbilo a la cabeza de naciones; haced oír, alabad, y decid: Oh Jehová, salva a tu pueblo, el remanente de Israel".*

Glosario de términos

Espero que este simple glosario de términos ayude a aclarar el significado de algunas palabras utilizadas en este libro. No es un diccionario profesional, detallado ni definitorio. En cambio, defino sencillamente estas palabras, con las mías propias. Confío que le será de ayuda.

Abre caminos: Los llamados a abrir camino para que venga el Señor (ver Miqueas 2:13). Son precursores como Juan el Bautista, que preparó el camino para la venida del Rey.

Adoración: Posición del corazón de una persona en temor y reverencia ante Dios; hincar la rodilla ante Él.

Aliyah: Palabra hebrea para el retorno de los judíos a su tierra en Israel.

Apóstol: Aquel llamado y enviado por Cristo a tener la autoridad espiritual, el carácter, los dones y capacidades de llegar y establecer a las personas en la verdad y el orden del Reino, especialmente mediante la fundación y supervisión de iglesias locales.

Bautismo en el Espíritu Santo: Recibir y seguir recibiendo el poder y la vida del Espíritu Santo, permitiendo a los creyentes en Cristo tener el poder y la vida de ser sus testigos.

Brujería: Todo espíritu que no sea el Espíritu Santo en el que operan las personas para manipular y controlar a otras personas.

Canto profético del Señor: Canto revelador inspirado, cantado por una persona o grupo, declarando el corazón del Señor para una situación específica. Es oír la voz de Dios y cantar su corazón.

Carismático: Del griego *charis*, "gracia", un término acuñado en la década de 1960 para describir a quienes creen que los dones del Espíritu Santo siguen estando activos en nuestros días.

Centinelas: Los que sirven en posición de vigilia. Ver *Vigilia del Señor*.

Cesacionismo: Sistema teológico de creencias que dice que los dones del Espíritu Santo cesaron cuando se cerró el canon de las Escrituras al completarse el Nuevo Testamento. Los cesacionistas no aceptan que los dones del Espíritu sean válidos o necesarios en nuestros días.

Cielo abierto o portal: Un agujero, apertura o portal entre el cielo y la Tierra a través del cual la presencia manifiesta de Dios se derrama sobre los que están debajo.

Demonización: Estado en que uno se halla bajo la influencia o control de un poder demoníaco.

Déspota: Gobernante absolutamente tirano.

Destino profético: Promesa reveladora de Dios, que define sus propósitos, planes y objetivos para una persona, grupo, ciudad o nación.

Día del Perdón: El día más santo para los judíos, un día al año, de ayuno, penitencia y sacrificio por los pecados. Antes de la destrucción del Templo, el Sumo Sacerdote entraba al lugar Santo de los Santos, el décimo día del séptimo mes del calendario hebreo, y ofrecía sacrificios por el santuario, los sacerdotes y el pueblo. Esto preparó la entrada de Jesús, el gran Sumo Sacerdote, que se ofreció como nuestro eterno sacrificio de una vez por todas, habiendo comprado para nosotros la salvación eterna. Este día, también conocido como Yom Kippur, se observa hoy con ayuno y confesión de pecados.

Diáspora: Dispersión del pueblo judío, apartado de su tierra, como cuando el pueblo judío vivía en Egipto en tiempos de Moisés.

Don de discernimiento de espíritus: Percepción sobrenatural dada por Dios para que los creyentes puedan distinguir el espíritu que motiva palabras o acciones, y para discernir la fuente de operación entre humana, demoníaca o del Espíritu Santo.

Don de profecía: La capacidad sobrenatural de oír la voz del Espíritu Santo y de pronunciar lo que indica o aconseja Dios. Dado con el propósito de edificar, exhortar, consolar, convencer, instruir, condenar, impartir y dar testimonio de Jesús.

Dones del Espíritu: La expresión del poder de Dios que obra, dada por el Espíritu Santo, para utilizarse en momentos y ocasiones especiales. Estos dones aparecen en 1 Corintios 12:4-11, y son la manifestación del poder del Espíritu Santo, esenciales en el ministerio de "señales y milagros".

Espera: Postura de quietud ante el Señor, pero con atención al movimiento de su Espíritu.

Espíritu de revelación: La revelación de la voluntad de Dios a los ojos del corazón. La revelación de la verdad conocida de otro modo puede venir por impresiones, profecías, sueños, visiones, trances y mensajes del Señor.

Evangélicos: Los cristianos que creen en la infalibilidad de las Escrituras y las clásicas doctrinas de la Iglesia, incluyendo la deidad de Jesucristo, su muerte como acto de perdón, y su ascensión y regreso físicos; tienen celo evangelizador.

Evangelismo de poder: Respuesta a la instrucción espontánea del Espíritu Santo de ministrar el poder del Evangelio para salvación –en oposición a seguir un programa de evangelización ya determinado–.

Evangelista sanador: Quien anuncia las Buenas Nuevas con señales, milagros y sanaciones.

Guardianes de las puertas: Los ancianos de una ciudad o iglesia que tiene la autoridad de abrir o cerrar las puertas, según lo alerten los centinelas.

Guerra espiritual: Confrontación del reino de las tinieblas con el poder del Reino de Dios para deshacer las obras de las tinieblas y elevar a su Hijo, Jesús.

Guerreros de terciopelo: Quienes avanzan en quebranto, con rodillas hincadas, en unidad, con resolución del corazón de tomar territorio para el Rey.

Humildad: Verdadero conocimiento de Dios y de uno mismo. Significa declarar y confesar que Dios es grande y que merece alabanza, y declarar que ante Él nada somos.

Intercesión en tiempos de crisis: Peticionar al Padre intensamente por su misericordia para que sea extendida en medio de circunstancias adversas, o para que retenga su juicio.

266 &. A<small>RRODILLADOS SOBRE SUS PROMESAS</small>

Intercesión profética: Acción de esperar ante Dios para oír o recibir su carga, su palabra, preocupación, advertencia, condición, visión o promesa, y de responderle a Él y a las personas con acciones adecuadas.

Intercesión sacerdotal: Tarea de intercesión en la que el sacerdote no solo se representa a sí mismo ante el Señor, sino que como los sacerdotes de la antigüedad, lleva las doce piedras de Israel en su corazón –las cargas, necesidades y preocupaciones de otros– ante el gran Sumo Sacerdote.

Intercesión: Acción de efectuar un pedido a un superior, o de expresar un profundo anhelo ante nuestro único y superior Dios.

Intercesor: Quien le recuerda a Dios sus promesas y citas aún no cumplidas; quien toma un caso de injusticia ante Dios en representación de otro; quien construye el "cerco" –la muralla en tiempos de batalla– y quien se para en la brecha entre el juicio recto de Dios y la necesidad de misericordia de las personas.

Labor: Oración que produce un nacimiento en el espíritu, que crea o agranda una abertura para una dimensión aumentada del Reino de Dios.

Liberación: Encuentro con el Espíritu Santo mediante el cual una persona se libera en nombre de Jesús de la opresión de los espíritus malos, y también de las circunstancias externas que la oprimen.

Maldición: Palabra dicha con alguna forma de poder y autoridad espiritual para el mal. Esto hace que se libere un poder que probablemente se extienda de generación en generación.

Noche oscura del alma: Un estado en que una persona se ve abandonada a la terrible oscuridad y esterilidad del alma, situación en la que encuentra poco gozo o dulzura. En esta temporada Dios purifica, prepara y somete la naturaleza de la persona para que se una a su Espíritu. Al faltar la luz de Dios la persona deja de operar con sus propias fuerzas, y se prepara para unirse a Dios.

Oración de gemidos: Suspiros u oración sin palabras, llena de gemidos, dolor y aún indignación, según lo indique el Espíritu Santo, para traer libertad y alivio.

Palabra de conocimiento: Revelación sobrenatural del Espíritu Santo que revela la verdad que Él desea hacer conocer sobre una persona o situación.

Penalidad: Ver "Maldición".

Pentecostal: Cristiano que pone énfasis en el bautismo en el Espíritu Santo, acompañado del don de lenguas, en general conectado con alguna de las diversas denominaciones pentecostales.

Petición: Pedido o ruego sincero ante Dios.

Presencia manifiesta de Dios: Dios es omnipresente, y está en todas partes. Sin embargo, revela o manifiesta su presencia estratégicamente, localmente.

Profeta/profetisa: Hombre o mujer que representa los intereses de Dios ante las personas. Habiendo estado ante Dios el profeta hace un llamado de clarín al pueblo: indica lo que hay en el corazón de Dios en ese momento. Algunos se refieren a esto como uno de los cinco dones de ministerio enumerados en Efesios 4:11.

Revelación visionaria: Gracia del Espíritu Santo que permite a un cristiano vivir manifestaciones como visiones, sueños y trances.

Sacerdote: Quien ruega por las necesidades del pueblo ante Dios. En el Antiguo Testamento una tribu especial, los levitas, fue apartada para este propósito. En el Nuevo Testamento cada creyente en Cristo es un sacerdote ante el Señor.

Sacerdotes proféticos: Personas en las que se unen los oficios de profeta y sacerdote del Antiguo Testamento, con las aplicaciones del Nuevo Testamento para nuestros días. Oyen del Señor los pronunciamientos desde su trono y también oran de vuelta al Padre sus promesas.

Sanación de poder: Demostraciones del Espíritu Santo en las que uno es sanado y liberado física, emocional o espiritualmente de las cadenas del cautiverio.

Sin terreno común: Todo guerrero espiritual debe permitir que el Espíritu Santo lo prepare antes de la batalla por medio de la purificación. La razón por la que Jesús podía tener tal poder y autoridad, y derrotar tan efectivamente al malvado opresor, fue que Él no tenía terreno común con su adversario.

Sueño: Imágenes e impresiones inspiradas dadas al corazón mientras uno duerme. Son dadas por el Espíritu Santo para enseñar, exhortar, revelar, advertir, limpiar o sanar.

Súplica: Pedir, rogar, implorar a Dios en oración sincera.

Trance: estado visionario en que se recibe revelación de Dios. En este estado la persona ya no se ve limitada por la conciencia o voluntad natural. Está "en el espíritu", donde la conciencia plena de lo natural puede trascenderse temporalmente.

Unción profética: Cuando uno recibe impresión del Espíritu Santo para decir, cantar o actuar lo que le ha sido revelado mediante una gracia especial.

Unción: La presencia y poder de Dios manifiestos –o la presencia manifiesta de Dios– que obra en o a través de una persona o grupo, y les permite hacer las obras de Cristo.

Vidente: Persona dotada como "receptor" de Dios que opera en visiones y dones reveladores para "ver" y describir lo que recibe del Señor.

Vigilia del Señor: Reunión en nombre de Jesús (ver Mateo 24; Marcos 13; Lucas 21) para vigilar, orar y estar atentos por la vida de una iglesia, ciudad o nación. También posición sobre la muralla del Señor para ver fuera de la ciudad y alertar a los guardias de las puertas cuando se acercan enemigos o enviados del Rey, y dentro de la ciudad para reconocer y enfrentar actividad impía del enemigo que está adentro.

Visión abierta: Un tipo de visión en el que se abren los ojos naturales y el creyente ve y percibe realidades en el mundo espiritual.

Visión: Imagen revelada de manera sobrenatural a los ojos espirituales.

Visitación: Experiencia sobrenatural en la que la percepción definida de la presencia de Dios se ve acompañada por temor del Señor. Puede venir en la forma de una visitación angélica, como en el libro de los Hechos, o por otro medio bíblico.

Capítulo 1: De rodillas

1 R. Kelso Carter, "Standing on the Promises," *The Methodist Hymnal* (Nashville: Methodist Publishing House, 1964), pp. 221-222.

2 Dick Eastman, *No Easy Road* (Grand Rapids: Baker, 1971), p. 123.

3 Joseph L. Garlington, *Worship: The Pattern of Things in Heaven* (Shippensburg, Pa: Destiny Image, 1997), p. 5.

4 W. E. Vine, *An Expository Dictionary of New Testament Words* (Old Tappan, N.J. L Fleming H. Revell, 1966), p. 235.

Capítulo 3: La desesperada oracióndel corazón

5 R. A. Torrey, *How to Pray* (Chicago: Moody, 1900), pp. 33-34.

6 Charles G. Finney, *Principles of Prayer* (Minneapolis: Bethany, 1980 edition), p. 71.

7 E. M. Bounds, *The Necessity of Prayer* (New York: Revell, 1920), p. 56.

8 William Booth, citado en Eastman, *No Easy Road*, p. 92.

9 Stephen Hill, *Time to Weep* (Foley, Ala: Together in the Harvest, 1906), p. 234.

10 Idem, p. 240.

11 Idem, p. 237.

12 Idem, p. 252.

13 Paul Cain, The Gift of Tears (Kansas City, Mo.: Shiloh, 1997), pp. 1-2.

14 Wesley L. Duewel, *Mighty, Prevailing Prayer* (Grand Rapids: Zondervan, 1990), pp. 221-222.

15 Idem, p. 222.
16 Idem, p. 222.
17 W. E. Vine, An Expository Dictionary of New Testament Words (Old Tappen, N.J.: Fleming H. Revell, 1966), p. 182.

Capítulo 4: Labor: la oración que resulta en nacimiento
18 Leonard Ravenhill, *Why revival Tarries* (Minneapolis: Bethany, 1982), p. 138.
19 Charles G. Finney, *Lectures on Revival* (Minneapolis: Bethany, edición de 1988). p. 46.
20 Citado por Philip E. Howard, Jr. *The Life and Diary of David Brainerd* (Chicago: Moody Bible Institute, 1949, 1995), pp. 172-173.
21 Wesley L. Duewel, *Mighty, Prevailing Prayer* (Grand Rapids: Zondervan, 1990), pp. 210-211.

Capítulo 5: Se busca una generación de profetas
22 David Pytches, *Spiritual Gifts in the Local Church* (Minneapolis: Bethany, 1985), p. 79.
23 Dick Iverson, *The Holy Spirit Today* (Portland: BT Publications, 1976), p. 155.
24 Rodney M. Howard-Browne, *The Touch of God* (Louisville, R.H.B.E.A., 1992), p. VI.

Capítulo 6: La tarea de la intercesión profética
25 Bryn Jones, *Prophetic Intercession in the Final Generation*, U.S.A. Pray! Manual de capacitación (Reston, VA: Intercessors for America, 1989), p. 43.
26 Norman Stone, *They are Killing My Children* (Spokane, Wash: Walk Across America for Life, 1983).
27 Andrew Gowers, *Financial Times* (miércoles 23 de septiembre de 1987), p. 1.
28 Jack Hayford, *Did God Not Spare Nineveh?* (Van Nuys, Calif: Church On The Way, 1980).

Capítulo 7: Llamado a todos los centinelas
29 Rick Joyner, *The Prophetic Ministry* (Charlotte, N.C: MorningStar 1997), p. 199.
30 Idem, p. 202.

Capítulo 8: Recordémosle a Dios su Palabra
31 Jack Deer ha escrito *Surprised by the Power of the Spirit* (Zondervan, 1993), y *Surprised by the Voice of God* (Zondervan, 1996)
32 Andrew Murray, *With Christ in the School of Prayer* (Springdale, Pa.: Whitaker, 1981), pp. 161-162.
33 La historia se relata en el libro de R. Edward Miller, *Thy God Reigneth* (Mar

del Plata, Argentina: Asambleas Bíblicas Argentinas, n.d). Lo oí relatarlo también en video. Este libro, que ya no se imprime, según la cubierta "relata del nacimiento del río de reavivamiento de Dios por la Argentina, y su curso desde 1949 a 1954).

34 Murray, *School of Prayer*, p. 167.

Capítulo 9: Israel: calendario profético de Dios

35 Tom Hess, *Let my People Go!* Washington, D.C.: (Progressive Vision, 1987), pp. 118-120.

36 Ramon Bennet, *When Day and Night Cease* (Jerusalem: Arm of Salvation, 1992), pp. 122-123.

37 Idem, p. 123.

38 Louis Rapoport, *The Jerusalem Post*, junio 1, 1991, p. 1

39 Associated Press, *News Messenger* (Marshall, Tex.), mayo 26, 1991, p.1

Capítulo 10: Intervención en la crisis por medio de la intercesión

40 Doris M. Ruscoe, *The Intercession of Rees Howells* (Fort Wshiongton, PA: Christian Literature Crusade, 1983), p. 27

Capítulo 11: Sabiduría para intercesores

41 Ken Blue, *The Authority to Heal* (Downers Grove, Ill: InterVarsity 1987), p. 76

42 Terry Crist, *Interceding against the Powers of Darkness* (Tulsa: Terry Crist Ministries, 1990), p. 19.

43 Dick Eastman, *No Easy Road* (Grand Rapids: Baker, 1971), p. 61.

Capítulo 12: ¡Abramos camino!

44 Esta historia se relata en el capítulo 40 de *"The Revival in the Hebrides Islands"*, del libro *Revival Fire* de Wesley L. Duewel (Grand Rapids: Zondervan, 1995), pp. 306-318.